"十四五"普通高等教育规划教材

中国特色社会主义政治经济学

教程新编

下

主编 荣兆梓

副主编 华德亚 杨仁发

中国财经出版传媒集团
中国财政经济出版社

图书在版编目（CIP）数据

中国特色社会主义政治经济学教程新编. 下 / 荣兆梓主编. ——北京：中国财政经济出版社，2023.6
"十四五"普通高等教育规划教材
ISBN 978-7-5223-2230-8

Ⅰ.①中⋯ Ⅱ.①荣⋯ Ⅲ.①中国特色社会主义－社会主义政治经济学－高等学校－教材 Ⅳ.①F120.2

中国国家版本馆CIP数据核字（2023）第092737号

责任编辑：王　芳　　　　　责任校对：徐艳丽
封面设计：思梵星尚　　　　责任印制：张　健

中国特色社会主义政治经济学教程新编（下）
ZHONGGUO TESE SHEHUI ZHUYI ZHENGZHI JINGJIXUE JIAOCHENG XINBIAN（XIA）

中国财政经济出版社 出版

URL：http://www.cfeph.cn
E-mail：cfeph@cfeph.cn

（版权所有　翻印必究）

社址：北京市海淀区阜成路甲28号　邮政编码：100142
营销中心电话：010-88191522　编辑部门电话：010-88190670
天猫网店：中国财政经济出版社旗舰店
网址：https://zgczjjcbs.tmall.com
北京密兴印刷有限公司印刷　各地新华书店经销
成品尺寸：185mm×260mm　16开　10.5印张　242 000字
2023年7月第1版　2023年7月北京第1次印刷
定价：46.00元
ISBN 978-7-5223-2230-8
（图书出现印装问题，本社负责调换，电话：010-88190548）
本社质量投诉电话：010-88190744
打击盗版举报热线：010-88191661　QQ：2242791300

目录

第四篇　分配与生产总过程

第十一章　按劳分配与平等劳动 … 3
　第一节　市场经济下的按劳分配 … 3
　第二节　货币工资 … 12
　第三节　非生产劳动部门的收入来源与按劳分配 … 16
　第四节　就业与民生 … 19

第十二章　按劳分配为主体多种分配方式并存 … 28
　第一节　社会主义基本分配制度及其内在矛盾 … 28
　第二节　按劳分配与按要素分配 … 32
　第三节　按资本要素分配诸形式 … 36
　第四节　知识产权和数据要素 … 41
　第五节　虚拟资本与虚拟经济 … 46

第十三章　地租与生态价值 … 53
　第一节　公有土地的地租形式 … 53
　第二节　"两山"理论的生态价值观 … 64
　第三节　绿色发展与生态文明建设 … 71

第十四章　国民收入分配与再分配 … 80
　第一节　国民收入分配格局及其演变 … 80
　第二节　国民收入的再分配 … 87
　第三节　中国特色的"减贫行动" … 95
　第四节　共同富裕的理论与实践 … 100

第五篇　国际贸易和世界经济

第十五章　发展利益导向的对外经济关系 … 109
　第一节　从比较优势理论到发展利益理论 … 109

目 录

第二节	独立自主建设社会主义	119
第三节	改革开放以来对外贸易发展实践	124
第四节	金融开放的挑战与机遇	129

第十六章　全球治理与人类命运共同体　　136
　　第一节　经济全球化　　136
　　第二节　大变局中的中国对外经济　　143
　　第三节　人类命运共同体与平等劳动　　148

全书结束语：中国式现代化的道路与目标　　157

参考文献　　161

后　记　　163

第四篇
分配与生产总过程

社会主义基本经济制度包括三个方面：公有制为主体、多种所有制经济共同发展，按劳分配为主体、多种分配形式并存，以及社会主义市场经济体制。

本书第二篇"所有制和生产过程"及第三篇"市场和流通过程"中，我们对公有制和市场经济有了比较集中的讨论。本篇讨论"分配与生产总过程"，在包括直接生产过程与流通过程的总生产过程中，聚焦于社会主义基本经济制度的重要内容——按劳分配为主体、多种分配形式并存。按劳分配是社会主义政治经济学的核心范畴——平等劳动的重要内容。平等劳动大致可以从三个方面去理解：首先是劳动者共同占有生产资料条件下劳动者的决策平等和管理平等；其次是生产和分配过程中的分工平等和分配平等，这里所说的分配平等就是按劳分配，即以劳动为尺度进行平等分配；最后是劳动能力发展机会的平等，也就是劳动力再生产过程中劳动者的机会平等。本篇共四章，第十一章讨论按劳分配本身的性质与特点；第十二章讨论按劳分配为主体前提下的多种分配形式，主要是资本利润与利息以及表现为资本形式的其他生产要素的分配；第十三章讨论社会主义土地公有制下的地租及生态价值问题；第十四章讨论生产总过程中的国民收入分配及其发展趋势，讨论实现全体人民共同富裕的目标与途径。

第十一章

按劳分配与平等劳动

本章讨论按劳分配的若干基本理论问题：一是按劳分配的一般性质及其在社会主义市场经济下的特殊性；二是作为市场经济下按劳分配基本形式的货币工资，以及在市场竞争中形成的工资率平均化现象；三是非生产劳动部门的按劳分配与生产劳动部门按劳分配的共性与差异；四是各尽所能与按劳分配的关系，以及在社会主义市场经济下实现充分就业与提高就业质量面临的困难和解困之道。

第一节 市场经济下的按劳分配

一、按劳分配的一般性质

马克思所设想的共产主义初级阶段的按劳分配，是在没有商品货币关系情况下进行的。在此条件下，按劳分配至少具有以下几点性质。

（一）按劳分配是生产条件特定分配方式的结果

按照马克思主义政治经济学原理，分配方式由生产方式决定。生产方式中最基础性内容或最重要的制度安排，马克思称作生产条件的分配。生产条件的分配在抽象意义上可以概括为生产的物质条件分配和生产的人身条件分配。第一是生产资料即生产的物质条件的分配，不仅包括厂房、机器设备，还包括原材料、燃料和辅助材料等。第二是生产的人身条件的分配，即劳动力。光有物质生产资料没有人，就没有生产过程。生产条件的分配方式决定两者的结合方式——进而决定特定社会形态的生产方式。

资本主义生产的特殊之处在于其生产的物质条件属于一个阶级，即资产阶级，而生产的人身条件属于另一个阶级，即劳动者阶级。劳动者阶级不拥有生产的物质条件，资本家阶级不拥有劳动者本身。上述两个生产条件的分离使得社会生产无法实现，因此要让两种生产要素结合起来。资本主义生产方式就是拥有物质生产条件的资本家通过劳动力市场购买劳动者的人身条件，即购买劳动力商品，然后使这两个条件结合。生产条件的分配决定了资本主义的生产方式，同时也决定了资本主义的分配方式，因此，生产的全部生产成果归资本家阶级所有。由于资本家阶级需要花钱购买劳动力，所以劳动者阶级得到了劳动力的价值，剩下来的部分就是剩余价值。

社会主义公有制条件下劳动者共同拥有生产资料，劳动者个人拥有劳动的人身条件，劳动者同时拥有两个生产条件，似乎并不需要再通过市场交换就可以进行社会生产。但是这种说法并不能解释按劳分配，因为这两个条件都归劳动者所有不仅在社会主义条件下如此，在共产主义高级阶段的公有制中同样如此。众所周知，共产主义两个阶段的分配方式并不一致，而产生这种差异显然是因为两个阶段生产条件的分配方式不一样。那么，到底共产主义第一阶段公有制的生产条件分配与共产主义高级阶段有何不同呢？区别就在于：在共产主义第一阶段，生产的人身条件——劳动力——属于每个劳动者个人。劳动力个人所有指这样一种现实经济关系：劳动对于劳动者来说仅仅是谋生的需要，因此当事人不会自觉自愿地去为社会无偿付出，他要求报酬。这一现象透露着一种权利关系或者意志关系：我做为了你给，即我劳动你就要付报酬，或者反过来，我给为了你做，即我付报酬是要你给我干活。目前，拥有公共生产资料的劳动者整体和拥有个人劳动力的劳动者个人是两个权利主体，身份是有差异的，利益也是有矛盾的。为了调节这种劳动者整体利益和个人利益的矛盾，按劳分配便应运而生。

【阅读材料】

共产主义高级阶段的劳动力所有制

对劳动力个人所有制概念的疑虑由来已久，关键是对共产主义高级阶段劳动力的占有方式将会发生什么样的变化胸中无数。回顾经典作家关于未来社会公有制的全部论述，可以看到，在共产主义的高级阶段，由于生产力发展的一系列新特征，劳动不再仅仅是谋生手段，而成为每个人"生活的第一需要"；"他们能够自愿地尽其所能地来工作"，而不再需要"国家对劳动量和消费量实行极严格的监督"[①]；由于劳动者对劳动态度的这一根本性变化，"社会才能在自己的旗帜上写上：各尽所能，按需分配！"[②] 这是一种劳动者个人利益与整体不再有系统性矛盾，生产条件的公共占有与个人占有之间不再具有排他性，进而"资产阶级权利"已不复存在的公有制。未来社会的公有制不仅是生产资料共同占有与个人所有制的统一[③]，也是劳动力公有与个人所有的统一，这恰恰是"每个人的自由发展是一切人的自由发展的条件"[④] 不可或缺的所有制基础。一百多年以前，列宁在《国家与革命》

---

① 《列宁选集》第 3 卷，人民出版社 1995 年版，第 199 页。
② 《马克思恩格斯文集》第 3 卷，人民出版社 2009 年版，第 436 页。
③ 《马克思恩格斯文集》第 5 卷，人民出版社 2009 年版，第 874 页。
④ 《马克思恩格斯选集》，人民出版社 1972 年版，第 273 页。

中敏锐地指出:"从资产阶级的观点看来,很容易把这样的社会制度说成是'纯粹的乌托邦'。"然而,"伟大的社会主义者在预想这个阶段将会到来时所设想的前提,既不是现在的劳动生产率,也不是现在的庸人"①。社会主义是区别于共产主义高级阶段的独立的社会形态,在此社会形态下,社会生产力发展和人的全面发展都要经历一个很长的过程;在此过程中,社会主义的劳动力个人所有制也会渐进地向共产主义高级阶段的劳动力公有制演变。

(二) 按劳分配是平等劳动的分配关系

平等劳动是社会主义公有制的本质规定,它以公有制经济中消灭阶级差别为前提。平等劳动是生产关系概念,总体上呈现出共同拥有生产资料前提下劳动者之间以劳动为尺度的平等关系。平等劳动关系既表现在生产过程和流通过程中,也表现在分配过程中。平等劳动在生产过程中首先表现为决策平等和管理平等,每个劳动者对如何共同使用生产资料开展生产活动拥有同等的权利;其次表现为分工平等,即按照个人的劳动能力分配工作岗位,在各尽所能的劳动中实现分工协作。平等劳动在流通中表现为标准的"等量劳动相交换",这种交换在广阔范围内连接起更复杂的社会分工。按劳分配是平等劳动在产品分配中的基本关系,劳动者使用共同占有的生产资料为社会劳动,社会在共同劳动的产品中扣除社会需要部分后,给每个劳动者分配与其所提供的劳动量等比例的劳动产品,供劳动者个人及其家庭消费所用。首先,这是劳动者社会与劳动者个人之间的平等交换关系:"你做因为我给,我给因为你做。"其次,按劳分配的结果是劳动者个人之间等量劳动获得等量报酬的平等关系。无论前一种关系还是后一种关系,这种斤斤计较于个人得失,"不愿意比别人多做半小时工作,不愿意比别人少得一点报酬"的意志关系仍然是资产阶级权利。这里通行的是以劳动为尺度的分配平等原则,按劳分配所体现的平等权利,与生产过程和流通过程中所体现的平等权利完全一致,平等的原则以劳动为尺度,按劳分配是平等劳动的分配关系。显然,这种分配关系与共产主义高级阶段不同。平等劳动是以社会主义时期劳动者整体利益与个人利益存在矛盾为依据的,因为劳动者个人不愿意无偿地超出必要劳动为社会提供剩余劳动,所以"多劳多得,少劳动少得"的经济仍然必要。以劳动为尺度的平等原则是协调劳动者整体利益与个人利益矛盾的社会方式,按劳分配不过是这一矛盾在产品分配中的体现,是平等劳动的产品分配方式。劳动平等的原则并不是平均主义,而是承认每个劳动者个体能力和努力的差异。每个劳动者对社会付出的劳动时间和劳动强度,劳动的数量和劳动的质量都不一样,社会以此为依据来分配劳动者个人消费品。这种"等量劳动相交换"的平等,事实上承认了每个人的劳动能力是天然权利。所以说,平等的权利是建立在不平等的天赋能力的基础上的;按照马克思的分析,这种平等关系具有历史的暂时性。

(三) 按劳分配的实现包括两个步骤

马克思关于共产主义第一阶段按劳分配的讨论主要集中在《哥达纲领批判》。在

---

① 《列宁选集》第3卷,人民出版社1995年版,第198页。

《资本论》第 1 卷分析商品拜物教时,马克思曾指出:共产主义第一阶段实行按劳分配,劳动时间是用来计量每个劳动者个人在共同劳动者中所占份额的尺度,因而也是计量生产者个人在共同产品的个人消费部分中所占份额的尺度。

在《哥达纲领批判》中,马克思进一步详细讨论了按劳分配的实现步骤:首先,劳动者共同拥有生产资料,共同劳动,因此全部劳动产品归劳动者共同所有。但马克思指出不能把所有的劳动产品都分配给个人,他批评了德国工人党在《哥达纲领》中"不折不扣的劳动所得"的提法。马克思认为共有的劳动产品在劳动者个人之间进行分配之前需要做六项扣除,概括地说就是两个方面:一个方面是整个社会的准备金和扩大再生产基金,属于生产性扣除;另一个方面是全社会公共消费的需要,包括公共管理所需以及丧失劳动能力者的抚养费用。这些扣除都归社会公共所有,由社会公共支配。因此,按劳分配的第一步不是讲个人的报酬,不是对劳动成果的"不折不扣"的分配,而是讲共同的扣除。

其次,社会扣除后剩余的劳动产品才能在劳动者个人之间进行分配。我们可以把扣除后剩下的这部分劳动产品叫作消费基金。按劳分配实际上就是这一消费基金在劳动者个人之间的分配:按照劳动者个人为社会生产提供的劳动量(劳动的时间和劳动的强度)来分配消费品,每个人所得到的是他为社会付出成比例的部分。按劳分配的基本原则是承认每个人的劳动贡献决定他从社会取得报酬的权利,社会按照劳动者个人为社会提供的劳动量分配个人消费品。为了实现这一公平分配,劳动者社会必须对每个人的劳动标准和消费标准实行严格的计算和监督,以决定每个人应当领取的产品数量。因此,生产过程中的统计、监督和管理,即使在产品分配的意义上也是完全必要的。

(四)按劳分配适应当代生产力发展要求

按劳分配包含的平等原则并不是单纯从"分配正义"出发,它在当代生产条件下具有激励效应,符合提高劳动效率的要求。"多劳多得"甚至"不劳动不得食"这些规定明显具有效率优先的意蕴。按劳分配体现出的激励原则能够促使个人行为和社会利益相一致,它要求每个人踏踏实实地为社会做贡献,希望通过这样一种分配方式来激励全体劳动者的劳动积极性,甚至强迫一部分想偷懒的人更好地为社会劳动。按劳分配不能单纯地从分配正义原则去考察,它应该与提高经济效率以及整个社会的劳动生产率直接相关。社会生产力的特定状况决定了对于大多数劳动者而言,劳动仅仅是谋生手段,劳动付出必须给予适当回报。关于这一点,本书上册第一章已有详细说明。事实上,这种情况在资本主义经济中同样存在,社会主义的区别在于:否定和遏制凌驾于劳动这一谋生手段之上的剥削手段,从而使劳动成为社会经济中谋生的主要手段。

然而,按照道德哲学的逻辑:"应得就是正义。"收入分配若能满足每个人得其所应得,就恰好是分配正义。所以,按劳分配又是与分配正义的原则相吻合的。更进一步,到底是分配正义是因,按劳分配是果,还是反过来,按劳分配是因,分配正义是果?按劳分配的原因究竟是什么?这个问题还需要深入讨论,因为只有讨论清楚这个问题,我们才能从历史唯物主义的视角对按劳分配有更加深刻的理解。

二、社会主义历史阶段的分配正义

分配正义是社会主义的题中之义。但是如何理解分配正义,如何理解分配正义与社会的生产关系、分配关系及其背后社会生产力之间的因果联系，是以历史唯物主义为方法论基础的政治经济学必须解决的重要问题。按照历史唯物主义原理，作为价值判断的分配正义是一种观念形态的东西，属于意识形态范畴，是上层建筑。但是，这种反映生产关系和分配关系的法权意志又与经济基础深度交融，不可分割。那么该如何理解其中的辩证关系呢？

(一) 历史唯物主义视角下的分配正义观

马克思主义的理论路径是：生产力——生产关系——正义观。问题的根源还在于当代生产力的状况。《哥达纲领批判》中明确指出：按劳分配必然要向按需分配过渡，共产主义在将来肯定是要实行按需分配的，但是什么时候过渡，过渡的根据是什么？他认为是生产力发展到一定程度，整个社会的物质财富充分涌流，把人束缚在专业化分工岗位上的旧式分工不再成为发展生产力的基本条件，劳动也不再仅仅是谋生手段。只有生产力发展到这样的程度，按劳分配的原则才能够被按需分配的原则所取代。所以，根本的东西还是生产力。当然，理论上并不能直接用生产力去解释一个分配原则，这中间还需要一个过渡性的逻辑环节，该环节就是生产关系。在这种由生产力决定的生产关系协调下，人与人之间才会建立起一种确定的相互关系，这种关系反映到人的头脑中，就形成了一种法权观念或一种意志关系。这种法权意志并不是先验注定的，而是在特定经济制度的长期运动过程中，逐步从习惯变成原则，变成价值判断。

特定的生产方式决定的法权意志，在生产关系形成初期也有可能是外力强加的。在此生产关系的上升期（甚至稳定期），法权观念有一个形成过程，比如，奴隶制社会形成的一种主人天然拥有奴隶，可以对奴隶有生杀予夺之权的法权观念。这种观念在奴隶社会形成初期显然并不为所有人所接受。那么，一开始奴隶从哪来？部落之间的战争可能将战俘变成奴隶；或者因为私有财产的出现，产生了债务奴隶等。简而言之，奴隶是通过一系列的社会变革才产生的。这些人在变成奴隶之初可能并不接受生活环境发生的根本性变化，并会有很长时间的反抗。但是，在这种生产方式的上升期，反抗的效果十分有限。由于奴隶经济关系的形成比以往的制度更加符合生产力发展的要求，这一制度变得更为坚固。由于反抗不断被镇压，社会在特定制度下长期运营，社会意识就发生了不可逆转的变化。特定生产关系的权利意志逐步形成并且巩固下来，存在终于战胜了意识。而这种意识形态不但对于这个制度的受益者，如奴隶主阶级来说是天经地义的，而且对于这个制度的受害者，如奴隶阶级来说，也渐渐地因习惯而变成自然。因为无法选择，现实的存在逐渐变成了一种似乎是天生在头脑里面的法权观念：因为父母是奴隶，爷爷奶奶是奴隶，一代一代人告诉他这个社会就是这样，自己天生就是奴隶，认命吧。

特定的观念形态是在现实中逐步被接受的，是无法改变的铁的规律，尤其在一个制度的上升期，它强加于所有人，逐步地变得"天经地义"。由此形成的所谓社会正义观，当然是统治阶级的正义观，是符合统治阶级利益的正义观。

第十一章 按劳分配与平等劳动

【阅读材料】

马克思批判吉尔巴特的正义观

马克思在《资本论》第3卷里面有一段话被许多人误解。马克思批评了一个叫吉尔巴特的经济学家:"在这里,同吉尔巴特一起说什么天然正义,这是毫无意义的。生产当事人之间进行的交易的正义性在于:这种交易是从生产关系中作为自然结果产生出来的。这种经济交易作为当事人的意志行为,作为他们的共同意志的表示,作为可以由国家强加给立约双方的契约,表现在法律形式上,这些法律形式作为单纯的形式,是不能决定这个内容本身的。这些形式只是表示这个内容。这个内容,只要与生产方式相适应,相一致,就是正义的;只要与生产方式相矛盾,就是非正义的。在资本主义生产方式的基础上,奴隶制是非正义的;在商品质量上弄虚作假也是非正义的。"①

先有实实在在的制度,然后才有契约,才有共同意志,才有最终的法律形式,这是一个逐步形成的过程。马克思说,法律形式只是表示特定内容,这些内容只要与生产方式相适应就是正义的。这句话引起了很多人的误解,觉得马克思认为资本主义是正义的。实际上,马克思真正要说的是:在阶级社会的环境下,统治阶级的正义观就是这么形成的;它形成了一种在当时社会主导性的正义原则,而与这种生产关系相矛盾的东西就是非正义的。这种"正义"是以特定生产方式主导的阶级关系、阶级利益来判定的。所以,对资本主义生产方式而言,奴隶制是非正义的,奴隶制妨碍了劳动者的自由流动;在商品交换中弄虚作假也是非正义的,这与资本主义所要求的市场竞争原则相矛盾。

简而言之,马克思认为:正义与一个制度正常运行的客观事实相关;这种与当时生产关系相适应的正义观是通过历史过程逐步形成的;并且这个正义观是有阶级性的,是这个制度占主导地位的统治阶级的正义观。马克思主义的必然逻辑是:任何阶级社会中社会成员的正义观不可能完全一致。即使多数人——统治阶级以及被统治阶级中的多数人——都接受了统治阶级的正义观,但总有一些人,可能只有少数人,保留了反抗意志,因此才有"帝王将相宁有种乎"的呐喊,因此才有各个社会阶层的大规模抗争。但在对应的制度还没有开始衰落的时候,被压迫阶级的正义观不占主流地位,主导性的正义观总是统治阶级的正义观,是合乎统治阶级利益的意识形态。

(二) 分配的"正义性"和"历史正当性"

当一种生产方式走向衰落,被统治阶级就会越来越意识到统治阶级法权观念的非正义性。历史就是这样不断演进,正义不是天生的,也不是永恒不变的。随着社会变迁,当一种制度开始衰落时,该制度下的被统治阶级和新兴生产力的代表就会形成属于自身的、反传统的新正义观,并且越来越成为主流。部分道德哲学家们误以为存在永恒不变的公平正义,并且为了争夺永恒正义的发现权而争论不休。然而,如果脱离经济基础,仅仅试图从观念形态上说明正义的源头完全属于本末倒置。按劳分配原则也是如此。没

---

① 《马克思恩格斯文集》第7卷,人民出版社2009年版,第379页。

有永恒不变的分配正义,它随着历史的变迁而演变。

历史唯物主义在对一个社会的公平正义观及与生产方式相关联的法权关系,其至社会生产方式本身做价值判断时,提出了"历史正当性"的概念,并将它与"公平正义性"相区别。马克思主义承认:在奴隶社会初期,奴隶主阶级的正义观是当时历史时期占统治地位的正义观,但并不意味着马克思主义承认该制度就具有正义性。马克思承认一种生产关系及与这种生产关系相适应的观念形态具有历史正当性,即它符合生产力发展要求,但这并不等于承认奴隶制的正义性。承认某种生产方式与一定的生产力水平相适应,是一个事实判断,而公平正义是价值判断,有历史正当性的制度并不一定就是公正的。正义是历史的产物,是与生产方式变化和阶级利益矛盾相关联的。正义性不仅仅是事实判断,而且还是价值判断,即对哪个阶级有利。马克思主义的正义观认为,正义一方面要符合历史发展方向,另一方面还要符合无产阶级的利益,历史正当性不等于公平正义。当代无产阶级的正义观是从无产阶级意识,即卢卡奇所说的历史方向与阶级利益相统一这一概念出发的。关于法权关系的价值判断要满足两个条件。第一,它有历史正当性,要符合生产力的发展方向;第二,要满足无产阶级的阶级利益,要求历史正当性与阶级利益的统一,这才构成马克思主义的正义标准。按劳分配恰好符合这一标准,它在社会主义历史阶段有利于生产力发展,也符合大多数劳动者的利益。社会主义实行按劳分配为主体,多种分配形式并存,不是以分配正义为依据的,不应当用观念形态来说明经济基础。

(三) 按劳分配的正义性及其弊端

按劳分配就是社会主义的分配正义。事实上,社会主义通行的劳动平等原则无论体现在生产、流通还是分配中,都表现为社会主义的公平正义,都符合历史唯物主义有关公平正义的判断标准。按劳分配,乃至平等劳动会有历史的局限性,但这丝毫不影响把它作为社会主义历史阶段公平正义的事实判断和价值判断。

同时,按劳分配原则有其自身固有的弊端。按劳分配是以劳动为尺度的平等权利,是劳动者个人与整体之间进行的劳动交换,体现了劳动者个人之间的"等量劳动相交换"的原则。该原则明显带有旧时代痕迹,之所以马克思说它存在弊端,是因为它会产生出一系列不理想的后果,即承认个人劳动能力以及家庭消费需要的差异。马克思讨论按劳分配的弊端,是建立在将其与共产主义高级阶段的按需分配相比较的基础上的,两者的区别是:按需分配作为共产主义高级阶段的分配方式,既不承认个人劳动能力的差异,也不把劳动的贡献与收入分配挂钩,甚至不存在以个体家庭为单位的消费方式。按照共产主义的分配正义原则,按劳分配的原则就是非正义的。但这不等于否定按劳分配在社会主义历史阶段的正义性,不等于否定劳动力个人所有权在当代社会的正义性,不等于否定劳动平等原则在社会主义中国的正义性,更不等于否定社会主义劳动者用自己的劳动创造美好生活,进而劳动致富的正义性。虽然上述原则与共产主义高级阶段的正义原则不一样,但在当前历史阶段,它是和社会生产力的要求、和劳动者的利益一致的,因此它就是社会主义的公平正义观。

第十一章 按劳分配与平等劳动

> 【阅读材料】
>
> **分配正义视角的无私奉献、按劳分配及按要素分配**
>
> 应当如何看待共产党员无私奉献与按劳分配的正义原则的关系？简单来说，社会的正义是对全体社会成员而言，是平等劳动、按劳分配。中国共产党党员由中国人民中一部分先进分子组成，这部分人志愿加入中国共产党，承诺全心全意为人民服务，他们在党旗下已经宣誓，自愿以更高的标准要求自己。共产党员的标准是共产主义的标准，而不是对全体社会成员的要求。因此，不能用以共产党员的标准去否定按劳分配的正义性，不能用党员的标准去要求每一个劳动群众，不能用共产主义的原则去要求整个社会。

另一个问题是，市场经济按要素分配，那么这一分配原则到底是正义的还是非正义的？首先，按要素分配在市场经济条件之下具有历史的正当性，既然今天的社会生产力还需要用市场经济去组织，那么市场经济的分配机制——按要素分配就有历史的正当性。但是，它是不是公平正义的呢？简单说就两句话：其一，按要素分配中与按劳分配原则一致的那些部分是公平正义的；其二，按要素分配中与按劳分配原则相矛盾的部分，如私有资本对剩余价值的占有，是非正义的，这部分内容不符合社会主义的公平正义观，即从劳动者阶级立场看是非正义的，但是并不能否认其在合理限度内的历史正当性。当然，要深入理解这个问题的方方面面，还需要更多细致的分析，后面两章会逐步涉及这些问题。

三、市场经济下按劳分配的特点

社会主义市场经济实践中的按劳分配，不同于马克思在《哥达纲领批判》中所预想的按劳分配，我们可以概括为以下四个特点。

（一）按劳分配以价值为尺度，以货币为形式

市场经济下的按劳分配不是直接计算具体劳动时间，还要将其换算为抽象劳动时间。原因在于，社会主义的劳动还具有二重性，具体劳动时间并不直接等同于抽象劳动时间，比如同样是八小时具体劳动，如果某些人的劳动复杂程度高一些，而另一些人的劳动复杂程度较低，那么两者的劳动时间按抽象劳动的标准衡量是不一样的。按劳分配承认复杂劳动相对于简单劳动的倍加性质。市场经济中的按劳分配是按照抽象劳动时间计算的，并且抽象劳动时间的计算采取价值的形式。在分配过程中，劳动者得到的也不是直接记录具体劳动时间的"劳动券"，更不是直接的实物分配，而是以货币工资形式分配，即按照劳动者的劳动付出，给予相应比例的货币工资。

（二）按劳分配以企业为分配主体，与企业绩效挂钩

市场经济条件下的按劳分配不是由一个社会计划中心直接执行，而是以企业为单位对每个劳动者个人进行分配。企业按市场绩效计算可分配总额，然后再按每个员工对企业贡献的比例来分配个人劳动报酬。企业绩效是在市场竞争中形成的，可以按照企业增加价值来计量。在竞争中形成的企业增加价值背后有一个统一的社会尺度，即生产商品的社会必要劳动时间。如果某企业花费100个小时生产一辆汽车，但是实际上生产一辆

汽车的社会必要劳动时间是50个小时，那么这辆汽车在市场上的售价只相当于50小时。相反，如果另一个企业只需要用25小时生产出同样的汽车，那么该企业的每1小时劳动在市场交换中则可被承认为2小时社会必要劳动量。因此。该企业在市场交易中实现的增加价值比较高，企业绩效也就比较好，这也就使该企业员工具备了获得较高工资的可能性。

综上所述，价值规律作为调节市场经济的首要规律，对调节收入分配也有重要作用。价值规律形成了统一的社会标准，并由商品生产的社会必要劳动时间决定。具体到每个劳动者，由于分配总额由企业绩效决定，个人收入也就与企业绩效连接起来。进一步说，企业职工的劳动所得虽然取决于个人劳动的能力与努力，却不可避免地包含了企业管理与经营水平，甚至市场竞争中的机会和不确定性。在市场经济条件下，既然是按抽象劳动时间即社会必要劳动时间作为标准去衡量劳动贡献，那么，劳动付出和报酬之间的关联就会出现一定的偏离。市场经济下的按劳分配不是精确的，它不可避免地会被市场的各种偶然因素所影响。

（三）按劳分配与按要素分配并存

在市场经济条件下，按劳分配并不是独一无二的分配方式，而是按劳分配为主体，多种分配方式并存。这里包含两层含义：首先，生产资料所有制不同决定分配制度不同。市场经济是公有制为主体的混合所有制，这种所有制结构决定了公有制经济内部实行按劳分配，私有制经济内部实行按资分配，以及个体经济的"建立在自己劳动基础上"的分配方式。其次，按要素分配是市场经济中收入分配的一般机制，所有生产要素都会在市场交易中获得要素回报。不仅使用人身的生产要素，即劳动力商品要支付报酬，而且使用物质的生产要素也必须支付报酬。只有有偿使用生产要素，这些要素的使用效率才能得到保障并提高。例如，如果占用土地全是无偿的，那么无论公有制企业还是私有制企业都会尽可能多地占用土地，土地的使用效率必然降低。从整体看来，市场经济条件下的按要素分配既适用于公有制经济，也适用于私有制经济，其中同样包含着效率层面的考量，各种要素要提高使用效率，就必须按照市场原则收费。所以说，社会主义尽管实行按劳分配为主体多种分配方式并存的分配制度，但也必须保留按要素分配的分配机制，多种多样的分配制度都要通过按要素分配的市场机制来实现。

（四）按劳分配通过企业与社会两个层面实现

按劳分配首先是企业层面实行的分配平等，但单纯依靠企业层面的按劳分配是不够的。本书第三章在讨论平等劳动的实现程度时已经证明：平等劳动在社会主义市场经济条件下不可能完全实现。一方面，因为还有许多非公经济存在，非公经济的基本分配原则不是按劳分配；另一方面，公有制经济在市场经济条件下实现平等劳动会受到各种各样的阻碍，其内在矛盾决定了在企业内部和企业之间都不可能充分实现按劳分配。提高全社会范围内按劳分配的实现程度，不能单纯依靠企业层面的按劳分配，还要依靠国家在社会层面的调节，在社会层面贯彻分配平等的原则，即共同富裕原则，要把共同富裕作为社会主义的本质要求，在社会范围内长期推行，逐步实现。社会层面的共同富裕原则与企业层面的按劳分配原则互相配合、相互补充，更好地实现社会主义经济中的分配平等。

第二节　货币工资

社会主义市场经济条件下的按劳分配是通过工资形式实现的。大多数企业的劳动报酬都采用货币工资，其中大多数公有制企业也通过货币工资形式实现按劳分配。因此，社会主义政治经济学围绕工资问题有一系列需要深入讨论的理论与实践问题。

一、工资的现象与本质

关于工资现象，马克思在《资本论》第1卷里已经做了详细讨论。工资是按照工人的劳动时间计算的报酬。这一事实给人造成的表面印象是：工资就是劳动者劳动时间的价格，例如，请零工按小时计费，如20元钱每小时。在企业用工中，不论是私有制企业，还是公有制企业都实行工资制，按月付工资或者按日付工资，实际上基本原则都是按劳动时间付费。但需要分析的是，这个现象背后的本质是什么？

在以公有制为主体，多种所有制经济共同发展的社会主义市场经济条件下，公有制和私有制经济中的货币工资虽然作为现象形态基本相同，却表现出两种不一样的本质内容。马克思认为，私有制经济中工资或劳动价格的实质是劳动力商品价值。资本家付给工人劳动力价值，然后再使用劳动力，并把劳动者创造的全部价值占为己有，在扣除已经付出的劳动力价值之后，资本家获得剩余价值。这里的实质关系是阶级关系，是一个阶级占有另一个阶级剩余劳动的关系。而在公有制经济中，工资现象背后的实质是劳动者对共同劳动创造的成果扣除公共基金后，再进行个人分配，属于按劳分配，也即劳动报酬在全体员工中按劳动贡献进行分配。本书第五章的讨论表明，公有制企业以增加价值为生产目的，增加价值要分割成剩余价值和必要价值两部分，前者为劳动者公共所有，后者则按照每个人的劳动贡献份额进行分配。

在现实中，工资现象和本质关系还存在一个更大难点：由于国有经济普遍实行了公司制改革，采用了国有资本的实现形式。股份制企业的内部权利关系是资本所有者（股东）主权，是一种资本关系。公有资本与私有资本的区别在于，公有资本的剩余价值归公共所有，私有资本的剩余价值归私人所有。公有制企业也需要到劳动力市场招聘工人，也给工人发放货币工资，但是最终其剩余价值是归公共（集体或国家）所有，为公共利益所用。国有股份公司中工资现象与本质的关系比较复杂。公有资本条件下，劳动力商品价值成为工资现象与按劳分配本质之间联系的中间环节。例如，国有企业从劳动力市场招聘工人，签订劳动合同；企业与工人按市场原则双向选择，这应该具有劳动力商品买卖的性质；国有企业在劳动者整体与个人利益的权衡中分割必要价值和剩余价值，以工资形式将必要价值按劳动贡献分配给全体员工。呈现在表面的是工资现象，而工资现象背后的中间环节是劳动力商品的买卖，这个中间环节的后面，才是事物的本质——公有制企业的按劳分配，劳动者整体与个人之间的权利交换、个人与个人之间以"等量劳动相交换"为原则的收入分配。也正因为这样一种现象与本质之间的曲折关系，公有制企业的必要价值才能转化成为工资，剩余价值则转化为利润。

当然，这只是针对实行公司制改革的国有企业而言，至于劳动者合作经济，包括工人合作工厂，其分配形式就与国有制经济不同，不完全是以工资形式分配了。合作社是为其社员服务的经济组织，在分享服务之余，合作社社员实行"盈余返还"。所以说，公有制企业的分配方式是多种多样的，这和公有制经济的实现形式多种多样具有同样的逻辑。分配形式虽多种多样，但是背后的本质相同，都是按劳分配。

二、平均工资率

既然公有制企业的按劳分配采取工资形式，就会涉及工资的另一个概念——工资水平。就现象层面看，工资水平就是一定劳动时间所得工资的量。不同企业之间，以及同一企业内劳动者个人之间的工资水平都存在差异。决定工资水平的因素主要有两个：一是个人劳动的质量，如劳动强度、劳动熟练程度，特别是劳动复杂程度；另一个是工资率，即工资占劳动者创造的全部价值（增加价值）的比例。

工资率是一个很重要的数量关系，它表现为工资所体现的价值量与劳动者付出的劳动量之间的比率。当然，这里的劳动时间都要按社会承认的抽象劳动时间计算，因此，相同的工资率下不同具体劳动的工资水平会有很大差异。在一个发育相对完善的市场经济中，部门之间的工资水平是有显著差异的，诸如农业、零售业、服务业等传统劳动密集型产业的工资水平一般较低，而金融业、IT等高科技行业工资水平一般较高。但是，这并不意味着部门之间工资率差异很大。由于劳动力市场的普遍竞争，部门之间的工资率有平均化趋势，也就是说，不同产业部门工资总额与该部门劳动者创造的增加价值总量的比例趋于平均化，不同部门工资率差异有缩小的趋势。虽然不同产业部门的劳动复杂程度会有很大差异，因此工资水平也不同，但劳动者工资所得与其所付出劳动数量与质量呈正比例关系，而且竞争程度越高，市场发育越健全，这种工资率平均化的趋势也越明显。

市场经济下劳动力市场竞争会产生社会一般工资率，这不仅是社会平均意义上的，而且是各产业部门趋近的工资率。比如说，社会一般工资率为50%，即工人创造的价值当中有一半归工人所有，指的是各个产业部门总体上都呈现这样的工资率。不同产业部门的企业主进行招工时，会按照这个工资率来计算工人工资，其内在逻辑是：企业按照统一的工资率标准计算工人的工资；如果高于这个标准，企业在劳动力市场上会更有竞争力；反之则竞争力弱化。对于资本家而言，工人工资当然越低越好，但是如果工资过低，工人也会以自己的劳动能力为标准来衡量目前的工资是否合适。正是劳资间的这种市场博弈，以及不同产业间资本的市场竞争，使社会一般工资率逐步形成。对单个工人来说，工资率与其实际工资所得联系紧密；对一个企业而言，工资率不仅影响其在劳动力市场的竞争力，而且会影响企业的利润水平；对一个产业部门而言，部门平均工资率是一个部门工资总量与部门增加价值总量之比（V/（M+V）），部门平均工资率是影响部门平均利润率的重要因素。

部门间工资率平均化趋势在社会主义市场经济也会出现，它使不同所有制经济分配关系的本质差异变得模糊。现象背后的本质有两种，私有制企业的劳动力商品价值和公有制企业的按劳分配，但在工资平均化的现象中，这种区别被平均掉了，好像都是一样的。但另一方面，正是平均工资率的出现使得整个社会有了一个比较标准。同一个行业里不同所有制企业的工资水平是有差异的。社会主义市场经济发育越完善，平均工资率作为一个社会统一标准就越有效。首先，对于公有制经济的所有企业来说，平均工资率意味着同等的扣除（剩余价值率相同）和同等的获取（工资占增加价值的份额相同），这与按劳分配中等量劳动相交换的要求在数量上完全一致。因此，资本利润率成为国有企业业绩考核的一个重要指标。其次，由于工资率平均化趋势，国家在对劳动力市场、对企业劳资关系进行调节的时候，就有了更清晰的标准，能够更好地按照社会主义本质要求对企业劳资关系和分配关系进行调整。进一步说，平均工资率对宏观调控来说也是一个重要的参考指标，因为统一工资率直接是社会范围的劳资之间分配关系的数量指标，反映劳动报酬在全部国内生产总值（GDP）中所占的份额。总之，平均工资率的形成有利也有弊。社会主义政治经济学必须对这个指标有充分的重视。目前理论界对这个问题的研究还不够充分，今后可能会有更多讨论。

三、劳动报酬的多种形式

在《资本论》中，马克思曾对工资的具体形式——计时工资和计件工资分别进行了阐述。在市场经济条件下，虽然大多数公司都以工资作为报酬，但劳动报酬的形式实际上多种多样。工资等级是一个很重要的工资制度。毛泽东曾批评实行的"八级工资制"是资产阶级法权。现在看来，工资等级制是工资制度的必要组件，工资等级能够反映劳动者的工作年限、劳动熟练程度和劳动强度的差异；不同工作岗位对劳动复杂程度等的不同要求都会通过工资等级差异体现出来。工资等级可以从两方面确定：一是职位薪酬，根据职位的高低来定薪酬；二是能力薪酬，即根据工人的职称显示其工作能力，比如工程师、助理工程师等。职位薪酬与能力薪酬是两个不同的标准，但它们都统一在工资制度里，用来确立工资的等级标准。当然，工资等级只是工资制度的一个重要组成部分，工资制度的执行还要有考勤和考核制度作为辅助，例如，八小时工作制必须严格执行，不能迟到和早退，有事需要请假。同时需要考核劳动者的劳动成果，是否符合质量等各方面的要求。也就是说，工资制度还必须包含执行层面的重要内容。

市场经济中的用工制度不断演化，出现了多种多样新的工资形式，比如说弹性工作制，就是以工作任务来确定工作量，在时间上赋予了更多的灵活性；又如居家灵活办公。另外，工资制度是与劳动保障制度和职工福利制度联系在一起的，很多劳动保障的内容是和工资挂钩的，它应该是工资制度的一部分。福利虽然并不完全按劳动贡献来划分，但它又不能完全和劳动分开，劳动者的工资级别不一样，可能福利和保障也就不一样，因此，劳动保障等福利制度是工资制度的补充。工资制度往往还伴随着奖金制度，它同样是工资的必要补充，增加了工资制度的弹性和灵活性。特别是当企业把按劳分配与企业绩效挂钩的时候，其积极作用就显现出来。奖金制度一般可以分为两类：一是根据个人的工作量来支付奖金，与计件工资的情况类似，就是对超出生产定额的部分给予奖励，与本人工作挂钩；二是奖金直接与企业绩效挂钩，公司奖金的发放并不针对个人的工作成果，而是因为企业绩效比较好，盈利比较多，这是直接和企业绩效挂钩的奖金。前一种情况叫激励奖金，后一种情况叫绩效奖金。

【阅读材料】

劳动报酬及其相关制度的历史演变

在改革开放前后，关于计时工资很多具体的制度规则一直在演变。比如在改革初期，国营企业里往往区分正式工和临时工，后来逐步发生变化，现在完全采取劳动合同制。

劳动合同制中又区分了固定期限劳动合同和无固定期限劳动合同，以及按照完成工作任务为期限的劳动合同等三种情况。一般所说的固定工，就是无固定期限的劳动合同。而一年、三年以及五年的劳动合同属于有固定期限的劳动合同。现实中，也不乏很多企业不与劳动者签订劳动合同。2012年我国进一步规定了集体合同和劳动派遣制度。在已经确定劳动合同制的前提下，劳动合同可以进行集体谈判和集体拟合同，就是由工会或者其他组织出面来和企业谈判，更好地保护劳动者权益。根据企业用工多样化的需要，明确了劳务派遣制度，不再区分临时工和合同工、固定工和合同工、正式工和临时工。企业短期灵活用工可以由劳务公司派遣，工人的劳动关系在劳务公司。这种制度比较灵活，劳动关系没有完全固定下来，这个制度用来解决企业这方面的用工需要，特别是在平台经济蓬勃发展的当下，快递行业多对快递员采取这种用工形式。

四、私有制与公有制分配制度的区别

公有制企业和私有制企业都按个人的工作表现来分配劳动报酬，但两者的性质是根本不同的。我们承认任何企业都必须有激励制度，员工的劳动贡献越大，企业所付报酬就越多。无论哪种所有制经济，市场经济条件下基于激励目的的工资制度应该是相似的。但是现象的相似并不能否定本质的区别。从本质层面来看，一个企业是实行按劳分配还是实行按资分配，最明显的区别要看剩余价值归谁所有，由谁所用。如果一个企业的剩余价值归资本家所有，为私人企业主所用，那这个企业个人收入分配原则从根本上说就是按资分配，而不是按劳分配。社会主义公有制经济中也有剩余价值，但它是被劳动者整体占有并使用，因此其个人收入分配原则是按劳分配。

进一步看，随着改革越来越深化，社会主义市场经济越来越完善，两种所有制经济分配制度的本质差异就会越来越多地在现象层面上表现出来，会让我们越来越清楚地看到两者的本质差别。从社会统计层面看，国有经济工人的工资水平整体高于非公经济（见表11.1）。具体到行业层面，同一行业中有国有企业也有私营企业，工资水平受企业绩效的影响，有些企业绩效比较高，工资水平就可能比较高。大型网络平台公司、新兴产业领域的高科技企业中有许多是非公有制经济，这里的分配差异不是公有与私有的差异，不是所有制差别所导致，而更多地表现为行业和企业的绩效差异。即市场经济下分配是与企业绩效挂钩的。

按照马克思主义政治经济学的理论逻辑，私有制为主体的资本主义市场经济必然产生两极分化现象。在这一点上，社会主义与资本主义的差异可以明显观察到。虽然改革开放以来，随着市场经济体制的引入，我国的收入分配差距也曾呈现出扩大的趋势，但

表 11.1　　　　　　　2011—2020 年各行业平均工资　　　　　　　单元：元

类别＼年份	2011	2012	2013	2014	2015	2016	2017	2018	2019	2020
国有单位就业人员平均工资	43483	48357	52657	57296	65296	72538	81114	89474	98899	108132
城镇集体单位就业人员平均工资	28791	33784	38905	42742	46607	50527	55243	60664	62612	68590
城镇私营单位就业人员平均工资	24556	28752	32706	36390	39589	42833	45761	49575	53604	57727

资料来源：邱敏学，"国有企业促进共同富裕的内在机理及其实现路径"，《马克思主义研究》，2022 年第 10 期。

在社会主义市场经济条件下，由于精准扶贫、完善社会保障体系等政策措施的不断推进，两极分化是可以被遏制、被阻断的。近十年中国收入分配差距逐步缩小，随着全体人民共同富裕取得实质性的进展，分配制度的现状与前景越来越令人鼓舞。社会主义经济增长一般规律不同于资本主义资本积累一般规律，根本原因在于我们的基本经济制度和基本分配制度。公有制为主体、按劳分配为主体是社会主义经济制度与资本主义经济制度的根本区别所在。在中国特色社会主义的发展进程中，制度优势正在逐步显现。

第三节　非生产劳动部门的收入来源与按劳分配

以往关于按劳分配的研究多以生产劳动部门的分配为对象，很少涉及非生产劳动部门的按劳分配。事实上，在社会主义公有制经济中，非生产劳动部门的分配同样适用按劳分配原则。非生产劳动部门中公有制企业的从业者在全部公有制经济中占有很大比重，其按劳分配面临的特殊问题需要政治经济学的解释。

一、非生产劳动部门及其收入来源

（一）非生产劳动部门

按劳分配的一个特殊问题是非生产劳动部门的按劳分配。马克思主义政治经济学把经济部门划分成两类。一类是生产性劳动部门，主要生产人类物质生活所需要的产品，不仅包括直接制造商品的部门，还包括提供生产性服务和消费性服务的部门，如研究和开发部门、产品设计部门、饮食业、旅游业等，这些部门提供的服务实际上创造了使用价值。具体而言，处于生产性劳动部门的企业，其生产的商品不仅满足人们衣食住行的需要，还会满足生产过程的需要，如机器、能源等。而服务类产品的使用价值往往是生产与消费同步进行的，生产过程和消费过程在同一个时间进行，这样的生产部门所生产和出售的是服务商品。因此生产性劳动部门不一定就是生产物质产品的部门，也可以是生产服务产品的部门，它生产使用价值，也生产价值。但是有些部门的劳动的确不创造使用价值，最典型的就是商业部门和金融部门，这一类部门称作非生产劳动部门。商业部门的工作是为商品流通服务，它为生产者和消费者提供一个桥梁，让消费者可以得到所需要的商品，但是并不会改变这个商品的使用价值（保管和运输劳动除外），因此也不会产生增加价值。商业部门也需要劳动，但商业劳动是非生产性的：该劳动没有增加商品的使用价值，也不能在商品价值里添加更多内容，它不创造价值，也不创造剩余价值。

区分生产劳动和非生产劳动是古典政治经济学的传统，从劳动价值论的逻辑看，这个区分是必要的。因为尽管商品价值是由劳动创造的，但并不是所有的劳动都创造价值；所有部门都有劳动，但不是所有的部门都创造价值。流通过程中也包括像运输、仓储等劳动，由于能改变商品使用价值，所以属于流通过程中的生产性劳动。但是纯粹的商业劳动，比如商店的店员劳动，并不是生产劳动；同理，银行职员的劳动也不是生产劳动——金融中介提供的是关于货币流通和资本市场的平台，是为货币流通服务，就像商业劳动，它们都是为流通服务，并不创造价值和使用价值。①

（二）非生产劳动部门的收入来源

生产劳动与非生产劳动的区分自然会引出一个问题：社会主义公有制经济中的非生产劳动部门（比如国有大型商业企业和银行）的分配是不是按劳分配？如果是按劳分配，那么非生产劳动部门的按劳分配是不是根据其职工的劳动付出（劳动的时间和质量）来进行？这里似乎存在一个矛盾：一方面这些非生产劳动部门的劳动不创造价值和使用价值；另一方面企业分配却又以劳动贡献为依据，应当如何理解此处的劳动贡献，又将如何计算这里的劳动数量与质量？

为了解决这一问题，必须对非生产劳动部门的收入来源进行探讨。政治经济学认为那些不创造价值和使用价值的经济部门，它的收入实际上源于生产劳动部门工人所创造的一部分剩余价值。具体看来，生产劳动部门的工人创造了整个社会经济中的全部增加价值（国民收入），工人拿走了属于自己的必要劳动价值，资本所有者拿走了一部分剩余价值，而将剩余价值的另一部分让渡给非生产劳动部门的资本所有者，作为其所提供商业和金融服务的回报。这种剩余价值转移形式是多种多样的，比如出厂价和批发价、零售价的差额、银行利息存贷差等。这种剩余价值的转移其实就是对非生产劳动部门在商品流通和资本流通中所提供的服务而支付的报酬。这些集中的专业化服务可以帮助产业资本减少流通成本，加快资本周转。因此，双方各得其所，符合市场交易的规则。

非生产劳动部门为商品销售、货币流通做了贡献，节约了流通成本，因此也分享一部分剩余价值。商品流通环节很多，每一个环节都可以分享到一部分剩余价值，这部分剩余价值在商业企业中表现为营业收入。显然，在竞争性的市场环境下，非生产部门的企业获得的从生产劳动部门转移过来的剩余价值的大小，取决于其服务数量与质量。而

---

① 对于社会主义经济中如何区分生产劳动部门和非生产劳动部门，学界有不同观点。本书采用骆耕漠（1990）和姬旭辉（2016）等的生产劳动概念，将物质生产部门和某些特定的创造使用价值和价值的服务业部门界定为生产劳动部门，而将商业、金融业和公共管理部门视为非生产劳动部门。

提供服务的数量和质量又与企业员工的劳动及企业内部的管理效率有关。所以，尽管非生产劳动部门不创造使用价值和价值，但其经营活动并非如寻租活动那样仅仅涉及分配问题，它对社会经济有不可或缺的正面作用。

（三）非生产劳动部门企业绩效的衡量

基于政治经济学关于非生产劳动部门收入来源的分析，该如何衡量非生产劳动部门的绩效呢？可以肯定的是，由于此类企业不生产价值，因此不能用增加价值来衡量企业绩效。这类企业的绩效只能用营业收入来计算。具体而言，商业企业的营业收入表现为商品进购价和售出价之间的差额；银行业的营业收入表现为存贷款利息差额。此外，企业还有其他业务收入都可以统一计算到营业收入中。但由于企业经营存在成本，非生产劳动部门的净收入等于营业收入扣除全部营业成本，这些成本大体上包括：营业过程要消耗的物质资料、企业的营销费用、办公费用及工人成本（主要是员工工资）。粗略地说，非生产劳动部门净收入等于全部营业收入减去不包含财务成本在内的全部非人工成本（会计学会得更细致）。

营业纯收入是资本所有者和全体劳动者所分配的收入部分。这个概念跟会计学不同，请记住，营业纯收入和营业利润是两个不同的概念，营业纯收入包括利润和工资在内。即

营业纯收入 = 营业利润 + 财务成本 + 人工成本　　　　　　　　　　　　　　(11.1)

二、非生产劳动部门公有制企业的按劳分配

生产劳动部门的企业在分配中要将增加价值划分为利润（包括税收）与工资两部分，非生产劳动部门在分配中也需要将营业纯收入划分为相应的两部分。营业纯收入与增加价值是对应概念，两个概念在企业分配层面具有同等意义，其相似性在于它们都是供职工与企业主分配。在公有制企业中，这种分配的实质仍然是按劳分配。

首先，营业纯收入可分解为工资、营业利润和财务成本，因此扣除营业利润和财务成本之后才是待分配的工资总额。在实践中，各企业都有自身的分配规则，但总体分配也受平均工资率影响，即整个非生产劳动部门营业纯收入中工资占比与社会平均工资率趋近。平均工资率标准并不影响每个企业的工资份额，有的企业效率很高，但它的工资占营业纯收入的比例可能稍低；另外一些企业效率差，但工资占营业纯收入的份额可能会高一些。因为它们有同样的参照系，即社会平均的工资率。当然，平均工资率对企业分配起多大作用取决于劳动力市场的竞争性、国内市场是否统一和市场体制是否发育完善。

其次，企业的营业纯收入中工资总额在劳动者个人之间分配。分配的原则是按员工劳动对企业营业纯收入的贡献。由于员工的劳动在企业统一指挥下进行，考核劳动贡献的主要依据仍然是劳动的数量和质量，从这个意义上说，劳动者的个人收入分配仍然遵循按劳分配的原则。当然，员工对企业营业收入的贡献，既关乎个人的能力和努力，也包括了机会和偶然的成分。总之，非生产劳动部门按劳分配具有特殊性，它的劳动收入来源不是部门劳动者自己创造的价值，所以被分配的对象也不一样。尽管如此，公有制企业内部的分配原则仍然是按劳分配，仍然是劳动者个人之间的等量劳动相交换。

第四节　就业与民生

一、各尽所能与按劳分配

（一）各尽所能是按劳分配的前提

平等劳动是社会主义政治经济学的核心范畴，既包含生产过程的分工平等与各尽所能，又包含分配领域中的按劳分配。其中，分工平等与平均分工截然不同，并非意味着社会成员平均分担生产任务或每个人承担同样工作。相反地，分工平等要求各劳动者根据所拥有的劳动力资源禀赋予劳动能力大小参与到生产过程中，在社会分工中各司其职，各尽所能地为社会劳动。善耕者耕，善织者织，善渔者渔，有管理才能的人承担管理职能。社会主义经济中的各尽所能与分工平等在本质上是一回事，都是在生产中按个人劳动能力进行分工，是平等原则在生产过程的重要体现。马克思曾在《〈政治经济学批判〉导言》中对以李嘉图为代表的部分古典经济学家把经济学研究的重心放在分配上的观点进行了批判，马克思认为，生产在各要素中起到支配作用，生产过程决定分配过程，生产方式决定分配方式。因此，各尽所能和分工平等是按劳分配的前提。我国尚处于社会主义初级阶段，社会生产力还未发展到更高级的共产主义阶段，个人利益与社会利益仍旧存在矛盾。社会不能任凭劳动者按个人意愿择业，也不能保证劳动者超出自身谋生需要自愿地为社会提供剩余劳动。要持续激发社会主义市场经济在提高社会生产力方面的积极作用，就必须使平等原则与社会分工紧密结合，在生产中以各尽所能为原则，根据劳动能力的异质性，合理分配各劳动者在社会化生产中的工作任务与要求，充分发挥个人在社会生产各环节的生产能力与协调能力，才能保证最优的劳动资源配置，激发社会生产力发展的最大效率，达到总体上的最优协作状态。

（二）实现各尽所能的限度及其原因

第四章讨论了劳动平等实现程度的限度问题，分工平等自然也有这一问题。社会主义市场经济条件下，劳动力资源的有效配置要通过劳动力市场实现。由于劳动力市场买卖双方的信息不对称，分工平等、各尽所能的实现必然是有限度的。在劳动者与用工方的讨价还价中，信息披露存在着激励不兼容，即披露真实信息会损害披露者自身利益。为了在众多竞争者中脱颖而出，成功把自己"推销"出去，劳动者在求职过程中只愿意披露对自身有利的信息，避免透露负面信息。但是每一个求职者的劳动能力都具有潜在性，其工作表现也具有滞后性。只有在真正入职一段时间后，用工单位才能了解到求职者的实际工作能力与生产效率。用工单位因而会面临选择的困难，它不知道求职者的自述是否真实，也不知道该相信多少。相似地，用工单位对自身实情也会有所保留，其招聘广告总是做得吸引眼球，只愿意披露相关信息的积极一面，对自身不利的信息则闭口不谈。除非求职者在该企业工作一段时间，否则很难事先就对企业有充分了解。这样，双方当事人都不愿意披露充分信息，劳动力要素的供需双方交流不畅，就导致了整个劳动力市场高额的信息成本,使工作岗位搜寻匹配效率低下,社会生产的按能力分工很难落实,最终引发"招工难"与"就业难"并存。一方面,企业招不到合适的劳动者,影响了企业的当期绩效和长远发展,另一方面,优质的求职者又无法及时匹配岗位,造成社会人才资源的浪费,导致各尽所能的扭曲和分工平等的背离。

进一步说,由于经济发展的不充分、经济结构的不平衡、城乡二元经济的存在及不同所有制经济用工制度的差异等,各尽所能的实现受到进一步的限制。例如,城市偏向政策的存在,会使得部分农村居民的劳动能力资源禀赋落后于城镇居民,从而导致未变更户籍的农转非农民工群体受到隐性就业歧视,在求职过程中遭受不公平待遇,造成就业矛盾更加突出的局面。此外,企业从资本利益最大化的要求出发,还可能在劳动力市场上逆向选择,以低质量劳动力挤出高质量劳动力,劳动者福利受到损害,最终阻碍全体劳动者利益的长远发展。

政治经济学认为,导致各尽所能、分工平等实现困难的根本原因产生于平等劳动的内在矛盾。因为社会主义市场经济中劳动仍然存在二重性,生产力发展尚不充分,职业专门化的旧式分工仍旧存在,依旧需要依赖各司所职的专业化分工来维持更高效率的社会生产。这与共产主义高级阶段每个劳动者都只需要用较短时间参与生产劳动,并经常轮换工作内容,更多地根据事业发展和人生规划,按照个人爱好与身心健康来安排自己的时间,因而不需要按能力分工的情况完全不同。因为劳动者个人利益与整体利益的矛盾,劳动者和其用工单位之间存在利益差异,劳动力市场信息披露的激励不兼容导致的信息不对称就普遍存在。只有到高级的共产主义阶段,劳动者才可能突破单纯的谋生需求,自觉自愿地为社会开展创造性劳动,为社会发展作出贡献。而到了那个时候,不仅各尽所能、按劳分配实现的困难不再存在,而且以劳动为尺度的分工平等与分配平等也不再需要,各尽所能的平等劳动将让位于各尽所能的自由劳动,按劳分配也就必然地由按需分配所替代。

【阅读材料】

社会主义平等观的内涵

平等是我国社会主义核心价值观社会层面的重要内容,是我国公民的基本权利之一。马克思从国家、社会、人权等角度,对平等进行了现代意义上的概括:"一个国家的一切公民,或一个社会的一切成员,都应当有平等的政治地位和社会地位。"[①] 平等的价值追求是具有历史性的,会受到生产力水平的制约,被不同的阶级赋予了不同的内涵。我国现阶段所追求的平等价值观,与资产阶级革命中所推崇的内涵不同,"无产阶级平等要求的实际内容都是消灭阶级的要求。任何超出这个范围的平等要求,都必然要流于荒谬"[②]。社会主义的平等要求消灭由阶级带来的一切不平等,不仅要求在政治、法律的层面实现人的平等权利,而且要求在经济领域里建立生产资料公有制,实现实质的结果平等(即劳动平等——引者注),让全体人民共同分享社会发展成果。因此,社会主义的平等观是更实质的平等,为平等

---

① 《马克思恩格斯选集》第3卷,人民出版社1995年版,第447页。
② 《马克思恩格斯选集》第3卷,人民出版社1995年版,第448页。

的最终实现提供了制度保障。

在更高级的共产主义阶段，平等也有更深层次的内涵，不仅实现了机会、资源、分配等领域的平等，还会根据个人禀赋与需求差异，平等地实现个人的全面发展，按劳分配也就变为按需分配。"在随着个人的全面发展生产力也增长起来，而集体财富的一切源泉都充分涌流之后——只有在那个时候……社会才能在自己的旗帜上写上：各尽所能，按需分配！"①（资料来源：https：//www.thepaper.cn/news-Detail_ forward_ 9721170）

二、稳就业保民生

（一）就业是劳动者收入主要来源

按照劳动平等的原则，劳动者的就业权是分配权的前提。就业的一头承载着国家经济，另一头承载着万家烟火，是社会稳定的基本保障。就业关乎每个家庭的生计问题，是最大的民生工程，对保障民生的作用举足轻重。党的二十大报告指出，就业是劳动者获得收入、提高生活水平的基本途径。如果个人无法实现就业，根据劳动成果按劳分配的原则，个人就没有收益，无法得到稳定的收入来源，就难以维持包括住房、育儿、养老等在内的庞大生活成本，更难以达到更高标准的生活水平。规模性失业还会严重拉低资源配置效率，甚至激化社会矛盾，造成严峻的社会问题。因此，党中央高度重视就业对民生保障的重要影响程度，始终将就业摆在"六稳""六保"工作首位，千方百计拓宽就业渠道，稳定就业形势，优化就业质量。党的十九大明确提出要实现更高质量和更充分就业，强调就业优先战略和积极就业政策对当前就业形势与未来就业前景的重要指引作用。党的二十大报告进一步指出，要强化就业优先政策，健全就业促进机制，促进高质量充分就业。

我国是世界上人口最多的发展中国家，就业问题是人民群众最关心最现实的利益问题，关乎国家经济发展格局。从现实来看，我国农业从业人口偏高——2020年，我国农业就业人员为17715万人，占全国就业人口总数的23.6%，但农业对GDP增长贡献率仅为9.5%，远低于第二、第三产业的43.3%和47.3%。农业过剩人口的存在是劳动力要素资源错配的一种表现，不仅会影响到农业全要素生产率发展和农业现代化进程，还会导致社会生产的低效率。另外，农业生产经营的低回报率，也会导致农村居民收入难以提升，城乡收入差距面临扩大的风险。要改善农民收入，弥合城乡收入差距，既要求我们提高土地集约化程度，促进农业生产由零散小农户生产转变为具有规模效应的现代化生产方式，又要求我们加速提升非农就业率，将农村地区边际生产率为零的剩余劳动力转移至非农就业。在转移农村剩余劳动人口进程中，同时要积极促进城镇化建设，鼓励就地兼业和就地市民化，注重平等就业原则，做到就业机会均等，同工同酬，避免出现隐性或显性的就业歧视问题，让农村人口在市民化过程中享受到就业保障。

城镇居民收入来源主要依靠城镇就业，完善和稳定城镇就业是人民群众幸福生活的

---

① 《马克思恩格斯选集》第3卷，人民出版社1995年版，第305—306页。

必要前提。随着我国城镇化进程推进,农村剩余劳动力逐步实现市民化,城镇就业群体持续增长,城镇就业需求不断扩大。根据国家统计局数据,2014 年,城镇就业人员占总就业人数首次超过乡村,达到 50.9%(见图 11.1)。2021 年,城镇就业人员总量达到 46773 万人,城镇就业占比进一步提高到 62.7%。随着城镇就业群体的扩大,城镇就业种类也呈现多样化趋势,尤其是与数字技术相结合的新业态新模式,为稳定就业形势、增加就业岗位、拓宽就业渠道、提高就业收入、刺激经济增长等提供了新引擎与源源不断的动力,成为了居民提高家庭可支配收入、改善生活水平的重要途径之一。国家信息中心发布的《中国共享经济发展报告(2021)》显示,2020 年,我国共享经济平台企业员工达到 631 万人,比 2015 年增加约 131 万人,平台带动的就业人数约 8400 万人,比 2015 年增加约 3400 万人。可见,由数字技术带动的就业新模式、新业态已经成为新的经济增长点、提高个人收入的重要来源。

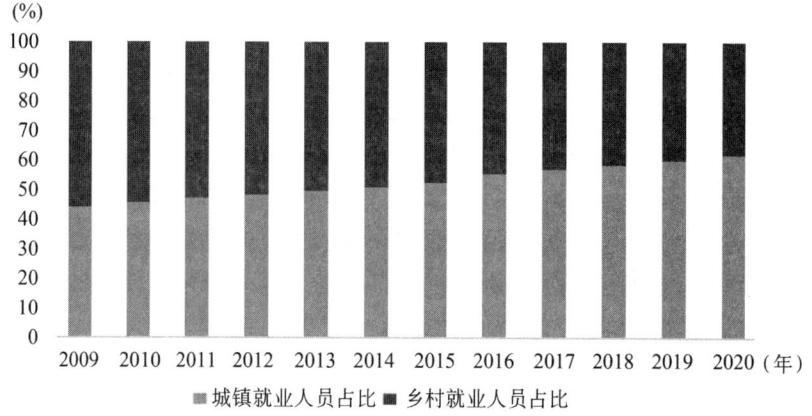

图 11.1　城乡就业占比趋势图①

(二) 影响充分就业的条件

1. 劳动力人口与就业人口

改革开放四十多年来,在中国共产党的领导和全国各族人民的艰苦奋斗之下,我国顺利完成了脱贫攻坚、全面建成小康社会的历史任务,在实现中华民族伟大复兴的中国梦道路上稳步前进。尤其在我国加入世界贸易组织之后,与国际市场深度融合,在全球化浪潮下充分发挥人口红利比较优势,国际地位不断提升,国际竞争力与影响力迅速提高。虽然由于生育意愿下降与老龄化加深等现象,我国人口红利稍显乏力,劳动力人口规模在 2016 年达到峰值 78495.01 万人之后逐步下降至 2019 年的 78107.46 万人。但是我国就业压力问题仍然严峻,劳动力人口规模绝对数量仍旧庞大,从事经济活动和具有就业需求的人口总数持续上升,我国仍是世界上劳动力资源最丰富的国家。第七次全国人口普查数据显示,我国总人口规模为 14.1 亿,其中,15—59 岁的劳动年龄人口为 8.94 亿人,占总人口数的 63.35%,比 2010 年第六次全国人口普查数据比重相比下降 6.79 个百分点,减少了 4000 多万人。就业人口数为 7.5 亿,占全国总人口数的

---

① 资料来源:根据国家统计局公布数据整理。

53.2%。即使人口红利具有衰退趋势，我国面临的严峻就业问题依然存在，劳动力人口下降并非意味着就业压力减小，相反，还有很大部分劳动人口找不到工作，尤其近年来在新冠疫情冲击下，国际形势变化莫测，贸易保护主义不断抬头，我国面临的挑战和风险与日俱增，更应当注重构建更为和谐、更加公平的就业环境体系，做好民生兜底保障工作，多措并举稳定就业形势，带动居民收入提升。

在社会层面，劳动力人口下降还直接影响到我国抚养比。抚养比与人口红利密切相关，它反映的是各劳动年龄人口要承担的抚养人数，数值越高，社会所承担的抚养压力就越大，即在收入不变的前提下，个人生活水平越低。改革开放40多年以来我国人口抚养比（0—14周岁与65周岁及以上人口数加总与15—64周岁人口数之比）呈现先下降后上升趋势，从1982年的62.6%下降到2010年的34.2%。第七次全国人口普查数据显示，2020年我国人口抚养比为45.9%，与2010年相比，增长了11.7个百分点。这种人口结构变化带来的人口红利变化是符合国际经验的，随着经济发展，中高收入国家总会经历增速放缓、生育率下降的阶段，少子化和老龄化程度加深，总抚养比逐渐增加。如何克服抚养比提高带来的社会负面影响，保障我国民生保障水平，是我国当前以及未来面临的重要问题。

此外，人口红利衰退还会导致劳动力要素价格上升，增加企业生产成本，削弱企业尤其是劳动密集型企业的竞争力。这就要求我国加快拓展新的比较优势，加速构建以国内大循环为主体的国内国际双循环的新发展格局，加快推进立足于新发展格局的供给侧结构性改革，推动我国供给侧生产能力能够更好地满足新时代的市场需求，解决供需错位问题，实现社会主义生产目标。

2. 经济增长与就业岗位

当前我国正面临增长动力源转换的关键时期，经济结构持续调整优化，高质量发展格局持续推进。在以习近平同志为核心的党中央领导下，我们稳定化解了新冠疫情与贸易保护主义抬头的冲击，经济形势保持健康发展，经济增长名列世界前茅，市场规模不断扩大。经济增长与就业岗位增长的作用是相互联系、不可分割的。一方面，经济持续稳定增长的良好态势有利于健全扩大就业岗位，增加劳动收入的发展环境，为努力实现劳动报酬增长与劳动生产率增长同步奠定经济基础。另一方面，就业岗位增长是保障民生、推动人口长期均衡发展，实现社会主义现代化强国的重要条件，是我国最终实现中华民族伟大复兴中国梦的动力源泉之一。现阶段，我国就业岗位与GDP增速基本同步，人均可支配收入与经济增长同步，持续提高的经济总量与稳步扩大的就业市场相互促进，共同助力实现更充分更高质量的就业目标。

3. 企业的技术路径和政府的宏观经济政策

自改革开放以来，我国作为劳动力资源禀赋相对富裕的国家，建设发展了一系列劳动密集型制造行业，在国际市场中承担着"世界工厂"的重要角色。制造加工业的蓬勃发展不仅促进了我国经济实力的稳步上升，加强了我国企业的国际竞争力，还不断加快社会资本积累速度，促进社会化大生产中的资本深化过程。从各国发展经验来看，资本深化是社会再生产循环发展过程的普遍阶段，在劳动力商品价格上升时，企业出于资本利润考量会减少劳动力的使用，资本-劳动比会逐渐提高，各行业资本与技术密集度不断上升，经济增长驱动力由劳动要素转向资本要素，生产效益的提升更加注重劳动质量与技术创新。

当资本密集型企业比重上升时，资本有机构成也会随着经济发展与技术水平的提升逐步提高。当资本深化程度过高时，资本要素会有"挤出"劳动力要素的风险，企业中可能会产生机器设备替代劳动力的现象，最终导致就业增长乏力，就业规模紧缩。由于我国人口众多，一味发展资本技术密集型企业就无法容纳庞大的就业人群。因此，应把握劳动密集型企业的就业吸纳能力，使劳动密集型企业在落实"六稳""六保"工作中发挥作用，避免由于过早资本深化导致的劳动市场规模性失业，在就业优先政策得到落实的前提下尽可能多地获取社会剩余，实现财富积累。同时，在分配领域要做到劳动报酬增长必须与劳动生产率增长同步，实现劳动者个人收入增加，促进各部门利润率提高，刺激社会再生产规模扩大，激发更多就业岗位涌现。这样，社会整体也具有更多剩余价值用于分配，最终提高社会民生福祉，有利于维护劳动者的集体利益与长远利益。

（三）混合经济的多渠道就业

我国实行的是以公有制为主体，多种经济成分共同发展的社会主义市场经济。以公有制为主体，并不意味着否认其他经济形式对经济发展的积极推动力，相反地，党中央肯定混合所有制对我国经济发展的积极作用，党的十八届三中全会强调要把混合所有制作为我国基本经济制度的重要实现形式。党的二十大报告进一步强调，应毫不动摇巩固和发展公有制经济，毫不动摇鼓励、支持、引导非公有制经济发展。2019 年，城镇公有制经济就业人员为 5000 多万人，非公经济就业人口为 3.8 亿人，占全部城镇就业人口的 86.8%。个体经济、私营经济和外资经济不仅能够充分反映市场经济规律，进一步调动市场经济的活力与创新力，在我国强化经济韧性、推动结构转型中发挥不可替代的作用，还在构建社会主义和谐社会、解决就业和再就业问题中承担着重要角色，是我国劳动力"蓄水池"的重要组成部分。

除了非公经济，推动实现更充分更高质量就业，还应当正确认识第三产业对劳动力人口的就业吸纳能力。从各国发展经验来看，产业结构变化特点常常表现为劳动、资本等生产要素逐步由第一产业部门转出，流向要素回报率更高、资源配置效率更高的第二、三产业。解决就业问题，第三产业最为关键。国家统计局数据显示，2021 年，我国第一产业增加值占国内生产总值比重为 7.3%，就业人员为 17072 万人，占比 22.9%；第二产业增加值比重为 39.4%，就业人员 21712 万人，占比 29.1%；第三产业增加值比重为 53.3%，就业人员 35868 万人，占比 48.0%（见图 11.2）。尤其在我国由高速增长转为中高速增长的新常态下，数字信息革命浪潮进一步推动释放第三产业在"扩岗位"中的强大活力。依托数字技术，结合数字红利，第三产业迸发出一大批更加灵活更有就业弹性的新模式新业态，提供了大量就业岗位。2019 年的政府工作报告明确提出"要加强对灵活就业、新就业形态的支持"，对新型就业模式在稳就业方面发挥的积极作用给予肯定。因此，我国经济结构调整优化和增长动力源转换的攻关期，离不开第三产业在资源配置效率中的重要调节作用和对就业市场的稳定推动作用。

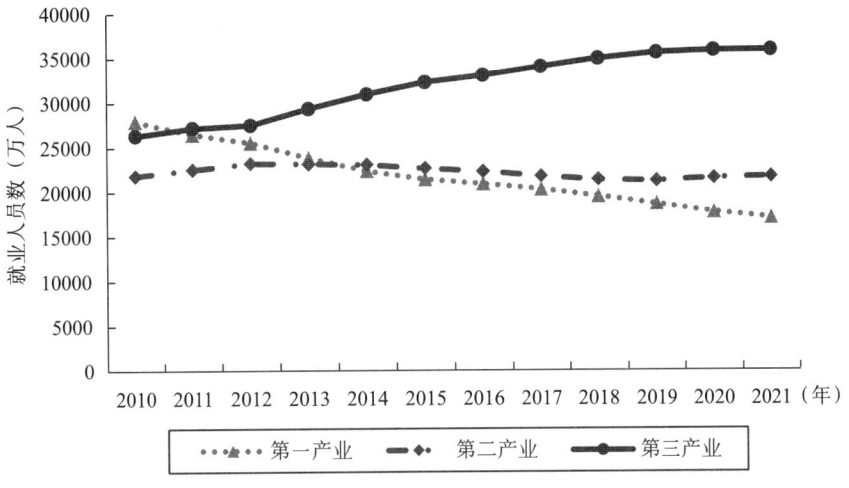

图 11.2　三次产业就业人员①

【阅读材料】

数字经济促进就业结构高级化

随着第三次技术革命的不断深化，由数字技术带来的就业新模式、新业态正深刻影响着我国的就业结构。北京师范大学教授戚聿东认为，数字经济从三方面促进并优化就业结构。一是从就业技能结构角度，数字经济会显著增加对高技能、高学历劳动者的就业需求，促使就业结构呈现"两极化"趋势；二是从产业结构角度，数字经济会吸纳更多第三产业就业人员；三是从就业性别角度，数字经济可以增加女性就业机会与薪资水平，缓解性别因素带来的就业不平等②。西安交通大学副教授王文从行业就业结构变动视角，发现数字技术水平提升一方面显著降低制造业就业份额，另一方面又"增加服务业特别是知识和技术密集型的现代服务业就业份额，促进了行业就业结构高级化"③。

可见，数字经济对稳定就业，尤其是在扩大第三产业就业岗位上，有着举足轻重的作用。国务院印发的《"十四五"就业促进规划》强调，要促进服务业数字化转型、线上线下双向发展，扩大服务业就业，深入推进服务业扩大开放，还要促进数字经济领域就业创业，推动数字经济和实体经济深度融合，催生更多新产业、新业态、新商业模式。

三、提高就业质量

（一）就业质量与平等劳动

就业质量概念最早源于国际劳工组织的"体面劳动"，体现了劳动者与生产资料的

---

① 资料来源：根据国家统计局公布数据整理。
② 戚聿东，刘翠花，丁述磊："数字经济发展、就业结构优化与就业质量提升"，《经济学动态》，2020 年第 11 期。
③ 王文："数字经济时代下工业智能化促进了高质量就业吗"，《经济学家》，2020 年第 4 期。

社会结合程度,反映了劳动者通过使用生产资料进行财富创造的环境优劣。从宏观上来看,就业质量包含了全面的社会保障体系:更和谐的劳动关系、更有效率的劳动体系、更公平的就业机会、更合理的就业结构等。从微观来看,就业质量与个人从劳动创造中获得的满足感息息相关,就业质量的高低决定了劳动者是否拥有良好的就业前景、稳定的工作报酬、较高的劳动效率,是否能在工作中提升自身技能和综合素质。因此,高质量就业,不仅仅与个人美好生活相关联,还是个人美好生活的组成部分,更是社会建设的活力源泉。

社会主义公有制企业平等劳动的本质关系对于提高就业质量具有极大影响。劳动者在生产劳动过程中的平等以及收入分配中的平等都以劳动为尺度,这就从根本上保障了公有制企业内部人与人关系的基本平等。管理劳动者与操作劳动者的分工平等是以"一个人监督所有人,所有人监督一个人"的形式展开的,企业民主管理的加强体现了全体职工的权利,保障了全体职工的利益。这种企业内部的劳动和谐关系是提高就业质量的重要方面。公有制企业中就业质量的改善对非公经济有示范作用。人民政府对企业劳动关系的持续关注和引导,则对所有企业就业质量的提高具有有效的规范和促进作用。

党的十九大报告强调,就业是最大的民生,要坚持就业优先战略和积极就业政策。党的二十大明确提出强化就业优先战略。国务院印发的《"十四五"就业促进规划》更是将就业摆在经济发展和宏观政策的优先地位,强调"推动更高质量和更充分的就业"在新发展格局中重要的推动作用,提出了坚持经济发展就业导向,强调了优化就业环境、提高就业质量,提升劳动者技能水平、保障劳动者合法权益以及防范化解规模性失业风险等政策对稳就业保民生的重要作用。可见,实现更充分更高质量的就业,不仅是我国人民对美好生活的愿望,更是我国高质量发展的重要抓手,是我国最终实现共同富裕的必经之路。

(二)就业质量与社会主义经济增长规律

社会主义经济增长规律表现为经济增长与劳动者能力发展的良性循环,社会主义以人民为中心,经济增长必然带来劳动者生活水平提升与劳动能力提高,引致劳动力内涵的扩大再生产,进而激发劳动者创新潜能,最终又促进社会生产力发展。在社会主义经济增长规律的作用下,劳动者整体利益与个体利益更加协调,社会生产力与劳动者能力发展得以相互促进。劳动者生活水平与劳动能力提升是就业质量的重要内容,因此,提高就业质量和经济增长密不可分,是社会主义经济增长规律的内在要求。从劳动者个人职业发展角度来看,良好的就业质量保证了劳动者可持续发展的职业规划,维护了劳动者的合法权益,激发了劳动者劳动积极性,提升了劳动效率,使劳动者能够从劳动中获取向集体奉献的满足感,实现个人职业和生活价值。劳动者对工作满意度的提高,也有利于构建企业层面的劳资和谐关系,进而建立起以健全法制环境为保障的社会主义和谐社会,使社会主义生产关系更为和谐。和谐的生产关系又是缓解社会矛盾,稳定社会结构,实现社会长治久安、经济持续增长的重要基础。

就业质量提升也是现代企业管理的一个重要指标。员工对工作环境的满意度上升,自然会更积极投入工作,边际生产率相应提升,从而节约监督成本,便于企业管理,提高整个企业的生产效率。全社会范围内大部分企业的效率提升,就使社会财富迅速积累,创新动力源泉充分涌流。习近平总书记在党的十九大报告中明确指出,当前我国经济增长动力已由要素驱动、投资驱动转向创新驱动。积极的创新环境离不开良好的就业质量，作为市场经济运行的微观个体，企业只有不断提高就业质量，才能持续激发创新能力，在社会分工深化中占据地位，源源不断地为社会再生产提供动力。

（三）需要个人、企业、政府三方共同努力

提高就业质量，需要个人、企业、政府三方共同努力。劳动者个人应与时俱进，学会利用数字技术低成本接受教育培训，提高自身知识储备与技能水平，增强个人竞争力，适应当前市场对创新型复合人才需求，适应当前劳动力结构变化引起的市场竞争。作为就业重点群体，高校大学生要积极参与就业辅导、校企对接，明确个人发展与职业规划，主动适应劳动力市场需求偏好变化，绝不可不顾市场规律闭门造车，应依据现实情况适时调整就业要求与期望值，避免脱离现实、好高骛远。

企业应当突破传统管理思维，避免仅从物质资料角度计量企业效益，而应把劳动质量、劳动者与生产条件结合程度、人力资源利用效率纳入企业绩效考量范围内。关怀企业职工的合理工作需求，完善福利保障制度，健全升迁竞争机制，提高员工就业地位。将企业发展规划与员工职业发展紧密相连，给予员工适当职能培训与薪酬激励，培养员工的积极性与创新力，为企业长久发展提供动力源泉。着力开展校企合作，加强与高校毕业生的良性互动，创新培训方式和管理方案，积极提高人力资源管理质量。

习近平总书记指出，要从全局高度看待就业问题，解决就业问题根本还是得靠发展。只有把发展"蛋糕"做大，才能把就业"蛋糕"做大。党的二十大报告明确指出："必须坚持在发展中保障和改善民生，鼓励共同奋斗创造美好生活，不断实现人民对美好生活的向往。"因此，要坚持发挥我国社会主义基本经济制度的优越性，合理采用财政政策与货币政策，以市场力量为中心，正确发挥政府宏观调控作用，促进经济发展与民生保障同步提高，在经济发展中推动就业扩量提质。保证劳动报酬与劳动生产率增长同步，让劳动者劳有所得，多劳多得，积极主动参与财富创造，通过勤劳致富获得满足感，人人尽责，人人享有，财富源泉充分涌流。坚持以人为本的价值取向，做到发展为了人民、发展依靠人民、发展的成果由人民共享。做好报酬和就业机会平等保障，确保同工同酬，社会保障制度进一步平等。突出保基本兜底线，持续保障和改善民生，加大对重点人群的就业关怀，为失业和再就业人群提供社会政策保障，落实对困难群体的就业帮扶，适时提供精准就业培训，以积极的就业政策实现高质量就业。

思考题

1. 按劳分配有哪些一般性特征？市场经济条件中按劳分配的特点是什么？
2. 如何理解分配的正义性和历史正当性？
3. 非生产劳动部门的收入来自于哪里？如何理解非生产劳动部门中公有企业的按劳分配原则？
4. 如何理解各尽所能是实现按劳分配的前提？如何理解就业扩量提质与平等劳动的关系？

第十二章

按劳分配为主体多种分配方式并存

按劳分配为主体多种分配方式并存是社会主义基本分配制度。本章首先讨论基本分配制度的总体特征与内在矛盾,重新界定按劳分配与按要素分配的相互关系,然后讨论按资本要素分配的各种形式,包括利润、利息和股息,包括知识产权、数据要素和虚拟资本的分配问题。公有制条件下土地要素与生态价值的分配问题将在第十三章讨论。

第一节 社会主义基本分配制度及其内在矛盾

一、社会主义基本分配制度

按劳分配为主体、多种分配方式并存,是我国社会主义基本分配制度。社会主义市场经济体制中多种所有制经济共同发展,决定了多种分配形式并存,按劳分配是公有制经济的分配制度,构成基本分配制度的主体部分。

(一) 多种所有制形式与多种分配方式

我国分配制度具有多样性。与按劳分配相对应,社会主义还存在私营经济的按资分配和个体经济建立在自己劳动所有权基础上的收入分配制度。公有制经济的按劳分配制度既区别于私有制经济的按资分配,也区别于个体经济的分配制度。与按劳分配对应的按资分配同样包括两部分内容,首先是资本家以工资形式支付劳动者劳动力商品价值,其次是资本家以利润形式占有剩余价值。所不同的是,在这里分配制度处理的不是劳动者阶级内部整体与个人之间的关系,而是工人与资本家两个阶级之间的关系,是作为生产资料所有者的资产阶级对作为劳动力所有者的工人阶级的阶级统治和阶级剥削关系。由于资本家利用资本所有权在该分配制度中获取了最大利益，我们将这种分配制度称作"按资分配"。这种分配制度具有对抗性质，即工人与资本家之间是零和博弈关系。

个体经济的分配制度既不同于私营经济，也不同于社会主义公有制经济。一方面，个体经济的分配制度以个体劳动者自己劳动所有权为前提，全部劳动产品归个体劳动者自己所有，即使有少量雇工，个体经营户的收入来源主要还是靠自己劳动，因此区别于私营企业主的主要靠占有雇佣劳动者剩余价值的情形。另一方面，个体经济的分配制度也不同于公有制经济，个体经营中全部劳动产品的价值实现之后，初次分配不存在公共基金的扣除，也无须在不同劳动者个体之间进行分配，全部劳动所得都归个体经营户及其家庭所有。但是，由于个体经营户占有生产资料的数量与质量不同，经营条件差别很大，因而个体户之间劳动所得的差距，不同于单个公有制经济组织内部劳动者个人与个人之间仅因劳动贡献不同而产生的分配差距。个体经济的分配制度也就不同于公有制经济的按劳分配。

社会主义经济制度中包括多种分配制度，公有制经济的按劳分配在其中占主体地位。这种按劳分配为主体、多种分配形式并存的格局，构成社会主义的基本分配制度。

（二）按劳分配为主体

按劳分配为主体，多种分配方式并存的基本分配制度存在一个为主为辅的问题。如何理解当前我国的分配制度具有按劳分配为主体的特征，如何维持好按劳分配为主体的现实性？

1. 公有制为主体决定按劳分配为主体

首先，必须理解按劳分配不过是生产条件分配的必然结果，是生产资料公有制的必然结果。马克思主义政治经济学基本原理指出，社会再生产过程是由生产、分配、交换和消费相互联系形成的有机统一体。生产关系决定分配关系、交换关系和消费关系。在生产关系中，生产资料所有制处于核心地位，规定了社会总产品在不同主体间的分配、交换和消费方式，决定着社会的基本性质和发展方向。我国的基本经济制度是生产资料公有制，公有制为主体决定其分配制度必然是按劳分配为主体。本书第四章判定公有制为主体的理由，用来说明按劳分配为主体的现实性同样是适用的。按劳分配建立在公有制为主体的基础上，只要我们坚持公有制为主体，我国的社会分配制度也一定是按劳分配为主体。马克思指出，分配结构完全决定于生产结构。公有制为主体与按劳分配为主体，两者相辅相成。公有制经济的收益归全体人民共同所有和共同使用，正是由于坚持了公有制的主体地位，才能在分配环节保证按劳分配的主体地位。公有制为主体对社会分配的结果有全面影响。一是公有制经济的劳动报酬在总体上高于非公经济；二是在企业内部的分配差距，在企业规模可比情况下，公有制经济内部的报酬差距也要小于非公经济内部的差距。这些对非公经济具有示范性影响。总之，要把按劳分配为主体与公有制为主体结合起来看，它们是一枚硬币的正反面。

然而，从数量关系看，生产资料公有制为主体与按劳分配为主体又存在差异。公有制在社会经济中的份额首先要看公有资本占社会资本总量的比例，我国有资本大量集中在关系国计民生重要领域的大型、超大型企业中。这是公有制为主体的一个数量表现。

但是按劳分配在社会经济中的份额更多地要看适用于按劳分配制度的就业人口。目前在我国工业经济就业人口中，国有企业只占20%，也就是说，只有20%的劳动者收入适用按劳分配制度。这使人们对按劳分配主体地位产生怀疑。对此可以强调两点。其一，从总体上观察当前我国的分配制度不能仅限于工业经济。因为在讨论公有制为主体的现实状况时，需要强调农村土地集体所有制的重要意义。在观察按劳分配为主体时，几亿农业劳动者的分配制度更不应当忽略。我国农业经济主要采取土地集体所有制基础上的家庭承包经营，其收入分配方式与个体经济有几分相似，全部劳动产品直接由承包农户占有，扣除各项生产成本后直接成为劳动者及其家庭收入。但是，此处有一个根本的区别点：农业生产的基本生产资料——土地承包权在作为集体经济成员的承包农户间平等分配，由于生产条件分配的这一基本平等前提，农村集体经济的分配制度仍然具有按劳分配的性质。这一事实对于观察按劳分配为主体具有重大影响。其二，坚持以人民为中心的根本立场，以全体人民共同富裕为目标，按照劳动平等的原则调节收入分配，通过对国民收入重要比例的宏观调控，通过对国民收入的再分配，缩小收入分配差距，保证劳动能力发展机会平等。这是社会范围内实现按劳分配为主体的重要制度安排。

2. 国家对收入分配的调节

按劳分配的主体地位，甚至公有制的主体地位，都不能够纯粹依靠市场的自发性来维持。要防止按劳分配自身矛盾以及多种分配方式并存产生的后果，国家必须利用再分配手段调节。市场经济下按劳分配的实现有两个层次，不仅是公有制企业层面上的按劳分配，还有国家层面上以共同富裕为目标的调节和再分配。国家调节可以减弱两极分化的趋势、阻止按劳分配向按资分配的转化。按劳分配本身就有企业与社会两层次公平分配的要求，必然会产生出两层次公平分配的制度。公有制为主体与按劳分配为主体必须长期坚持，而不是昙花一现，这是社会主义不可动摇的基本制度。

企业层面上，公有制经济内部实行按劳分配；社会范围内，国家以公平分配为目标实行再分配。国家再分配的一个重要目标是缩小收入分配差距，最终实现共同富裕。近年来国家在缩小收入分配差距方面加大力度，并取得初步成效，我国基尼系数从2009年之后一直在波动中缓慢下降。国家再分配还有一个调节目标，是实现劳动者劳动能力发展机会的平等，在教育、医疗、劳动保障等方面给全体劳动者提供相对平等的机会；特别对未来的劳动者，即劳动者的子女给予更多的平等机会。社会主义国家不希望出现因劳动者收入有差距其子女发展机会就不平等的现象。国家采取了很多举措，建设覆盖更全面、力度更大的社会福利制度，包括城乡之间的教育资源公平分配，城市内部教育资源的公平分配，覆盖全体人民的医疗保障等。

二、社会主义基本分配制度的内在矛盾

理解社会主义公有制的历史性质，可以从公有制内在矛盾及其与多种所有制经济的相互关系两个方面展开。同样地，社会主义基本分配制度的历史性质也可以从按劳分配的固有矛盾及其与多种分配方式的相互关系中理解。

（一）按劳分配的平等与不平等

按劳分配是公有制经济平等劳动的本质规定在收入分配中的体现。按照马克思《哥

达纲领批判》中的分析，按劳分配的平等权利是建立在个人劳动能力天然的不平等的基础上。按劳分配存在两个弊端：一个弊端是劳动能力的不平等。劳动能力是天然赋予的，有人天生体力更好，更有智慧，各方面能力都更强；而另一些人的能力较弱，甚至还有一部分劳动者存在身体上的缺陷，他的劳动能力会更弱一些。这是按劳分配的第一个弊端，它建立在不平等禀赋的基础上，导致劳动报酬有持续的差异。第二个弊端是个人及家庭的消费需要不同。社会主义条件下，个体家庭是基本消费单位，按劳分配中劳动成果分配到每个人、每个家庭。个人及家庭的消费需要是不同的，有已婚，有未婚，有年轻人，有老年人，他们在不同年龄段消费需求不同；家庭成员的数量也不同，有的家庭人口多，有的家庭人口少，消费需要会有很大差异。劳动者收入分配较小的差异会逐步积累成为较大的差异。有部分劳动者能力很强，家庭消费需求也不高，就会逐年积累财富。在市场经济条件下，积累的财富可以用于投资获取收益，按劳分配就逐步地转化为按资分配了。因此说，按劳分配有可能向按资分配转化。按劳分配差异较小，但其本身不是绝对平等，它是在承认不平等基础之上的平等权利。公有制条件下的按劳分配有可能向私有制的按资分配转化，这与按劳分配本身的矛盾直接相关。这种对劳动平等关系的消解完全可以静悄悄地进行，一点点积累，劳动能力的差异逐步转化为财产占有的差异。在社会主义市场经济多种经济成分并存的情况下，这种转化局部看甚至具有必然性，社会不可能禁止私人积蓄用于投资，从多种所有制经济共同发展的需要出发，国家还必须鼓励私人投资。因此，要坚持按劳分配的主体地位，但不能单一地依靠按劳分配。

（二）多种分配制度并存的矛盾

社会主义市场经济中公有制经济与私有制经济并存，分配制度中按劳分配与按资分配并存，两者的矛盾不可避免。按生产资料私人所有权分配包含着收入两极分化的可能性。在劳动者人身自由的现代经济条件下，公有制条件下的按劳分配对于每个劳动者来说是相对平均的，尽管这里面也存在能力的差异、体力的差异等，但是毕竟劳动能力的差异不会太大。亚当·斯密认为，人天赋的能力差异不会超过黑狗与黄狗的差异；现实中劳动能力很大的差异，是由后天的职业专门化分工造成的。但是物质财富的占有允许不平等，财富是身外之物，可以无限量地加诸于个人，造成人与人之间巨大的差异。自从有私有财产制度以来，亿万富翁和身无分文的穷人之间的差异就普遍存在，物质财富的分配是可以高度不平等的。资本的逻辑就是富者更富，赢者通吃。私有制经济的按资分配始终存在着两极分化的可能性，首先是财富占有的差异，然后是收入分配的差异，两者结合就形成两极分化。

尽管我国现阶段在收入分配方面还存在诸多问题，但是国家正按照共同富裕的目标在努力往前推进。国家对分配过程的调节是我国坚持两个为主体——公有制为主体、按劳分配为主体的必要措施，是阻断或者收窄通往按资分配通道的必要措施。按劳分配不可能完全依靠市场经济的自发机制去维持，所以一定要坚持两层次的分配公平，国家一定要在分配方面发挥重要作用。

第二节 按劳分配与按要素分配

一、按要素分配是市场经济的分配机制

（一）分配制度与分配机制

经济学上的按要素分配、按劳分配和按资分配等分配制度，不是同等层次的经济学范畴；按要素分配是呈现在市场经济现象层面的分配机制。生产要素是生产过程必要的因素，抽象层次上可以分为物质要素（生产资料）和人身要素（劳动力）两种，物质要素还可以区分为资本要素和土地要素。因此，按要素分配表现为按劳动发放工资、按资本获取利润（利息）和按土地收取地租。确切地说就是：劳动力所有者凭借劳动力所有权通过市场交换获取工资，资本所有者凭借资本所有权通过市场交换获取利润（利息），土地所有者凭借土地所有权通过市场交换获取地租。经济学所谓"三位一体"公式的每一条都是简单明了的"形式规定"，这里涉及要素所有权和要素价格，但不涉及要素所有制的本质内容，不区分资本属于公有还是私有，不区分土地公有制还是土地私有制，更不涉及所有者的阶级属性。马克思主义政治经济学认为，生产要素具有二重性，它既是物质存在，又是社会关系。按要素分配的概念只关注要素物质形态的区别。事实上，生产要素在特定社会形态下具有特定的社会形式，包括其占有方式、交换方式和分配方式等。比如说，资本作为自行增殖的价值，在资本主义条件下归资本家所有，通过与劳动力商品的购买和使用迫使工人生产剩余价值并据为己有。因此说，资本作为生产要素具有物质性和社会性的二重性。同理，土地和劳动力作为市场经济的生产要素也具有物质要素与社会关系的二重性。按要素分配的理论只区分要素的物理属性，而忽略其中的社会阶级关系，因而不适用于讨论按劳分配和按资分配这样的分配制度问题。按要素分配与按劳分配并不是同一个理论层面的范畴。按要素分配只是市场经济的分配机制——要素所有权通过市场价格得以实现，这种现象既适用于资本主义市场经济，也适用于社会主义市场经济，是市场经济下收入分配的一般机制。

然而，按要素分配的机制却是市场经济下任何一种分配制度的实现形式，比如公有制经济的按劳分配，以资本利润的形式实现公共基金的扣除，以劳动工资的形式实现个人收入的分配；私有制经济的按资分配，以劳动工资的形式支付劳动力商品价值，以资本利润的形式占有剩余价值。从市场过程的外在形式看，两者具有相似性，但参与分配的主体和分配制度的本质关系是完全不同的。

（二）"三位一体"公式的逻辑缺陷

按要素分配：资本—利息、土地—地租、劳动—工资，这是西方经济学自古典经济学以来就有的理论表述，马克思称之为"三位一体"公式。按照马克思主义政治经济学的观点来看，这个表述一开始就存在着致命的缺陷。生产要素不是物，而是社会关系。社会产品的分配不是分配给物质要素的——土地不需要地租，资本作为生产资料的

物质形态也无所谓收入和报酬，而是分配给要素所有者——利润是资本所有者拿去了，地租是土地所有者拿去了，工资则由劳动力所有者获取。按要素分配实质是按要素所有权进行分配，生产要素的背后总是站着人，站着要素所有者，反映的是要素所有者之间的社会关系。这种见物不见人的理论公式从一开始就具有掩盖资本主义制度本质，掩盖要素所有者之间阶级对立关系的作用。资产阶级经济学进一步用"三位一体"公式解释商品价值的生产与形成，认为所有生产要素都在商品价值生产中作出了贡献，这从根本上颠覆了劳动价值论的科学理论。

历史地看，按要素分配并不是自古就有的"分配方式"，并不是亘古不变的"规律"，它其实是市场经济的特殊现象。市场经济之前的社会形态，社会统治形式始终表现为人对人的统治，是直接的人与人的关系，其财富分配方式也直接是对人的分配，是按人分配，按人的身份特征来进行分配，而不是按要素分配。王公贵族，身份高贵的人就相应地分享高等级的财富。这里，分配是按人的身份特征、社会地位为依据的，收入与财富的分配是人身关系的附属品。只有在市场经济条件下，因为人的关系与物的关系发生了根本性颠倒，以物的普遍联系为基础来建立人与人之间的关系，人的联系建立在商品货币关系的基础上，人与人的劳动分工建立在商品交换、市场关系的基础上。人的全面社会关系以物的普遍联系为纽带。商品、货币、资本成为社会关系的普遍中介，成为一种抽象的、独立的非人化的手段，本书第一章已经充分讨论过这个问题。市场经济的分配制度是服从物的统治的，它表现为物的权利、要素的权利。一个人的收入很高，因为他拥有更多财富，这个物质财富是他收入分配的来源，是他拥有更多财富的依据。物的权利在人的权利之上，决定人的权利，决定人的社会地位。这个特点是与实行市场经济之前，按人的身份和等级分配社会财富的情况相反的。市场经济是一个历史的特殊阶段，在分配上也表现出历史的特殊性。经济学所谓"三位一体"公式：资本创造利润、土地产生地租、劳动取得工资，不过是这一特殊历史现象的理论映射。

【阅读材料】

马克思论"劳动—工资"公式的不对称性

"三位一体"公式反映了市场经济中人与物的颠倒了的现实关系，进而掩盖了要素所有者之间的阶级对立关系。除此之外，"三位一体"公式在理论逻辑上还是"显示出一种既整齐对称又不一致的性质"①。它在形式上看是整齐、对称的，但从内容上看，三者之间存在一系列逻辑不对称。特别是"劳动—工资"这一条与前面两条显著不对称。劳动如果作为生产要素，它与资本要素和土地要素不对称。劳动是一个动态的过程，而不是一个实在的物。所以"三位一体"公式看上去很工整，其实存在逻辑问题，而背后隐藏着很多秘密。如果按照按要素分配的逻辑，劳动力是生产要素，而劳动只是劳动力的使用过程，不是生产要素；劳动者依据劳动力的所有权，而不是劳动的所有权获取工资。资产阶级经济学不顾理论逻辑的矛盾，选择用劳动取代劳动力概念，具有模糊现象与本质联系的功效。马克思揭示了这个现象背后的本质，工资的本质是劳动力商品价值而不是劳动的价格。马克思进

---

① 《马克思恩格斯文集》第7卷，人民出版社2009年版，第933页。

一步说，在这个公式里面，把劳动—工资和资本—利息、土地—地租并列起来，在资本主义思想方法上造成了一个错乱：以为劳动也像资本一样可以取得利息，工资就是劳动的利息，将劳动当作与资本一样可以获取利息的东西，"资本家们思考方式的错乱在这里达到了顶点"①。马克思利用资本主义经济的事实批判这种"资本主义思想方法的错乱"，他写道："在这里，有两件事情不愉快地和这种轻率的观念交错着：第一，工人必须劳动，才能获得这种利息；第二，他不能通过转让的办法把他的劳动力的价值转化为货币。"② 工人出卖劳动力商品，但他不能将自己的整个人身一次性出卖，他只是按时间出卖他的劳动力商品使用权。劳动力这个生产要素与资本和土地这两种生产要素不对称、不匹配，这就是三位一体公式中"劳动—工资"的特殊问题。

二、按劳分配以按要素分配为实现形式

社会主义市场经济条件下，按劳分配需要利用按要素分配的市场机制来实现。一方面，在市场经济条件下，公有制企业主要采取工资形式分配劳动报酬；另一方面，公有生产资料的所有者通过利润、利息、股息、地租等形式获取劳动者创造的剩余价值，形成公共基金为劳动者社会所用。从这两个方面看，市场经济下按劳分配都以要素所有权为依据，采取生产要素市场价格的形式。之所以会出现上述情况，是因为市场经济下按劳分配以企业为单位进行，与企业经营绩效挂钩，而反映企业绩效的指标——企业增加价值及其两个组成部分（工资与利润）都是在市场竞争中形成的。一方面，劳动力市场竞争产生了工资率平均化的趋势（见第十一章），这意味着一个产业劳动者的劳动技能越强，劳动复杂程度越高，该产业的平均工资水平就越高，这符合按劳分配的要求；另一方面，产业资本间的市场竞争产生利润率平均化趋势，这意味着一个产业的人均资本占有量越多（资本有机构成越高），则该产业部门利润在增加价值中的比例越高。公有资本的所有者按照企业资本占有量的一定比例提取公共所得，确定企业增加价值中工资与利润的分割，既有利于督促企业努力提高资本利用效率，又不会妨碍劳动平等原则在收入分配中的实现，可以兼顾两方面的管理目标。

市场经济条件下，物质要素的有偿使用本身就是落实按劳分配必要的组成部分，是按劳分配的内在要求。企业生产中消耗的不变资本价值不包含在增加价值之中，因为这部分价值不是本企业劳动创造，而是上游企业的劳动者创造的价值，所以在计算企业生产的增加价值时应当被扣除。但是被扣除不代表它对企业绩效没有影响，相反，同等条件下使用更多更好的生产资料，企业就有可能提高劳动生产率；同等条件下，若一个企业的机器设备更先进、装备更精良，那么这个企业的劳动效率就一定更高。我国农业生产状况能说明上述问题。我国农业劳动生产率比较低，重要原因是劳动者人均使用的生产资料少，耕地面积小、机械化程度低，尽管劳动者很勤奋、很努力，但是与美国农业的劳动生产率相比差距仍较大。所以，生产资料的占用和消耗虽然不包含在增加价值

---

① 《马克思恩格斯文集》第 7 卷，人民出版社 2009 年版，第 528 页。
② 《马克思恩格斯文集》第 7 卷，人民出版社 2009 年版，第 528 页。

中,但是它对于企业绩效有很大影响,在考核企业劳动贡献时,是必须考虑的因素。国家必须考虑的是:生产资料的社会总量是有限的,如果让企业无偿占用土地和资本,企业从自身利益出发必然尽可能地多占多用,会造成土地资源的滥用及生产资料的巨大浪费。所以,从社会整体效率角度看,生产资料的使用必须有偿,这是市场经济条件下正确考核企业劳动绩效的内在要求。机器和厂房不会创造价值,但它们有助于劳动者的价值创造。为了促使企业在使用时厉行节约,提高这部分生产要素的效率,有偿使用是必要的。这种机制安排既有利于提高社会生产的整体效率,也有利于提高对企业劳动贡献计算的合理性。所以说,按要素分配又是市场经济下按劳分配的内在规定,它是按劳分配本身的要求。在这里,按要素分配不仅是按劳分配的实现形式,其内容也从属于按劳分配,是实现按劳分配的必要环节。

三、商品价值与收入分配

从市场交换的表面看,收入分配表现为按生产要素市场价格分配,资产阶级经济学力图证明要素价格是与要素贡献相匹配的。因此,不仅要素价格决定商品价值,而且资本主义分配天然合理。马克思主义政治经济学认为商品价格是其价值的货币表现,商品价值才是价格的本质,它由商品生产的社会必要劳动时间决定。但是,生产要素不是本来意义上的商品,如土地和劳动力就不是劳动产品,作为劳动产品的生产资料虽然有自身价值,但这个价值与其作为资本要素的价格无关,资本要素的价格是资本的利润和利息,两者都不是由商品生产的社会必要劳动时间决定的。马克思主义政治经济学认为,收入分配按其本来含义,就是商品价值扣除不变价值后的增加价值"不断分解为三个部分,这三个部分形成三种收入形式,即工资、利润和地租",在三种要素所有者之间进行分配。至于"它们各自的价值量,即它们各自在总价值中所占的部分",不是由决定商品价值量的相同规律(商品生产的社会必要劳动时间决定商品价值)决定,而"是由不同的、特有的、以前已经说明过的规律决定的"[①]。这些规律包括:(1)工资由劳动力商品价值决定的规律,"和其他商品不同,劳动力的价值规定包含着一个历史的和道德的因素",其中包括劳资间的阶级力量对比等一系列生产过程之外的因素,劳动力是一种"特殊商品"[②];(2)剩余价值转化为利润及利润率平均化的规律;(3)平均利润分割为利息和企业利润的规律;(4)级差地租和绝对地租形成规律等。马克思将除"劳动价格"之外的"要素价格"放在剩余价值分配中讨论,认为这些"要素价格"事实上是要素所有者之间利益博弈导致的剩余价值分配结果,它最终取决于不同社会阶级、阶层、利益集团之间的力量对比。市场供求关系的变动短期内会导致要素价格波动,但是从长期看,生产要素的"均衡价格"只是不同生产要素所有者长期博弈均衡。资本主义基本的阶级关系是资产阶级与工人阶级之间的阶级对抗以及资本家阶级在其中的主导性,因此资本主义分配长期中倾向于资本利益,表现为剩余价值率的逐步提高和劳动者的相对贫困化。社会主义生产关系的主线在劳动者阶级内部是根本利益一致前提下整体利益与个人利益、长期利益与当前利益的权衡,不再具有阶级对抗的性质,因此

---

① 《马克思恩格斯文集》第 7 卷,人民出版社 2009 年版,第 528 页。
② 《马克思恩格斯文集》第 5 卷,人民出版社 2009 年版,第 198—199 页。

其分配的长期趋势也必然是共享发展、共同富裕。

第三节 按资本要素分配诸形式

作为市场经济的分配机制，按要素分配不仅适用于私有制经济，而且也适用于公有制经济。在公有制经济按劳分配的实现中，按要素分配进一步具体化，表现为一系列精巧的机制安排。上一章讨论了以工资形式支付劳动报酬的具体内容，本章讨论按资本要素分配的各种形式，关于按土地要素分配的形式，将在第十三章讨论。

一、按资本要素分配有多种具体形式

按资本要素分配是市场经济分配机制的组成部分，它既适用于私有制经济，也适用于公有制经济。按劳分配中公共所得的扣除首先采取了按资本要素分配的形式，包括资本利润、利息和股息等。一般而言，按资本要素分配有多种形式：一种是企业利润，企业生产经营的全部增加价值扣除工人工资后的余额是职能资本所有者的利润；另一种是资本所有者把货币存入银行、购买债券或购买股票等，从而取得存款利息、债券利息，或者股息、红利。公有制经济的按劳分配与私有制经济按资分配的根本区别反映在剩余价值的归属上。表面上，公有制企业与私有制企业的工人都是领取工资，但公有制经济的剩余价值归作为生产资料共同所有者的全体劳动者所有，私有制经济的剩余价值归资本家所有。因此，公有制经济的个人收入分配唯一地以劳动的数量与质量为依据，而私有制经济的收入分配则主要以资本私有权为依据。公有制企业的分配制度是按劳分配，私有制经济（包括社会主义社会中的私有企业）的分配制度是按资分配，两者在制度上有显著区别。

社会主义市场经济下的多种分配方式并存可以从制度和机制两个层面理解，既包括多种所有制经济下的多种分配制度，如按劳分配、按资分配和个体经济中按自己劳动力所有权分配，也包括按生产要素分配机制层面上的多种分配方式，如按劳动力要素分配、按资本要素分配、按管理要素分配、按技术要素分配、按知识要素分配、按数据要素分配、按土地要素分配等。按资本要素分配又可以区分为利润、利息、企业主收入、企业经营者报酬、股息、红利等具体形式，知识产权和数据要素分配在本质上也属于按资本要素分配的范畴。

二、利润和利润平均化

（一）利润仍然是剩余价值的转化形式

在社会主义市场经济下，利润仍然是剩余价值的转化形式，对于非公经济来说，这一点是不言而喻的。那么，公有制经济的利润是否还是剩余价值的转化形式呢？应该还是。如前所述，公有制企业以增加价值为生产目的，为了收入分配和生产关系的再生产，增加价值必须分解为两部分：用于个人劳动报酬的必要价值部分和作为公共收入的

剩余价值部分。在市场运行中两者都采取货币形式，必要价值主要采取工资形式，剩余价值主要采取利润形式。利润仍然是剩余价值的转化形式。利润是在生产经营过程中形成的，企业经营收入减去经营成本之后的余额就是企业利润，本质上说，它仍然是由工人劳动创造的增加价值扣除必要价值后的剩余价值，但是，对于资本所有者来说，它却是经营成本的回报，是全部预付资本（可变资本加不变资本）的报酬。利润与剩余价值一开始虽然在数量上相同，性质却有重大区别：在市场经济的现象形态上，利润是资本的产品，而不是劳动的产品。进而，利润率与剩余价值率在数量上"分道扬镳：利润率 = M/（C + V），剩余价值率 = M/V。虽然分子相等，分母却完全不同。马克思认为利润范畴掩盖了资本主义生产关系的本质；当然，它也不能反映社会主义公有制经济按劳分配的本质。但对公有资本而言，利润仍然是剩余价值的外在形式。

（二）利润平均化与一般工资率

资本—利润公式中，作为市场经济的分配机制，必然体现市场平等的原则——等量资本获取等量利润，这个原则通过市场竞争为自己开辟道路。一方面，利润平均化由资本的"趋利性"驱动：竞争中资本总是向利润率更高的部门转移；另一方面，这个趋势又由市场供求规律来平衡：供过于求的产业部门产品价格会被压低。于是，利润率平均化就成为必然趋势。社会一般利润率一旦形成，就会调节部门间资本流动，成为社会范围内投资效率的标准，调节资源配置，提高资源效率。按照马克思的逻辑，通过利润率平均化过程，利润转化为平均利润。同时，商品价值也就转化为生产价格，准确地说，是商品市场价格围绕其波动的中心由商品价值转化为生产价格。这就是所谓的价值转型过程。利润率平均化同样适用于公有资本；公有资本的效率高低，也可以按照一般利润率的标准去衡量。当然，这个标准适用于竞争性产业领域，垄断性产业领域的情况会有所不同。我国国有经济的很大部分在关系国计民生的垄断或寡头垄断领域，如交通、能源、通信等，这些产业领域主要是资本高度密集的大型企业，国家对这些企业有严格而有效的规制，因此其产品不是按垄断价格出售，而是按规制价格出售，其资本利润率甚至会低于社会平均水平，这对社会经济发展总的来说是有利的。

【阅读材料】

价值转型模型的 N 维向量表达

本书第八章已给出 N 个部门的商品向量表达式：

$$\lambda = \lambda A + l \tag{12.1}$$

按照各部门相等的剩余价值率 e 可以确定各部门相等的工资份额 ω（在商品价值体系中，工资占增加价值的份额 ω 直接等于单位活劳动投入的工资率 w）。

$$\omega = \frac{1}{1 + e} \tag{12.2}$$

将式（12.1）中活劳动投入量 l 划分为必要价值和剩余价值两部分，就形成反映劳动与资本收入分配关系的马克思主义价值方程：

$$\lambda = \lambda A + \omega l + (1 - \omega) l \tag{12.3}$$

最新的研究表明，生产价格与商品价值数量关系的数理模型可以用如下转型方程表达①：

$$\begin{cases} p = (1+r)(pA + wl) \\ \dfrac{py}{\lambda y} = \dfrac{w}{\omega} \\ px = \lambda x \end{cases} \quad (12.4)$$

式中 p 为生产价格向量，r 为平均利润率，x 是总产品向量，y 是净产品向量，w 是必要劳动占活劳动投入的比例，即工资占劳动者创造的增加价值的比例，可以称作工资率（注意，在生产价格体系中，工资份额 ω 不等于工资率 w）。这个方程不仅意味着，经过价值转型形成的生产价格体系具有各部门相同的资本价格（资本利润率）和劳动价格（工资率），是一个符合按要素分配原则的"市场均衡价格"体系，而且意味着转型前后工资份额，即工资与利润（劳动与资本）之间的分配比例相等。这一点对于社会主义经济理论与实践都有重要意义。理论模型中，工资作为市场经济中按劳分配的外在形式，其数量规定（工资份额）在现象与本质间存在一致性；经济现实中，工资份额至少在社会平均意义上，与按劳分配所要求的劳动者个人与整体间分配比例直接等同，工资份额没有因为价值转型等中间环节而与其经济本质发生偏离。社会主义政治经济学研究及国家宏观经济调控都有必要重新考虑这一现象与本质的关系。

（三）利润是国有企业公共扣除的基本形式

社会主义全民所有制经济采取国家所有制形式。从一开始，国有企业全部营业收入扣除成本后的余额就被称作利润并直接上缴国家，这实质上就是国有经济按劳分配中公共基金扣除的具体形式。但是，此处的"利润"概念还不具有以上定义的、《资本论》意义上利润范畴的含义。按照马克思的逻辑，利润是相对于资本而言的，企业利润是企业预付资本的"产物"。而在计划经济体制下的国营工厂没有自己独立的财产权利，没有清晰的产权边界，其使用的资金由国家统一划拨，因此其"利润"也与企业资本金没有直接关系，更不能准确地计算资本利润率。国有企业的"利润"转化为政治经济学意义上的利润，与国有企业的公司制改革以及国有制最终采取了国有资本的实现形式直接相关。只有在社会主义市场经济体制下，国有企业才取得了独立的公司法人财产权，其利润也才真正具有了作为预付资本产出的政治经济学含义。利润是国有企业在全部增加价值中作公共基金扣除的基本形式，是其剩余价值在利息、企业利润、经营者报酬和公司股息之间进行分割的前提，也是其确定向国家缴纳税金、向国有资本所有者上缴利润的依据。然而，无论国有企业利润分配形式如何复杂多样，其本质只有一个，它是公有制经济按劳分配的一个步骤，是企业创造的增加价值在向劳动者个人分配之前所实现的公共基金扣除，这个扣除额可以分割为许多不同用途，但从根本上说都是满足劳动者整体利益的需要，都是从劳动者整体利益与个人利益、长远利益与当前利益的权衡中形成的分配；它是劳动者阶级自己的"家事"，而与资本家阶级无关，与阶级利益的

---

① 参见荣兆梓、陈旸：《价值转形 C 体系》，社会科学文献出版社 2022 年版。

博弈和对立无关。

（四）利润率下降规律与社会主义市场经济

马克思在《资本论》中进一步讨论了劳动生产力提高过程中资本有机构成提高的必然性，因为资本有机构成的提高，长期来看，社会一般利润率会呈现下降趋势。"一般利润率趋向下降的趋势，只是劳动的社会生产力日益发展在资本主义生产方式下所特有的表现。这并不是说利润率不能由于别的原因而暂时下降，而是根据资本主义生产方式的本质证明了一种不言而喻的必然性：在资本主义生产方式的发展中，一般的平均的剩余价值率必然表现为不断下降的一般利润率。因为所使用的活劳动的量，同它所推动的物化劳动的量相比，同生产中消费掉的生产资料的量相比，不断减少，所以，这种活劳动中物化为剩余价值的无酬部分同所使用的总资本的价值量相比，也必然不断减少。而剩余价值量和所使用的总资本价值的比率就是利润率，因而利润率必然不断下降。"①

利润率下降规律对于社会主义市场经济同样是适用的（见图12.1）。社会主义市场经济中有两种资本：公有资本和私有资本，由于生产目的的差异，规律对两者的影响不同。公有制经济的生产目的不是利润（或者说不仅仅是利润），而是整个增加价值，它代表的是劳动者的包含了当前利益和长远利益的完全利益；不能只顾公有资本增值，还要考虑到劳动者的当前消费，它的生产目的包括了工资和利润两部分，增加价值是公有制经济的生产目的。所以，公有制经济对于利润率下降的承受能力要比私有制经济强。不论利润增长，还是工资增加都是公有制经济的目标所在，两者并没有根本冲突。私有制经济的情况恰好相反，利润率下降对其生产目标是致命打击，直接影响资本的生产动力和投资意愿。因此，虽然利润率下降规律在社会主义市场经济仍然存在，但因为生产目的不一样，它对公有制经济和对私有制经济的影响有差别，对公有资本的影响要小，对私有资本的影响要大。因为这种差别，利润率下降规律在经济增长周期中对两种所有制经济的影响也有所不同。在社会主义市场经济的经济增长周期中，繁荣期资本利润率相对较高，非公有制经济的增长势头会更大，社会整体的所有制结构也会有相应的变化；而在衰退期，利润率下降对公有制经济的影响会较小，对私有经济的影响较大，社会整体的所有制结构会向公有制经济倾斜，公有经济的比重会上升，这有利于缓解利润率下降对宏观经济的冲击。长期来看，社会主义市场经济增长中在公有经济规模随着社会生产力发展缓慢上升的同时，应该存在所有制结构周期性波动的规律。理解这一规律有利于提高在经济周期中坚持"两个毫不动摇"，调控社会所有制结构的自觉性。

三、利润分解为利息和企业主收入

当企业主资本金不足，需要利用贷款生产时，利润就分割为利息和企业主收入两部分。一旦这类现象普遍化，无论经营中是否借款，利息在资本家的观念中形成一个固定概念：货币所有权的收入，而余下的部分才是企业主自己的"劳动收入"。借贷资本发展到一定规模会从产业资本中分化出来，形成货币经营资本，而且货币经营会越来越专业化和社会化。因此，银行就出现了。银行不但做企业闲置资本这块的业务，而且还吸收并充分利用社会上其他闲置货币，银行的存贷款业务把所有闲置的资本和货币集中起

---

① 《马克思恩格斯文集》第7卷，人民出版社2009年版，第237页。

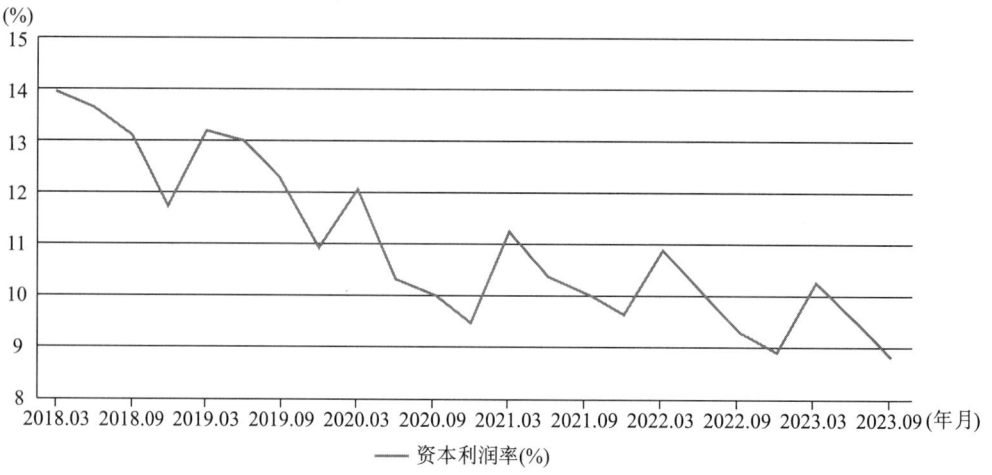

图 12.1 2018—2023 年中国资本利润率数据①

来再贷放出去,这成为银行资本的主要业务。借贷资本和商业资本一样不创造利润,不创造剩余价值。那么利息从何而来?当然来源于生产劳动部门剩余价值(利润)的分割,但借贷业务的专业化可以使职能资本提高效率,降低风险,带来了额外收益,拿出其中一部分在职能资本与借贷资本间分享是双赢结果。这个结果对社会资本总体上是有益的。借贷资本利息率的大小,即其在剩余价值中的分享份额,取决于资本市场供求情况。在资本供不应求的情况下,利息所占份额会明显大于借贷资本带来的额外收益,而成为职能资本不得不承受的纯粹损失。从社会总体看,利息率对货币资本的供求关系有明显的调控作用,是国家宏观调控中货币政策的重要工具,会对整个宏观经济产生重大影响。

社会主义市场经济条件下借贷资本的专业化和社会化经营,同样具有提高资本利用效率的正面效应,对于提高国有资本、集体资本、民营资本、外国资本和混合资本都具有同样的正面效应。特别地,公有制为主体的基本经济制度要求在像银行业这样的关系国计民生的重要领域坚持国有资本的主导地位,我国四大国有商业银行(工商银行、农业银行、建设银行和中国银行)在国内银行业务中占有绝对优势,集中了居民存款的大多数,不仅对繁荣社会经济作出重大贡献,也将银行业利润的大部分集中到国家手中,对于支持经济建设、缩小分配差距起到了重要作用。金融业,特别是银行业坚持国有资本主导地位,是公有制为主体的社会主义基本经济制度的内在要求。

四、经营者报酬

职能资本的功能具有二重性:一方面,它以纯粹的资本所有权名义获得利润,在私有资本中,这一部分明显是剥削收入;另一方面,任何一个社会化生产过程都需要有指挥,有统一协调,正如乐队需要指挥,这是职能资本的经营管理职能。传统的企业主因

---

① 数据来源:前瞻数据库. https://d.qianzhan.com/xdata/details/2a1ba64efcd22bda.html。其中带字母 E 年份数据为根据历史数据的预测数据。

为自己经营企业,在企业内部,资本的二重功能完全合一。在现代股份公司中,资本所有者可以不经营企业,而是把企业经营权交给专业的经理人员,这样,资本所有权和经营权就从人格上相分离。公司制企业经营者报酬表面上看是纯粹的劳动报酬,而实际上,经营者执行的是职能资本二重职能中的一重,因此其报酬分配直接与经营业绩挂钩,这里的所谓经营绩效首先是企业利润。公司董事会给经营者规定的报酬,包括年薪、奖金、股票、股票期权等,所有这些奖励制度与企业业绩挂钩,它其实仍然是一种按资本要素分配的原则。巨量的经营者报酬与普通劳动者薪酬完全不在一个数量级。说经营者的劳动能力比普通工人高出几十倍、数百倍、上千倍肯定不符合实际,其一年从公司拿走成百上千万的回报,一定不是劳动报酬。它仍然是剩余价值的分割,这是一种资本所有者与企业经营者的剩余分享制。资本所有者设计这样的制度是为了激励经营者更加尽心尽责地为资本服务。

公有制经济中,如国有控股公司中,经营者报酬是什么性质?国有经济的改革越来越倾向于对公司高管也实行与企业绩效挂钩的制度,从性质上来说,这同样是剩余分享制。公有制经济实行剩余分享制,是为了激励经营者更加尽心尽责地为公有资本服务。从激励机制这个层面来说,这和私有制经济的激励制度具有同等效力。公有制经济的经营者报酬为什么也要采用剩余分享制呢?因为不同所有制的企业要在市场经济中平等竞争,公有制企业的职业经理人制度也要引进竞争机制,如果经营者激励制度改革不到位,公有制经济的经营绩效相比于私有制企业就会有较大差距。事实上,这方面的改革是按照市场原则推进的,公有制经济也应该有一种把经营绩效和经营者报酬挂钩的制度。说到底,在大规模公司制企业中,无论公有资本还是私有资本,经营者所经营的资本都不是自己的资本,合理的激励制度应该会有相等的效率,这就是国有企业改革中要"建立职业经理人制度"的根本原因。只要改革到位,两种企业的经营者积极性应该相差无几。而公有制企业的优势是:党对公司治理的领导作用,共产党员在企业工作中更加明显的带动作用。把市场经济的体制机制与社会主义的制度优势结合起来,公有制企业的管理效率应该更高。

第四节 知识产权和数据要素

一、知识产权

知识产权指权利人对其所拥有的知识资本所享有的专有权利,一般只在有限时间内有效。各种智力创造比如科学发明、文学和艺术作品以及在商业中使用的标志、名称、图像以及外观设计都可被认为是某一个人或组织所拥有的知识产权。知识、技术和信息被称为知识经济时代的新三大生产要素。知识要素从其他要素中分离出来是知识经济时代要素演变的重要特征。新中国成立以来,我国不断加大科技创新和知识产权保护力度,如今成为名副其实的知识产权大国,这为创新发展提供了有力的支撑。

（一）创造知识的劳动

创造知识的劳动最初是与生产过程直接相连的。专门创造知识的劳动，即从直接生产过程中分离出来的职业专门化的知识劳动，比如哲学研究、文化艺术创作，是随着脑力劳动和体力劳动的社会分工而产生出来的。一部分人不从事体力劳动，而专门从事哲学、宗教、文学、艺术活动，这是有闲阶级的事情。事实上，在早期的生产劳动过程中，已经隐身地存在着创新劳动，即基于生产经验的发明和创造，许多能工巧匠有这方面的能力。但是，这种创新劳动嵌入在直接生产劳动中，且所占比重很小，大部分生产劳动是重复性的体力支出，还不能够创造知识。这里，创造知识的劳动还没有自己的独立形态，其成果也是附着在物质产品上的。随着大工业的发展，一般科学劳动在生产中的分量逐步提高。创新劳动的专业化分工与知识产品的独立存在，在资本主义市场竞争催化中加快发酵。资本主义的相对剩余价值生产需要创新，通过新的工艺、新的技术、新的管理方式给企业带来超额剩余价值。这种创新是资本主义制度的内在要求，成为资本主义生产方式必不可少的常规条件。创新劳动在生产劳动当中的比重越来越大、越来越经常化，知识劳动在生产过程当中的重要性就日益凸显。知识劳动的专业化、知识劳动者的职业化不断发展，专业化的人员和专业化的机构就应运而生。相应地，知识产品的独立形态也就逐步产生，并且越来越普遍化。知识劳动与知识产品的发展有一个历史过程，它在资本主义经济发展中逐步成为生产过程的重要组成部分。

（二）知识产权的特殊性

从政治经济学角度探讨知识产权的特殊性，可以从以下三个方面去看。

首先，新知识的创造总是一次性的。既有的知识可以在生产中被利用，利用这些知识当然需要脑力劳动，但它不是创造知识的劳动，不是知识劳动。创造知识的劳动称为创新劳动，创新劳动就是创造新知识的劳动。创新劳动是一次性的，而不是反复进行的，重复创造就不是创新了。

其次，知识产品生产的社会必要劳动量是难以计量的。知识产品的创造需要劳动时间，一个知识产品的创造到底花了多少劳动，没法明确界定。一方面，任何新知识都是世代知识劳动的历史累积，创造一个知识产品的劳动应当从何时算起？一部机器的生产可以确定其社会必要劳动时间，而一种新技术的发明创造，它的劳动从谁的劳动算起呢？发明创造必须利用前人许许多多的知识成果，因此其创新劳动的起点和范围都不好界定。任何人为的划界都显得牵强。另一方面，创新需要实验、试错，大量实验和试错劳动的结果具有高度不确定性，在试错中消耗的劳动量与创新劳动的结果之间有何关系？偶然性在其中发挥重要作用。实验与试错所消耗的劳动量有偶然性，几乎不存在劳动付出和创新成果之间的确定比例关系，因此也不存在所谓知识产品的"社会必要劳动量"。创新产品的社会必要劳动量无法计量，创新产品的"价值"不能用典型意义上的商品价值来解释。

最后，纯粹的知识产品是信息形态的存在。所谓纯粹知识产品，就是排除物理介质的纯粹知识形态的产品。例如一部小说，知识产品不是这本书的纸，而是书里面的内容。所以现在称知识产品为内容生产。网上大量的数字化信息资源是以存储器作为介质，存储器本身是物质形态的东西，但是知识产品是信息形态的存在，而不是物质形态的存在。这才是纯粹知识产品，它与它的介质并存，在数字技术时代，知识内容与其物质介质基本分离。所以，讨论纯粹知识产品的经济性质很重要。纯粹知识产品一旦产生，复制成本几乎为零，使用不具有排他性。纯粹知识产品的另一个经济学特征是使用中物理磨损为零。影响机器使用寿命的因素有二：一是物理磨损，二是精神磨损。影响知识产品使用寿命的因素没有物理磨损，只有精神磨损，即被更先进的知识产品所替代。只要知识没有过时，对社会总是有用的。总之，知识产品本质上是公共物品，其社会效用在既无排他性，也无竞争性的状态下实现最大化。就这个意义而言，知识产品不应该也不需要作为商品出售。

（三）知识产权的政治经济学

既然不是商品，那么，应当如何理解知识产权呢。知识产权是人为设定的，是以某种人为方式阻止未付费者使用的制度，即不付费者就不能使用。如果不用人为方式阻止别人使用，知识产品的使用是可以互不受限的。知识产品不存在"公地悲剧"，使用的人再多也不会造成"土地肥力减退"，最终导致产品使用价值丧失。相反，使用的人越多，知识的传播越广，大众使用起来越便利。

知识产权制度是如何形成的？早期的手工业作坊，有所谓"秘制技术"，即不宣于世的祖传技能，只要家族能够保持这种技术的秘密，就可以人为地阻止别人去使用该技术，形成一家垄断，用该技术的所有者可以不断地收取该技术成果的收益。现代经济中更多的人不再采用对技术方法保密，而是申请专利，使新技术成为一种法律保护的专有权利，只能我用，他人不付费使用则意味着侵权。专利制度是把商品物权关系的法律制度映射到了知识产品层面。知识本来不是物，更不是商品，但法律将市场经济的私有产权关系映射到知识产品上，形成知识产权。

知识产权制度具有一对相互平衡的目标，一是创新激励，二是创新传播。一是为了更多地产出，二是为了更多地利用。知识产权设计中必须要权衡上述两个目标。专利制度要设置门槛，如专利年限、专利使用费用等。保护技术专利可以增加创新回报，增强创新激励。但如果把知识产权的门槛设置太高，阻止别人使用，就会妨碍知识传播，降低知识产品的社会效率。这里权衡的标准是如何实现社会效益最大化。知识产权的目的是保障知识劳动的回报。纵观该制度的演化过程，会发现明显存在一边倒的变化倾向。总之，知识产权制度在过去一二百年时间里，权力范围越来越宽，保护时间越来越长，执行力度也越来越强。总体上强调产权保护，强调创新激励，越来越不利于新知识的传播利用。政治经济学认为，塑造知识产权制度的主体并不是广大的知识劳动者。现代的知识创造需要大量甚至巨量的资本投入，这些巨量资本的投资者以及组织创新活动的机构，才是知识产权制度的塑造者。知识产权的商品化也是知识产权的资本化。一旦知识产权形成，知识产品的所有者就会要求保护，因为一次性投入的资本要求长期收益，要求更多的超额利润。只有在加强知识产权保护的前提下，知识产权才能得到回报。知识产权真正保护的是创新投资者和创新组织者，而不是人数更多的知识劳动者。① 这是理解世界范围内知识产权制度发展的一个非常重要的视角。

---

① "从人类精神的一般劳动的一切新发展中，以及这种新发展通过结合劳动所取得的社会应用中，获得最大利润的，大多都是最无用和最可鄙的货币资本家。"《马克思恩格斯文集》第 7 卷，人民出版社 2009 年版，第 119 页。

因此，知识产权制度是资本—利润这个按要素分配机制的组成部分，知识产品的商品化，同时是知识产权的资本化。应结合之前关于经济制度的历史的正当性和正义性的区别看待该问题。知识产权制度在市场经济条件下鼓励创新，具有历史正当性，虽然它实际上并不直接鼓励创新劳动者，但是它鼓励创新投资者和创新组织者，也部分地"涓滴"到知识劳动者本身。总体上它起到了鼓励创新的作用，具有历史正当性。但分配正义性并不充分。专利制度并不是按照按劳分配原则设计的，或者说，主要体现的不是按劳分配原则。

中国进入国际市场后，越来越强调知识产权制度。我国要根据国情和中国经济发展的要求，构建一个兼顾鼓励创新和创新传播的中国特色的知识产权制度。

> **【阅读材料】**
>
> **"千金藤素"与青蒿素的专利权**
>
> 千金藤作为中草药，历史悠久，唐代药书《本草拾遗》中就有记载。但千金藤素由日本科学家提取，千金藤素治疗新冠病毒肺炎的临床试验或许也要被加拿大药企抢先。
>
> 这不由得让人想起青蒿素。药学家屠呦呦从东晋医书《肘后备急方》中获取灵感，其所在团队于20世纪70年代初成功提取了青蒿素，后来成为治疗疟疾特效药。但我国当时对知识产权重视不够，1977年发表的相关论文中公开了青蒿素的化学结构。此后，国外制药公司在我国公开的核心技术基础上，经过再研发，大量申请青蒿素外围专利。我国是青蒿素原创国，却未成为青蒿素类药物产业链的龙头老大，这不能不说是一种遗憾。①

二、数据要素及其分配

2022年12月19日，《中共中央 国务院关于构建数据基础制度更好发挥数据要素作用的意见》中强调，"数据作为新型生产要素，是数字化、网络化、智能化的基础，已快速融入生产、分配、流通、消费和社会服务管理等各环节，深刻改变着生产方式、生活方式和社会治理方式。数据基础制度建设事关国家发展和安全大局"②。何为数据要素？数据是对客观事务的数字化记录或描述，是无序的、未经加工处理的原始材料；数据通过采集、整理、聚合、分析，成为具备使用价值的数据资源；数据资源参与到社会生产经济活动、为使用者带来经济效益，则形成数据要素。因此数据要素的内涵，就是能够产生经济效益的数据资源。数据的产生与数据要素的生产是两个完全不同的概念。数据要素的生产即数据的收集、存储、加工、传输过程，这与产生数据的主体无关。例如，反映自然保护区珍稀动物活动的数据要素不是由动物生产的，而是由布置摄像头、收集摄像数据、整理数据的那些人生产的。反映各种人类活动的数据（如消费者购买行为等）也是如此。如果没有人收集整理存储该数据，数据也仅是自然存在的信息流，不

---

① 阅读材料来源：https://news.sina.com.cn/c/2022-05-22/doc-imizmscu2688209.shtml.
② 中共中央、国务院关于构建数据基础制度更好发挥数据要素作用的意见-时政-人民网 http://politics.people.com.cn/n1/2022/1219/c1001-32589890.html.

能成为生产要素而被占有和使用。数据要素的生产过程通常是有组织的人类活动,多数情况下此类组织活动由企业承担。因此,数据要素的所有权自然而然就落入组织数据生产的企业手中,落入企业资本所有者手中,成为获取资本回报的生产要素。参与数据收集、存储、整理等的劳动者通过工资形式从企业获取劳动报酬,但这不是数据要素分配的主要形式。

数据要素能够在企业价值生产和价值实现过程中发挥积极作用,或提高企业的劳动生产率,或提高企业的营销效率。对银行等金融部门,能够掌握有效客户数据,迅速扩展银行意向客户群。对商业企业,拥有数据要素会增加营销的转化率,增大销售额等。这些无疑能为企业带来更多的超额剩余价值,这种情况与知识产权在企业经营中的作用有一定相似性。因此,一方面,要保护数据要素的排他性使用,为拥有数据要素的企业创造最大化的收益;另一方面,要扩大数据资源的社会使用价值,更大程度地发挥数据要素的经济价值。数据要素的产权界定和分配制度安排,也需要在二重目标间权衡,一方面是增加有效数据要素的生产,另一方面是扩大数据要素的社会利用率。一种公平与效率统一的数据要素分配制度,还需要在实践中不断探索。譬如,对于那些数据要素有自然垄断性质的行业,国家可以建立必要的反垄断制度或者采取必要的规制措施,在企业达到一定规模时,实施国有资本按比例强制参股,或对企业垄断占有的数据要素有选择地强制公开等规则。随着新科技、新业态飞速发展(见图12.2),政府相应的市场治理手段也应该与时俱进。

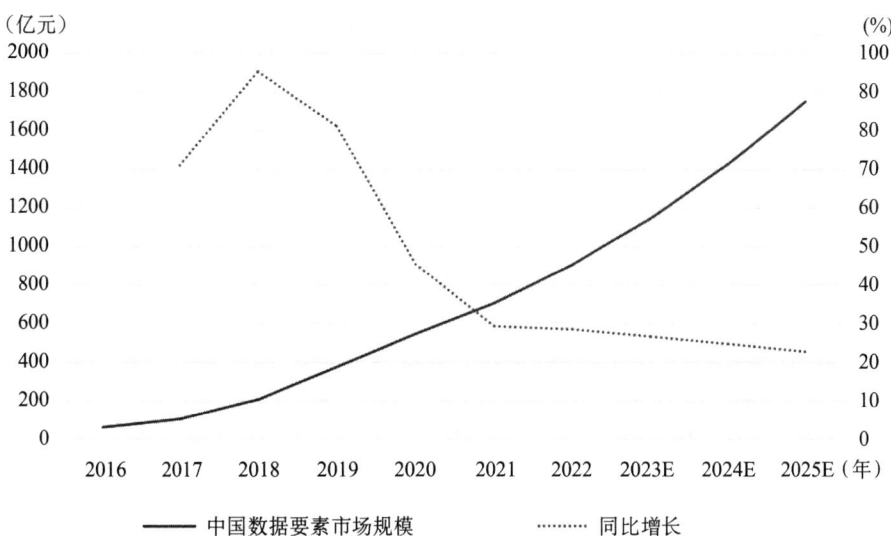

图 12.2 中国数据要素整体市场规模及增长图①

---

① 数据来源:根据国家工信安全中心数据整理。

第五节　虚拟资本与虚拟经济

一、虚拟资本

虚拟资本是市场经济中信用制度发展的产物。虚拟资本与其他信用工具一样，是权利凭证，代表未来收益的索取权，或者体现某种债权债务关系，是现实资本的纸制复本，而不是真实资产。

（一）生息资本的虚幻影像

可以从信用导出虚拟资本概念。所有的借贷信用关系，所有的生息资本，均有一个共性现象，即"钱可以生钱"。无论何种信用形式，都涉及借贷利息率。各种票据的贴现率其实就是利息率，这些票据都代表生息资本。生息资本建立在信用关系基础上，其基本公式是 G—G'，即货币直接变成了一个增殖的货币；在一定期限内带来利息是生息资本的基本形式。货币以 A 额支出，经过一段时间，再以 A+ΔA 的形式转回来，除了时间上的间隔，不借助于任何别的媒介。资本增殖其实是在产业资本运动中实现的，但在生息资本的表象中看不到；生息资本的形式掩盖了价值增殖部分是如何产生的。

"生息资本的形式造成一个结果：每一个确定的和有规则的货币收入都表现为资本的利息，而不论这种收入是不是由资本生出。"[①] 通过收入资本化，生息资本的形式给人一种幻觉：凭空制造了一个会"下蛋的"虚拟资本，逐渐使"资本是一个自行增殖的自动机的观念就牢固地树立起来了"[②]。最典型的虚拟资本形式是股票。股票是公司资本所有权的凭证，现实资本已经投入到公司经营中，股东并不持有任何现实资本。但是股东持有公司所有权的凭证，可以定期带来股息，产生相对稳定的收入流。按照资本所有者的逻辑，这个相对稳定的收入流背后一定有资本额相对应。用股息收入除以市场平均利息率，就可以"推算"出该资本额。比如每年股息收入为 500 元，除以 5% 的平均利息率，可以得到 10000 元的资本额。股票持有人认为自己切实拥有 10000 元的资本额，尽管事实上并非真实资本，而只是虚幻的资本。

（二）虚拟资本的形成机制

无论股票面值是多少，股票自有其在市场上买卖的价格。股票价格随资本市场中的供求变化而波动，其波动的中心——"股票价值"就是上述虚拟的资本价值。债券也是虚拟资本。债券有面值，也有相应的票面利息率，到期便可兑现面值并获取一定的利息。债券可以在资本市场上进行交易，所形成的债券价格并不是按其面值和票面利率计算，而是同股票价格一样，采用收入资本化方式得出。"人们把虚拟资本的形成叫作资本化。人们把每一个有规则的会反复取得的收入按平均利息率来计算，把它算作是按这

---

① 《马克思恩格斯文集》第 7 卷，人民出版社 2009 年版，第 526 页。
② 《马克思恩格斯文集》第 7 卷，人民出版社 2009 年版，第 529 页。

个利息率贷出的一个资本会提供的收益,这样就把这个收入资本化了"。① 由于利息率是收入资本化的重要决定因素,所以股票和债券的市场价格会随着利息率的变化而反向变动。比如,平均利息率提高时,股票和债券价格会相应下降,反之亦然。

虚拟资本不仅包括马克思在《资本论》中指出的股票和债券,所有能够带来一定收入流的有价证券都会形成虚拟资本,并且通过市场交易实现虚拟资本的"价值"。随着经济的发展,虚拟资本的范围大大扩展。恩格斯在修订《资本论》第3卷时就发现:"资本这种增加一倍和两倍的现象,例如,已由金融信托公司大大发展了。"② 尤其在现代经济中,利用金融工程技术创造出大量金融衍生工具,进一步丰富了虚拟资本的品种和类型。比如,金融期货、期权、远期协议和互换合约等。这些金融衍生产品可谓虚拟资本的虚拟资本,或者说是 N 次方的虚拟资本。总之,虚拟资本所对应的现实资本已进入了工商企业,这个现实资本始终在实体经济中运作,但是那张所有权凭证或债权凭证又会产生出一个独立于现实资本的价值,凭空产生另一个幻想的资本在资本市场中流通,这等于一次投资可以变成两个资本价值。而且,这种虚拟资本的产生方式还可以进一步延伸,也就是一个资本可以变成两个资本、三个资本……N 个资本。

1949 年以后,在高度集中的计划经济体制中,中国人民银行统一经营信贷业务,财政拨款成为企业资金筹集的重要方式,我国停止了股票、债券等虚拟资本的发行和流通。改革开放四十多年,建立和完善金融市场成为经济体制改革的重要组成部分。1979 年,中国人民银行开办中短期设备贷款,推行"拨改贷"试点,开始形成独立的信贷市场。债券市场从 1981 年发行国库券起步,随后金融债券、企业债券和重点建设债券顺次发行,并从 1986 年起发展债券二级市场。1984 年上海飞乐音响股份有限公司向社会公开发行股票,标志着股票市场迈出了第一步。1990 年代,随着证券交易所和期货交易所的相继成立,债券市场、股票市场和期货市场进入了大发展时期。2003 年,党的十六届三中全会首次明确提出"建立多层次资本市场体系"。经过多年发展,如今已初步形成涵盖主板、中小板、创业板、科创板以及新三板、区域性股权交易市场、券商柜台交易市场(包括天使投资、风险投资、股权众筹等股权投资市场)在内的多层次资本市场体系。这为我国虚拟资本的创造和交易提供了市场条件,固定收益型证券、权益型证券和金融衍生产品等虚拟资本品种五花八门,虚拟资本交易规模日益庞大。

二、虚拟经济及其规模

虚拟经济表现为虚拟资本的运动。虚拟经济不是在国民经济体系中发挥独特功能的一个产业部门或者经济部门,不能简单等同于金融业。在信用基础上、在信用货币推动下产生多种形式的虚拟资本,虚拟经济就是由这些虚拟资本的运动所构成的经济系统。虚拟经济包括现代金融业和房地产业的很大部分,还包括其他产业部门的虚拟资本的运作。比如,很多产业部门,甚至很多工业企业把闲置资本用于购买有价证券,在资本市场投机炒作,这部分经济活动也属于虚拟经济范畴。

虚拟经济独立于实体经济,又与实体经济相互作用。实体经济是虚拟经济发展的前

---

① 《马克思恩格斯文集》第 7 卷,人民出版社 2009 年版,第 528—529 页。
② 《马克思恩格斯文集》第 7 卷,人民出版社 2009 年版,第 533 页。

提和基础，实体经济的发展带动了虚拟经济的扩张。根据马克思的信用和虚拟资本理论，虚拟经济对实体经济具有正负双重效应。从正面效应看，虚拟经济能够吸收社会闲置资金，有利于维持实体经济中的物价稳定，同时将闲置资金投向实体经济，为实体经济发展提供资本支持，推动现实再生产过程的扩大，使生产的扩张突破现有资本的限制；虚拟经济能够为实体经济提供结构优化的平台，促进资本向经济效益高的实体经济行业领域集中，优化实体经济中的资本配置结构。从负面效应看，虚拟经济过度发展会放大经济波动，把可以伸缩的再生产过程强化到极限，从而放大经济的周期性波动，破坏实体经济稳定增长；虚拟经济会引致资本"脱实向虚"，使虚拟经济不仅未能有效服务实体经济，反而与实体经济争利，势必挤压实体经济的发展空间，阻碍实体经济的创新和生产率提升。

【阅读材料】

虚拟经济与通货膨胀

进入 21 世纪以来，我国的流通货币虽然通货量扩张很快，但是并没有发生明显的通货膨胀。其中一个解释是：由于虚拟经济的大规模扩张，虚拟经济和实体经济的流通总量变得非常大。以往虚拟经济在整个社会经济当中比重很小，所以在计算纸币币值的时候，可以忽略不计。但是现在虚拟经济的规模甚至超过实体经济总量，在考察待流通商品价格时，撇开虚拟资本便无法计算待流通商品总量。待流通商品总量应该包括两部分：一部分是传统意义上的商品和服务的总价格，另一部分是资本市场上流通的资本商品的价格总量，包括虚拟资本的价格总量。因此，纸币币值计算公式的分子在不断扩大，尽管分母（通货量）扩大得很快，但是两者基本还是持平，所以人民币没有出现大规模的贬值。当然这是一种解释，一种理论假说，经济学界还在讨论，但至少说明，虚拟经济的规模扩大在现代经济中的重要性。

最近几十年，全世界虚拟经济的发展快速增长，其规模容量已经空前扩大，这是现代经济中一个非常特殊的现象。自改革开放以来，我国坚持社会主义市场经济改革方向，伴随经济高增长，虚拟经济同样蓬勃发展。尤其自 20 世纪 90 年代以来，虚拟经济运行所依托的各类证券市场迅猛发展，作为虚拟经济载体的虚拟资本数量持续攀升。根据易纲（2020）的测算，2018 年末，中国金融资产总规模达 722.1 万亿元，是 1991 年末的 141.59 倍，是 2007 年末的 4.54 倍；金融资产与 GDP 的之比由 1991 年末的 232.2% 上升至 2007 年末的 588.9%，继而攀升至 2018 年末的 785.5%[1]。金融业增加值指标也可以在一定程度上反映虚拟经济发展状况。根据国家统计局的数据，2005 年以来，我国金融业增加值占 GDP 的比重呈快速上升态势，该比重在 2005 年为 4.0%，2015 年高达 8.2%，2020 年突破 8.3%，既高于具有市场主导型金融体系的美国和英国，也高于具有银行主导型金融体系的德国和日本。这些数字从侧面反映了虚拟经济规模的扩张已经相当显著，在充分利用虚拟经济正面效应的同时，有必要高度重视虚拟经

---

[1] 易纲："再论中国金融资产结构及政策含义"，《经济研究》2020 年第 3 期。

济扩张可能引发的负面影响。

三、虚拟资本的分配效应

虚拟资本的收益来自两个方面：一是利息、股息或红利收入；二是资本利得，即虚拟资本价格变动带来的资本溢价收益。虚拟资本在市场上的买卖规则与一般商品不同。作为投资品，虚拟资本价格变动与市场需求成正比，投资者具有"追涨杀跌"的强烈动机。就是说虚拟资本价格提高，需求增加；价格下降，需求减少。虚拟资本需求的增减还会随价格的涨跌自我加速[①]。这与一般商品市场机制正好相反，其他商品市场价格变动与市场需求成反比。因此，虚拟资本的价格调节不同于一般商品市场，它是一个自动增殖的正反馈机制。这样的市场机制在经济繁荣期，在普遍的增长预期中自动实现，从而给虚拟资本投资者带来很高的溢价收益。

虚拟资本的价值本身是虚拟的，不是由现实的收入决定，而是由预期得到的、预先计算的收入决定，会随着预期收入的大小和可靠程度而发生变化。马克思以汇票为例指出虚拟资本内含的虚拟成分，"这种汇票中也有惊人巨大的数额，代表那种现在已经败露和垮台的纯粹投机营业；其次，代表利用别人的资本进行的已告失败的投机；最后，还代表已经跌价或根本卖不出去的商品资本，或者永远不会实现的资本回流"[②]。如果股票等虚拟资本在市场上按虚拟价值出售，虚拟的价值就变成了现实的货币收入，而现实货币在商品世界里拥有真实的权利，可以购买任何商品。因此，虚拟资本在市场上一旦出售，就可以由虚拟价值变成现实权利，也就参与了社会财富的分配。

虚拟资本参与社会财富分配，会对社会资本产生二重效应。一方面，虚拟资本在涨价期间，会大量吸收实体经济中的现实资本，实体经济创造的剩余价值大量涌入证券市场，购买虚拟资本。这是对实体经济的资本虹吸效应，实体企业创造的剩余价值被吸引到虚拟经济领域中。另一方面，虚拟经济对社会资本具有稀释效应，虚拟资本溢价造成的自我涨价，会自动推高虚拟经济规模，进而导致社会资本规模的快速扩张。这里的社会资本规模既包括现实资本，也包括虚拟资本，两种资本同样要求分享实体经济创造的剩余价值，在此意义上，虚拟资本的扩张对社会资本攫取剩余价值的权利具有"稀释效应"。实体经济创造的价值和剩余价值既定，但是要求分享剩余价值的资本总量却大大增加了。由此可以推断，虚拟经济的扩张会降低社会资本的平均利润率，加速实体经济一般利润率下降。

虚拟资本的虹吸效应和稀释效应对实体经济产生持续的、巨大的挤压，造成实体经济"失血"，并扰乱再生产过程，最终会阻碍实体经济发展。归根结底，虚拟经济发展要依赖于实体经济的健康发展，因为虚拟经济自身并不创造价值和剩余价值，需要分割实体经济创造的剩余价值、无偿占有剩余产品来获取真实的社会权益。虚拟经济过度膨胀会累积资产泡沫，一旦泡沫破裂，实体经济将因债权债务关系锁链的断裂而萎缩，此时虚拟经济难以持续从实体经济分享收益、实现社会权利，其参与社会财富分配的功能将被它自己摧毁。

---

① 洪银兴、葛扬：《〈资本论〉的现代解析》，经济科学出版社2011年版，第372页。
② 《马克思恩格斯文集》第7卷，人民出版社2009年版，第555页。

虚拟资本规模扩张必然引致社会财富分配向虚拟经济领域倾斜,以致同虚拟经济运行密切相关的金融业成为高盈利行业。近些年来,我国虚拟资本膨胀抬升实体经济融资成本,在利益分配中,金融部门占优于实体经济部门,两者盈利能力存在一定程度的失衡。根据 Wind 资讯提供的数据测算,2020 年中国大陆 4000 多家 A 股上市企业中,38 家银行的净利润占 A 股全部净利润的 42%;在 2020 年《财富》世界 500 强榜单中,中国大陆上榜的银行共 10 家,其赚取的利润占大陆 124 家上榜公司利润总额的 44%。① 2020 年 6 月国务院常务会议提出"推动金融系统全年向各类企业合理让利 1.5 万亿元",力图通过金融让利来直接扭转虚、实经济收益分配的不平衡。党的十九届五中全会通过的《中共中央关于制定国民经济和社会发展第十四个五年规划和 2035 年远景目标的建议》,将"推动金融、房地产同实体经济均衡发展"作为构建新发展格局的重要举措。

【阅读材料】

虚拟资本收入来源的两个途径

南开大学张俊山教授认为:"虚拟资本的运动获得的价值增值额直接来自两个途径:一是作为利息、股息、红利等'资本的果实'而取得的收入;二是通过虚拟资本的价格上涨所带来的资本利得在市场上实现所取得的收入。""在虚拟经济中,资本利得来自于虚拟资本价格的膨胀,由此增加的货币收入是没有价值的价格的表现,并不是来自对生产领域创造的剩余价值的分割"。这是一种虚假价值。"虽然从直接的价值来源看,它不是对剩余价值的直接分割,但是它在价值形态上却赋予了它们的所有者无偿占有剩余产品乃至控制全部生产条件的权力。"

(张俊山:"虚拟经济的政治经济学原理",《天津师范大学学报(社会科学版)》2019 年第 6 期,第 30—36 页)。

四、经济"脱实向虚"的原因及治理

(一)原因及危害

近几十年来,世界经济出现"脱实向虚"的趋势。究其原因,从根本上说,一方面,随着资本有机构成的提高以及一般利润率的下降,资本进入实体经济要达到的最低限额不断提高。对于达不到最低限额的资本来说,既然实体经济"高攀不起",就会转向虚拟经济领域"攻城略地",甚至"大量分散的小资本被迫走上冒险的道路:投机、信用欺诈、股票投机、危机。"② 另一方面,资本导向的信用扩张逻辑必然导致劳动生产过程逐渐淡出资本逐利者视野,货币资本流通也逐渐远离商品实物支撑,信用的货币基础呈隐匿状态,货币发展逻辑就让位于信用扩张逻辑。尽管信用借助多样化工具客观上促进了生产力发展,拓展了生产空间,但资本逐利的本性决定了信用无限扩张的趋向,并由此带来经济"脱实向虚"趋势。

---

① 参见《2020 年〈财富〉世界 500 强榜单上的 133 家中国公司》,财富中文网,http://www.fortunechina.com/fortune500/c/2020-08/10/content_372146.htm,2020 年 8 月 10 日。
② 《马克思恩格斯文集》第 7 卷,人民出版社 2009 年版,第 279 页。

借助信用工具多样化创新，资本罔顾社会生产的真实状态，在无限织就的信用网链中过度攫取利润。信用的无限扩张基于资本本质，长此以往必将触碰其存在边界，这个边界就是实体经济的需要。"脱实向虚"直接导致实体经济中的资本从生产流通环节游离出来，既延缓了产业资本的循环与周转，又约束了社会扩大再生产的实现。"脱实向虚"会拉高借贷资本利息率，吞噬产业资本和商业资本的利润。"脱实向虚"也会带动劳动力、土地等生产要素进入虚拟经济领域，推动实体企业的用工成本、土地价格和租金成本快速上涨，使其面临高昂的经营成本。"脱实向虚"的突出表现是出现泡沫经济，证券市场、房地产市场过度投机，必然累积系统性金融风险，一旦经济转向衰退，可能会爆发金融危机和经济危机。比如，在2008年全球金融危机前，美国经济的证券化、泡沫化程度高涨，虚拟资产总额达400万亿—500万亿美元，而其GDP总量只有12万亿—14万亿美元。我国经济发展进入新常态以来，实体经济面临下行压力，大量资金在虚拟经济体系内部空转，出现"脱实向虚"倾向，若不及时纠正，势必成为宏观经济的一大隐患。

（二）协调虚、实经济的制度依据和政策手段

资本主义的经济制度决定了资本逻辑在经济发展中的主导性作用，这是虚拟经济深度发展的根源及危机存在的病灶。资本主义国家应对全球金融危机采取的"量化宽松"货币政策，终究只能暂缓危机，难以有效制止危机的发生。① 资本主义无法从根本上解决经济"脱实向虚"问题。作为社会主义国家，中国具有协调虚拟经济和实体经济的制度优势。对资本逻辑的有效抑制才是协调虚、实经济的根本之道，社会主义市场经济有条件也有能力开辟一条解决顽症的道路。要彻底规避因"脱实向虚"而引发的危机，维持信用货币关系的良性发展，就需要有凌驾于资本权力之上的优势制度做保障。社会主义经济不以资本增殖为最终目的，而以增进人民福祉为根本依循；公有制为主体和按劳分配为主体的制度优势决定了我们有能力解决好这一发展难题。

协调虚拟经济和实体经济的关键在于实体经济自身发展。实体经济发展壮大，资本自然会"脱虚向实"，虚实背离问题就会迎刃而解。党的十九届五中全会和党的二十大报告都提出，坚持把发展经济的着力点放在实体经济上。这些着力点包括：一是保持制造业比重基本稳定，推动制造业高端化、智能化、绿色化发展，巩固壮大实体经济的根基；二是推动战略性新兴产业融合集群发展，实施产业基础再造工程和重大技术装备攻关工程，构筑产业竞争新优势；三是推进新型基础设施建设，构建现代化基础设施体系，促进数字产业化和产业数字化，推动数字经济和实体经济深度融合；四是加快构建以国内大循环为主体、国内国际双循环相互促进的新发展格局，构建全国统一大市场，实施扩大内需战略，为实体经济发展开拓广阔市场空间。针对经济发展中存在的"脱实向虚"趋势，党中央前瞻性地探索如何纠正虚拟经济和实体经济脱钩的根本性办法，就是利用社会主义的制度优势，加快建设制造强国，推进产业基础的高级化、产业链条的现代化，以此提升经济效率和核心竞争力。

---

① 谢富胜等："发展中国家金融化与中国的抵御探索"，《经济理论与经济管理》2021年第8期。

思考题

1. 简述按劳分配与按要素分配的区别与联系。
2. 如何理解按劳分配为主体?
3. 请从政治经济学角度阐释知识产权和数据要素的分配机制。
4. 简述虚拟资本的形成机制及其分配效应。
5. 如何理解虚拟经济与实体经济之间的关系?

第十三章

地租与生态价值

马克思主义政治经济学有独特的、建立在劳动价值论基础上的地租理论,但生态价值问题在马克思那个年代却未引起经济学家的注意。习近平新时代中国特色社会主义思想强调绿色发展,生态价值问题必然上升到国家的重要议程。从政治经济学的理论体系来看,生态价值与地租理论关系最为密切,本章试图讨论两者的相互关系。

第一节 公有土地的地租形式

马克思指出:"地租的占有是土地所有权借以实现的经济形式。"① 土地所有权具有垄断性,对一切非所有者具有排他性。也就是说,未经土地所有者的同意,任何人都无权使用这块土地。所以,使用土地就要向土地所有者支付一定的经济代价,也就是地租。在《资本论》中,马克思讨论的是土地私有制情况下的地租问题,而社会主义中国实行土地公有制,这是本章讨论的出发点。

一、地租与土地公有制

(一)公有土地的排他性占有

土地公有制是中国特色社会主义生产资料所有制结构中的重要组成部分,是公有制为主体的社会主义基本经济制度的核心内容之一。《中华人民共和国宪法》(以下简称

---

① 《马克思恩格斯全集》第46卷,人民出版社2003年版,第714页。

第十三章 地租与生态价值

《宪法》规定：城市的土地属于国家所有；农村和城市郊区的土地，除由法律规定属于国家所有的以外，属于集体所有；宅基地和自留地、自留山，也属于集体所有。在七十多年的社会主义建设实践中，土地公有制贯穿始终，成为社会主义生产关系的压舱石，对社会主义经济增长发挥了基础性、稳定性、导向性的作用。在社会主义市场经济条件下，土地公有制与市场机制的衔接出现了一些新情况、新问题，需要政治经济学更加深入地研究。

首先必须明确，社会主义土地公有产权——无论是国家所有还是劳动者集体所有——均具有排他性，不仅有对外的排他性，而且有对内的排他性。西方经济学有一个名词叫"公地悲剧"，意思是公有产权的土地，只要许多个人共同使用，一定会产生悲剧。比如说草场是全体牧民的，因此大家都可以随意放牧。放牧就会有收益，所以大家都愿意多放，越放越多，把草都吃光了，草原渐渐荒漠化，最后变成了沙漠。按照"公地悲剧"理论，公有草场的所有权及相关权利是非排他性的——你有在此放牧的权利，我也有同样的权利。如果草场的所有者是个体，就不会出现这一现象——只有草场所有者才有放牧的权利。所以悲剧发生的原因是土地公有制。但这种认识是不正确的。社会主义公有制具有对内的排他性。个人要使用公有的生产资料，必须取得作为共同所有者的全体成员或者公共所有者的代表机构同意，个人行为是受公共意志限制的。例如，国有土地由代表全民意志的国家管理；任何个人不得侵占国有土地；集体土地要受集体土地的所有者支配，不是任何个人可以随意占有和使用的。公有制的内排他性同样适用于土地公有制。因此，只要有合适的公有土地管理制度，"公地悲剧"就不会发生。

（二）社会主义市场经济下的土地有偿使用

公有制的内排他性要求社会主义市场经济下的公有土地应当有偿使用。土地所有权主体向土地经营主体索取地租，从而使土地所有权在经济上得以实现。恩格斯在《论住宅问题》中说过，"消灭土地私有制并不要求消灭地租，而是要求把地租——虽然是用改变过的形式——转交给社会"。① 公有土地也是要有地租的，但是这个地租不是给任何私人，而是转交给社会的。公有土地的地租属于土地的公共所有者即劳动者集体。

虽然从理论上看公有土地也应当收取地租，但是在改革开放之前，人们对此缺乏充分认识。例如，1954年政务院（国务院前身）对北京市人民政府就地租征收相关事项予以批复："不必采用征收土地使用费或租金的办法。同时收取使用费或租金，并非真正增加国家收入，而是不必要地提高企业的生产成本和扩大国家预算，并将增加不少事务手续。"这种认知明显存在片面性。随着市场经济的发展，公有土地的有偿使用逐步受到重视。1987年，深圳市落下国有土地有偿使用权拍卖的第一锤，次年全国人民代表大会先后修订了《宪法》和《中华人民共和国土地管理法》（以下简称《土地管理法》），吸纳了试点地区土地所有权与使用权分离的改革经验，删除了限制土地出租的条款，并增设有关国有土地有偿使用和国有土地使用权可以依法转让的内容，开启了国有土地有偿使用和市场化配置制度改革的序幕。21世纪以来，中央逐步明确国有土地使用权招拍挂制度的重要地位，构建起一套完整的国有土地有偿使用制度与土地用途管制制度，发挥了市场在土地配置中的作用，为地方政府"以地谋发展"提供了制度基础。

---

① 《马克思恩格斯选集》第3卷，人民出版社2012年版，第267页。

(三) 公有土地的级差地租

按照马克思的地租理论，地租可以分为级差地租和绝对地租。公有土地的地租同样包括级差地租和绝对地租两部分。土地作为自然提供的生产资料，会因为土壤肥力、位置等原因而对生产形成有利或不利的影响，从而形成土地的等级差别。在级别较高的地块进行生产经营，就可以获得超过平均利润的超额利润，这部分超额利润形成了级差地租。耕种较优等土地产生的超额利润与相对剩余价值生产过程中产生的超额剩余价值有类似性质。但有一点不同，企业采用新技术获得超额剩余价值的状态是不可能持久的，因为别的企业也会学习这种新生产方式，导致商品生产的社会必要劳动时间也就是商品的价值降下来，创新企业的超额剩余价值就消失了，所以企业必须不断地创新。只有一种情况可以长期保持超额剩余价值，就是企业把先进的技术用某种特殊方式垄断起来，不让别人学习模仿。比如可口可乐的特殊配方，别人学不到，因而可以长期获取超额利润，这在工业生产中是特殊情况。但是这种特殊情况在农业生产中恰恰是一般情况，因为土地的供给具有有限性，土地所有权和经营权具有排他性。这意味着较好土地的区位优势、物理和化学优势是可以长期保持的，因此地租收益也就具有经济垄断性。公有制经济中的劣等土地也要征收地租，这就是所谓的绝对地租。因此，公有土地的地租收入不管以什么形式出现，其中总是包含了级差地租和绝对地租两部分，数量上表现为两者之和。

二、农村集体土地的地租形式

我国农村土地管理实行集体所有制。自改革开放以来，土地集体所有制采取统分结合的经营形式——家庭联产承包责任制，这是在坚持土地集体所有制基础上农地产权制度的重大变革。为什么集体所有的土地能让家庭或个人来经营？这是因为所有权事实上是一组权利束，因此产权（Property Rights）是一个复数概念，是可拆分可组合的。比如财产所有权就可拆分为多种权能：狭义所有权、占有权、支配权、使用权和收益分享权等。承认所有权权能的可分离、可重组，并非否定所有权的根本作用，相反，是把这种分离视为所有权在一定历史条件下实现自身的要求。这一点也适用于社会主义公有制。家庭联产承包经营责任制将中国农村土地产权分解为所有权和承包经营权，其中，所有权仍归集体，承包经营权则由集体经济组织按社区户籍人口数平均分配给本集体经济组织内的农户。集体经济组织负责监督土地承包合同的履行，公共设施的统一安排、使用和调度，土地的调整和分配；农户对自主经营所承包的土地自负盈亏。从而形成了一套有统有分、统分结合的双层经营体制。

承包农户交够国家的，留足集体的，剩下都是自己的。其中交给国家的就是农业税，留给集体的就是集体土地地租的一种具体形式，剩余部分则是承包农户的劳动收入。土地集体所有制没有发生变化，但集体所有权通过承包缴费得到了经济上的实现。社会主义生产资料公有制的本质是劳动平等，所有公有制成员在决策、分工、分配等各个方面都拥有平等权利。在土地集体所有制中，这种平等权利具体体现为承包权的平等。① 这个被公平分配的土地承包权一旦确立，在承包农户之间就形成了对内的排他性

---

① 当然，这种平等权利的具体实施是因地区而异的，平等的程度也就各不相同。例如，调研中发现（刘守英，2018），江西和河南省的大多数村庄选择绝对的土地均分方式，而在浙江省实行的土地分配方式则有所区别。

权利：我承包了，你就不能承包了。尽管我们都是集体成员，但我的承包地我经营，你的承包地你经营。联产承包责任制的改革明显提高了农民的生产积极性，提高了农业生产力，在更广的层面上实现了社会主义劳动平等。

20世纪90年代后期，农业、农村、农民问题遇到暂时困难，农业税加上集体统筹提留（即集体经济组织凭借土地所有权获取的地租）成为农民家庭的较大负担。据农业部统计，1990年农民负担中村提留乡统筹费占上年农民人均纯收入的7.88%，高于国务院规定的2.88个百分点，其中直接向农民收取的村提留乡统筹费就达220亿元。所以，中央在经过反复调查研究之后，决定取消农业税。自2001年起，农业税以及从承包农户处收取的农村公共事业费用等统筹提留款都逐步取消了，集体所有的土地基本免费交由农民经营。从利益分配关系来看，国家与集体让渡出的税费变成了承包农户的纯收入，地租以这种形式平均分配到每个农户。农业地租少征收、不征收的制度安排，能够提高农民收入，为农业生产提供了"剩余激励"，同时也增强了农民的社会保障水平。正是这种作为保障机制的联产承包责任制为工业发展提供了一个"蓄水池"，即农民既可以在农村进行农业生产，也可以在城市进入工业部门，进行这种切换的成本较小，有利于城镇化的推进。

农村税费改革不等于改变农村土地的集体所有制。习近平总书记明确指出："坚持农村土地农民集体所有。这是坚持农村基本经营制度的'魂'。农村土地属于农民集体所有，这是农村最大的制度。农村基本经营制度是农村土地集体所有制的实现形式，农村土地集体所有权是土地承包经营权的基础和本位。坚持农村基本经营制度，就要坚持农村土地集体所有。"① 取消承包农户的集体提留之后，土地集体所有制主要体现在以下三个方面：第一，农村土地的最终处置权仍然掌握在集体手里，可以承包经营土地，但不能买卖土地；第二，承包权的分配在农户之间要保持平等，维护劳动者的平等权利；第三，土地只能发包给本集体经济组织成员，承包权本身不能买卖，能流转的是经营权。这样，在农业现代化进程中，集体土地所有制出现新的实现形式，这就是所有权、承包权、经营权的"三权"分置。

"三权"分置改革随着农业现代化进程应运而生，这是农地产权制的再一次重大改革。农业现代化要求土地规模化经营，因此需要土地流转。承包权和经营权分开，经营权可以流转，集体在保留土地最终处置权的同时，将具有排他性的经营权和可转让权下移到每个农户。这一改革有三方面的制度优势：落实集体所有权，稳定集体成员农户承包经营权，放活土地经营权。如果说，取消农户向集体上缴承包费用意味着地租在集体成员间的平等分配，那么，通过土地经营权流转费用的形式，这部分分归承包农户的"地租"在与经营户的市场交换中得到了实现。因为农业土地有优劣之分，"级差地租"在经营权流转费用的差额中得到体现。既充分维护了承包农户使用、流转、抵押、退出承包地等各项权能，又使土地经营者对流转土地依法享有在一定期限内占有、使用并获得地租收益的权利。农村土地集体所有制的实现形式进一步与市场经济接轨，有利于加快推进农业现代化的步伐。

---

① 《习近平关于"三农"工作论述摘编》，中央文献出版社，2019年版，第51页。

三、国有土地的地租形式

改革开放之前,国家以直接划拨的形式赋予企事业单位和行政机关以土地使用权,征收土地使用费或租金并无实际意义,因为各单位会将地租计入成本,从而降低上缴利润水平。尽管国有单位使用的土地逐渐增多,国有土地反而无法在经济上体现其所有权了。

改革开放以后,为了提高经济效益、发展市场经济,确定国有土地有偿使用制度成为客观必要。1980 年开始,我国通过一系列改革,正式确立了国有土地所有权与使用权分离的土地制度,确定国有土地使用权可以依法转让、出租、抵押,并针对不同用途的土地实行差别化的配置方式、出让方式和土地使用费水平。近年来,我国政府着重推动创新土地配置方式、扩大土地有偿使用范围并规范各类配置方式的权能,研究制定了《国有建设用地使用权配置办法》,促进国有建设用地配置方式和有偿使用不断创新,进一步规范和丰富了国有土地所有权的实现形式。

(一) 城市土地级差收入

1. 城市级差地租

国有土地所有权在经济上的实现形式是土地的有偿使用。《中华人民共和国土地管理法实施条例》规定,除了法律、行政法规规定的土地可以以划拨方式取得,其余所有国有土地均有偿使用,也就是要缴纳土地有偿使用费。其中最常见的一种有偿使用费是土地使用权出让金,它实质上是城市国有土地的地租。城市土地出让金的差别主要产生于级差地租。城市土地级差地租与农业土地级差地租的明显区别在于城市土地肥沃程度与城市地租关系不大。城市土地不是用来耕种的,而是用在工业、商业、房地产业等方面,对于这些产业来说,土地的肥沃程度对生产和销售影响不大,真正重要的是土地的地理位置。城市中不仅存在级差地租,其还有两种形式。第一,由于城市土地位置的差别,不论是工业还是商业,在流通过程中均会产生运输费用的差别和资金流动速度的差别,这会对不同企业的利润率产生不同影响,从而使有些企业获得超额利润,转化为城市级差地租Ⅰ。第二,因"宏观投资最终形成"和"微观投资建立高层建筑"两方面而产生的超额利润转化为城市级差地租Ⅱ。①

农业土地的级差地租Ⅰ主要源于土壤的肥力差异,城市土地的级差地租Ⅰ主要源于区位差异。当然,区位差异对不同用途的城市土地的影响方式不同。就工业用地而言,工厂与市场的距离越远,运输成本就越高。企业倾向于挑选距离市场近的地块以便节约运输成本。由于资本之间存在着竞争,因此,从长期看,个别企业节约出来的运输成本不是成为平均利润,而是成为超额利润,进而转化为级差地租Ⅰ。在现代城市发展中,区位因素还会体现在其他层面。例如,在工业园区中,工厂集中可产生外部经济并降低生产成本,这种生产成本的降低可转化为园区内土地的地租。商业用地对区位更为敏感,一般来说,中心城市除了在交通运输方面具备优势,在金融服务、商业体系等方面也优于其他城市,所以同样会产生级差地租,地租的规模甚至可能更大。

为说明城镇化过程中级差地租Ⅰ的来源,不妨考虑一种最简单的情况。假定建筑物

---

① 陈征:"社会主义城市级差地租",《中国社会科学》,1995 年第 1 期。

的高度、功能等都是相同的，城市发展以"摊大饼"式向四周扩张，土地差异仅仅取决于区位差异带来的运输成本或时间成本差异。开始时只有最好的地理位置的土地（例如，中央商务区）得到使用。随着城镇化的扩展，中央商务区周围的第二等土地开始投入使用，结果是中央商务区的土地形成级差地租Ⅰ。地租额相当于两类土地间的交通成本。随着城镇化进一步扩张，第三等的土地得到利用，于是第二等的土地也得到地租，第一等的土地地租提高，如此递推。

随着城市规模扩张，土地资源的稀缺性越来越突显，此时必须对土地进行集约化利用，即对土地追加投资。因此就产生级差地租Ⅱ。不妨假定城市的规模范围已经确定，进一步的城镇化所需的建设用地只能通过追加投资进而加高或加密建筑，也就是提高"容积率"来满足。一般来说，追加的投资部分生产力更高、使原区位的优势更强，产生更多的超额利润，这部分超额利润构成级差地租Ⅱ的来源。在现实中，级差地租Ⅰ和Ⅱ往往无法彻底分离，但是随着城市土地越来越稀缺，级差地租Ⅱ正在成为城市地租的主要形式。

2. 建成环境与城市地租

理解城市级差地租的一个重要概念叫作"建成环境"（Built Environment），这个概念由美国马克思主义经济学家大卫·哈维提出，他认为城市的级差地租取决于建成环境带来的级差收益。我们知道，人类在社会发展过程中不断通过生产过程来改造自然环境。从这个意义上来讲，所有的自然环境通过人类改造以后都成为了人造的环境，即便是农业社会也一样。比如，我们看到的大片梯田，那显然不是自然形成的，它是人类通过劳动建成的。但是，在农业生产条件下，人造环境对生产的影响绝对没有在工业化进程中、在城镇化进程中的影响大。城市土地的产出受人们在城市建设过程中所塑造的城市环境的影响，这种城市建筑环境的特殊性在于，它与资本积累过程密切联系。

建成环境可以分为两类，在物质上形成固定资本从而促进生产过程的被称为"生产的建成环境"；构成消费或劳动力再生产支持条件的被称为"消费的建成环境"。例如，在开发区里可以看到各种厂房和办公楼，在金融街区看到的是鳞次栉比的高楼大厦，而进入小吃一条街则是挂满了招牌的各种商铺。建成环境对于这些产业部门的土地产出率具有决定性影响，包括从事某一种产业的便利性，形成的经济回报等。地块自身的空间属性，包括所处位置、建筑物性质、建筑物外观和内在质量，与土地在建成以后在其上逐步形成的产业密切相关。一方面，如果一个地块进驻的都是金融类企业，那它就逐步形成金融街，另一方面，金融类企业进驻的原因往往是因为这里的高楼大厦适合金融业集聚，符合金融业的办公条件。所以产业在土地上的集聚既是条件也是结果。除了地块自身的空间环境，建成环境还涉及地块周边环境。例如工业的发展不能只依赖直接生产空间，还需要有可供职工居住和生活的空间。空间中的生产和消费相互关联、相互支撑，使一个地块的自身空间和周边空间所提供的产品和服务共同构成了具有地理秩序的复合商品。建成环境是对一块土地进行连续投资的结果，主要产生的是级差地租Ⅱ。正如马克思所言："这种改良虽然是资本的产物，但起着和土地性质的自然差异完全相同的作用。"①

---

① 《马克思恩格斯全集》第46卷，人民出版社2003年版，第799页。

由于不同产业对城市建立环境的要求不同、不同产业需要匹配不同的建成环境，因此一个地块可能在一种产业发展中具有比较大的优势，而另一产业则不具备这种优势，因此，不同建成环境之间就形成了级差收益，产生级差地租Ⅰ。总之，建成环境的差异、建成环境的结构是产生城市级差地租的主要因素。

（二）国有土地招、拍、挂与城市房地产市场

1. 利用市场机制推进城市建设

城镇化过程本质上是资本积累过程。在我国经济发展初期，地方政府财力不足，很难跨越最初的原始积累门槛。1994年的分税制改革压缩了地方政府的税收分成比例，却将当时规模还很小的土地收益留给了地方政府。土地公有制是全体劳动者获取土地收益的制度基础，公有土地有偿使用等一系列体制创新，则利用市场机制将公有土地的收益转化成为启动中国城镇化的巨大资本积累。

自改革开放以来，城市土地有偿使用的一个很重要的制度安排叫作招、拍、挂制度，即通过公开的市场拍卖，收取土地出让金。招指招标，即地方政府发布招标公告，邀请土地使用者参与国有土地使用权投标；拍卖和挂牌指通过公开竞价的方式出让土地使用权。土地招、拍、挂制度是我国国有土地使用权出让的管理制度，是国有土地产权通过土地市场在经济上的主要实现形式。土地出让金就是国家（一次性）征收的一定年限内的国有土地地租。①

据统计，2021年全年，国有土地使用权出让收入为8.7万亿元，占地方一般公共预算收入的42%。2017—2021年，全国主要37个大中城市里，13城土地财政依赖度（土地出让收入与一般公共预算收入之比）超过100%，最高接近140%。土地出让金已经成为地方政府财政收入的一大来源。按照土地所有权，数额如此庞大的一笔地租收入，应当归属全体劳动者所有。《国有土地使用权出让收支管理办法》规定，土地出让收入使用范围主要包括征地和拆迁补偿支出、土地开发支出、支农支出、城市建设支出以及其他支出五项。根据财政部公布的数据，2015年土地出让有超过一半用到了城市建设方面。这帮助政府以前所未有的速度积累起原始资本。城市基础设施不仅逐步还清欠账，甚至还有部分超前（高铁、机场、行政中心），加速城市发展。2020年开始，土地出让收益不仅仅用于城市建设，还开始向农业农村转移，正在实现城市反哺农村。

通过公共投资改善城市建成环境，会使土地产生级差地租，导致土地及其附着物升值。在土地私有条件下，地租或增值的获得者是土地私有者，政府需要通过税收体系，才能够将这部分收益收回。而在土地公有制的条件下，建成环境的改善直接附着在国有土地上（例如地铁一旦开通，所有沿线的土地和住宅都会产生增值）。政府无须经由间接的税收，就可以直接从土地升值中收回公共投资带来的好处。一方面，土地出让金成为地方政府对土地未来收益现金流的"折现"，另一方面，由于建成环境的改善，土地出让金在预期中是上升的，所以土地具有了金融资产性质。2011年起，将土地注入地方融资平台来撬动资本市场为城市建设融资，通过"注入土地—土地抵押—城市建设—土地升值—土地出让—还债"这一"涨价归公"模式，以未来的土地地租偿还债务，

---

① 准确地说，由于存在用于征地拆迁补偿、补助被征地农民、土地出让前期开发等成本性支出，土地出让金只是毛收入，真正形成地租收入的，是扣除这些成本性支出之后的净收入。

成为地方政府获取发展基金的另一个重要手段。

地租及其衍生物催生出一个高效的以地谋发展的模式，极大推动了较长一段时间中国经济增长。不但城镇化水平不断提升、城市的建成环境飞速发展，而且为地方政府发展工业提供了土地和资金，支持地方政府为工业化发展提供优质的基础设施。从这个意义上说，是土地公有制度支撑了具有高度竞争力的中国制造。

2. 房地产市场发展需要规范和引导

自 2002 年实行招、拍、挂制度后，土地出让金规模呈现快速扩大趋势。在土地出让收入快速增长的时期，城镇住房价格也呈现上涨趋势，两者之间呈现大体相同的上升趋势。土地价格上涨推动房价上涨的效应固然存在，但是另一个决定房地产价格的因素不应当忽视：附着在土地上的房地产具有虚拟资本的性质，房地产市场价格会因为金融炒作而自行溢价。由于"以地谋发展"的本质是"以地融资"，这就决定了土地和附着在土地上的房地产同时也是金融投资品。因此，在中国，居民购买城市的房地产（使用权），相当于购买城市的"股票"。在城市不断发展的条件下，拥有房地产不但可以满足居住需求，还可以分红——不仅可以分享既有建成环境带来的租值，还可以分享未来新增建成环境带来的租值。

一方面，我们要承认房地产作为支柱性产业对经济发展的积极作用，另一方面，我们也要认识到房地产市场过度膨胀势必导致不良后果，不利于共同富裕，也可能导致系统性的金融风险。所以，房地产市场的发展需要规范和引导。2022 年 12 月召开的中央经济工作会议提出，对于房地产市场要加强预期引导，因城施策，促进房地产业良性循环和健康发展。

（三）房地产金融化与房产泡沫

1. 房地产的双重属性

一方面，房地产是具有使用价值的，住房可以改善居民生活水平，厂房可以用作产业发展。改革开放以来，中国的房地产因为充分利用市场机制，取得了巨大成就，建成了世界上最大的住房保障体系。人均居住面积从 1949 年的 4.5 平方米，增长到目前的 40 多平方米。截至 2019 年，全国累计建设的各种保障性住房和棚改安置房有 8000 多万套，帮助两亿多困难群众改善住房条件。从消费属性角度看，我们房产市场取得了很大的成就。

另一方面，我们还要看房地产的金融属性。马克思指出："建筑本身的利润是极小的；建筑业主的主要利润，是通过提高地租，巧妙地选择和利用建筑地点而取得的"。目前的一个事实是，人们进行土地买卖、房屋建造的目的是获取"城市股票"带来的资产增值回报。房地产的这种自增值性，使得收益部分成为某种想象的、虚拟的资本所带来的利息。同时，在金融体系和信用体系的支撑下，基于未来地租索取权进行的房地产转让和抵押，使房地产市场变成了金融资本流通的一个特殊分支，金融资本便能够介入土地交易，促进土地和房屋所有权凭证的买卖和抵押。像生息资本一样，土地成为金融资本循环和积累的场所。金融资本的介入使土地从观念上的虚拟资本转变为现实的虚拟资本，从而实际上隶属于资本的价值增殖诉求。一旦金融资本介入房地产投资，就会引起房地产投机，从而推升债务杠杆、阻碍共同富裕，并出现对土地资源的掠夺性开发。这会导致资源极大浪费，宏观经济不稳定，金融风险不断堆积，最终会导致资本积累的周期性毁灭。

2. 坚持"房子是用来住的，不是用来炒的"

金融市场的一般规律在房产市场同样是适用的。为了最大限度地发挥房产市场的正面作用，控制其负面作用，习近平总书记提出了一个通俗易懂而且观点鲜明的口号："房子是用来住的，不是用来炒的。"这个口号，明确表达了决策层的政策取向，一方面明确了住房的定位，使得住房市场有望回归居住的基本功能；另一方面，旨在管控住房的资本属性。尽管房地产业的资本属性不可能从根本上改变，但继续打击投机、防止热炒和抑制房地产泡沫的政策取向明确而坚定。各级政府已经在许多方面发力，加快建设多主体供给、多渠道保障、租购并举的住房制度，妥善实施房地产长效机制，稳地产、稳房价、稳预期。房地产市场要平稳健康发展，要综合运用各种手段，包括金融的、土地的、财政的、投资的、立法的手段，建立符合国情、适应市场规律的基础性制度和长效性机制。

四、土地非农化收益分配与中国经济增长

根据用途，我国土地分为农用地、建设用地和未利用地，因此就存在土地转用的情况。我国土地根据所有权分成城市的国有土地和农村的集体土地。伴随着新型城镇化战略的展开，土地转用往往涉及所有权转移，即农村集体土地变为城市建设用地的情况。所谓土地非农化收益，指当农用土地转化为非农土地时土地本身及其附着物价值增长而带来的土地增值收益。既然集体经营性建设用地的使用权人具有与国有土地使用权人相同的用益物权，就涉及土地非农化收益及其分配问题。这一收益的分配对中国经济增长有重要影响。

（一）土地非农化增值收益的来源

土地增值指土地利用过程中土地价格的增加值，但是土地非农化的增值收益是从哪来的呢？首先，由于农业生产与工商业在土地产出率上的明显差异，等量资本投在工商业土地上的回报一般高于投在农业土地上的回报，形成工商业经营相对于农业生产中的"级差收益"。这部分收益是由工农业在土地产出率上的明显差异导致的，所以是级差地租的来源。此外，与之前讨论的城市土地类似，土地增值的来源同样包括地租的资本化收益，因为地价"不是土地的购买价格，而是土地所提供的地租的购买价格"。正如马克思所说："为了获得经营土地的许可而以租金形式支付给土地所有者的一切，实际上都表现为地租。"①

产生非农化收益有多方面的原因，首先是国家人口增长和经济增长，如果没有国家经济的高速增长、缺乏农用地转用于非农产业的条件，转化以后就会抛荒，那就什么收入也没有了。除了工业化和城镇化的发展，政府的行为也很重要。政府拥有土地发展的权利，也就是变更土地用途和改变土地集约度的权利，这是一种可与土地所有权分离而单独处分的财产权。同时，如果农村土地的集体所有者不放弃所有权，土地用途的转换就无从谈起；企业如果不对土地进行追加投资，土地及其附属物就无法在二级市场上出售。总之，土地非农化收益是国家投资开发、社会进步、企业投资和农民让渡土地产权

---

① 《马克思恩格斯全集》第46卷，人民出版社2003年版，第705页。

的综合性结果。正因为如此复杂的原因，把土地非农化简单归结为土地在集体和国家之间的买卖就不准确了。它不是简单的土地买卖关系，也不能按单纯的市场交易去处理。

（二）土地增值收益的分享机制

土地非农化过程产生的地租具有公共性质，简单地套用市场买卖中适用的物权法规则是不合适的。学界认识到这个问题的复杂性，因此产生了关于如何分配土地非农化收益的不同观点：一种观点认为这部分收益应该归公，因为非农土地产生的级差收益是国家经济的长期高速增长带来的，是政府的城市规划带来的，所以要归公；另一种观点认为收益部分应该归农，因为土地本来是农民集体所有，农民放弃所有权是土地非农化的前提，所以要按农民的机会成本支付补偿；而更多的人主张公私兼顾，这种观点应该是更加全面准确的。但在实践中，土地增值表现为一个综合的市场化增益，难以将不同的增值形式加以分解并实行对等分配。

长期以来，农地"非农化"的增值收益分配，特别是土地财政和征地补偿安置饱受诟病。政府和开发商分别获取了更多的财政收入和经营利润，而农民作为土地所有者或原始持有人仅得到少量货币补偿和社会保障利益，并没有获得增值收益索取权。2012年，党的十八大明确提出"改革征地制度，提高农民在土地增值收益中的分配比例"，首次在中央层面明确农民应该分享土地增值收益。2016年，中央"一号文件"要求各地"适当提高农民集体和个人分享的增值收益，抓紧出台土地增值收益调节金征管办法"。2019年《土地管理法》对征地补偿进行了全面修改，以区片综合地价确定土地补偿和安置补助，增加了农村村民住宅补偿以及社会保障费用。2020年，中央提出实现土地出让收益用于农业农村比例达到50%以上的目标要求。此外，2020年新修订的《土地管理法》进一步对征地范围进行了规定，明确列举了六种为了公共利益可依法进行土地征收的情况。允许集体经营性建设用地在符合规划的条件下依法通过出让、出租等方式交由其他单位或个人直接使用或转让、互换和抵押使用权。对于农村集体取得的土地增值收益，按照壮大集体经济原则留足集体后，在集体经济组织成员之间公平分配。这些政策和措施的目的就是土地增值收益在失地农民、农村集体、地方政府、中央政府等多元主体之间的合理分配和共享，肯定了这种土地收益的公共属性，符合国情。

（三）土地公有制下的工业化和城镇化

1. 坚持土地公有制的意义

中国在工业化、城镇化进程中，土地所有制始终坚持了公有制属性，形成了中国特色社会主义的土地制度。在土地发展权方面，我国政府比其他经济体政府有更强的主导能力。在土地征用方面，相比于其他土地制度，我国政府获取土地资源的成本相对较低、收益相对较高。一方面，城市土地属于国家所有，地方政府拥有足量的土地可供划拨与批租。另一方面，郊区和农村土地的集体所有制与集体土地的可征用制两者配套，使得地方政府拥有了补充或增加城市国有土地的强有力手段。以2010年为例，中国基础设施划拨用地为138267.34公顷，占当年国有建设用地总供应量的28.00%。若在私有制条件下地方政府需要以当年的土地出让均价（即935万元/公顷）来购买这些土地，则地方政府共需花费12928亿元，相当于当年中国地方财政总收入的31.83%。这笔支出对于大多数发展中国家，甚至是发达国家都不是小数目，而在中国土地公有制前提下地方政府却能节省这笔开支。

坚持土地公有制对于工业化和城镇化性质的发展方向具有决定性意义。一方面，土地公有制不仅充分保证了工业化、城镇化所需要的建设用地，同时通过国有土地有偿使用制度使地方政府得以实现"以地谋发展"战略。出让土地使用权获得的土地出让金有力推动了城市基础设施建设和民生改善，也为工业发展铺平了道路。另一方面，不同于其他生产要素，土地具有明显的民生属性，因为社会民生所需一切物质资料都来源于土地，同时也是我国近6亿农民安身立命的根本。新中国成立之初的土地改革"使大约占农业人口60%—70%的无地或少地的农民无偿地获得了大约7亿亩耕地，免除了每年交给地主的大约700亿斤粮食的苛重地租"①；20世纪50年代的农业合作化运动将土地的农民个体所有制改造成集体所有制；改革开放之后，农村土地公有制通过家庭联产承包责任制激发了农民的生产积极性、主动性和创造性，解放了农业生产力，使农民收入不断增长、农民生活不断改善。党的十八大以来，"三权"分置改革在确保农村土地集体所有制的前提下，更加有效地促进了土地经营权流转，更好地提高了农村土地利用率、收益率，在新时代促进共同富裕的层次上实现土地的民生属性，增加农民的民生福祉。

2. 支撑增长奇迹的重要基础性制度安排

我国工业化进程中兼顾各方利益的土地流转方式，无论对于国家建设、保证农民利益还是社会安定等，都是有利的。事实证明，建立在公有土地基础上面的土地非农化的制度安排，支撑了国家增长奇迹。

第一，通过《宪法》《土地管理法》《中华人民共和国农村土地承包法》等法律法规的修订与颁布，确立了我国土地公有制的实现方向，建立起规模庞大的土地市场，实现了土地资源配置效率的提升。建立土地储备制度、严格招、拍、挂出让方式、强化土地管理与计划等制度又进一步规范了土地市场的发展。

第二，在保护耕地的前提下进行土地流转，既保障了国家粮食安全，也为工业发展提供了条件。在城镇化的发展进程中，通过明确法律规定、加强开发区建设用地管理、设定耕地保护红线、城乡建设用地增减挂钩、闲置土地处置等土地制度方面的建设，一方面保障了经济社会发展的用地需要，另一方面也保护了耕地，促进了土地资源的合理利用。2001—2019年，我国耕地面积始终维持在18.3亿亩至19.2亿亩之间，不突破耕地红线。

第三，为经济增长提供土地和资金保障。工业化进程中的结构转变并不仅仅是农业人口和劳动力向工业部门的转移，也是土地从农业用途向工业和城市用途的转换。2004—2018年，我国累计增加城市建设用地面积2.53万平方公里，大量各种用地需求得以在相对短的时间内得到保障。这为中国城镇化的快速发展、经济建设的持续发力提供了有力支撑。在土地转用中，政府获得的大量土地增值收益成为地方财政收入的重要组成部分。利用这部分收益，地方政府得以兴建基础设施、进行招商引资、为工业提供各种补贴。有研究显示，地方政府当年获得的居住用地出让收入每增加1%，该城市企业获得的应缴税额补贴将显著增长0.21%，获得的征缴力度补贴也将显著提高0.14%。

---

① 沙健孙：《中国共产党与新中国的创建1945—1949（下）》，中央文献出版社2009年版，第629页。

3. 保证发展成果惠及全体人民

我国土地制度改革的根本目标，一是解放和发展生产力，侧重于利用公有土地资源强大的财富创造能力，为建立现代化强国提供坚实的物质基础；二是实现共同富裕，这侧重于土地增值部分的分配，即通过经济社会体制安排，使社会成员能够相对均等和充分地分享发展成果，这意味着土地要素配置不仅需要提高经济效率，而且需要保障不同群体土地占有和收益分配的相对均等化。

应当承认，一段时间以来，城乡二元分割、多种规划冲突、机构职能交叉、法律法规老旧等问题制约着土地要素的流动和利用，制约着经济社会的进一步发展，也影响着人民的利益实现。这一矛盾集中反映在土地转用过程中的利益分享上。一方面，通过征用和出让进行土地融资成为地方财政和城镇化资金的重要来源，使其他利益主体特别是农民无法分享城镇化、市场化带来的土地增值收益和级差地租，农民权益受到损害。另一方面，传统征地出让模式下地方政府土地融资规模巨大，大量集体建设用地集中入市必然导致其抵押土地估值急降，进而演化成为地方债务和金融风险，最终导致全体居民受损。

合理的土地增值收益分配制度应统筹考虑资源配置效率与分配公平。党的十八大以来，中央政府推行了一系列制度改革，其方向就是利用市场机制实现效率与公平的统一。最为典型的制度创新是改征地出让为集体经营性建设用地入市。2015 年，中央政府在全国 33 个县（市）开展集体经营性建设用地入市的试点工作；党的十九届五中全会提出，要健全城乡统一的建设用地市场，积极探索实施农村集体经营性建设用地入市制度；2020 年 4 月出台的《关于构建更加完善的要素市场化配置体制机制的意见》指出"建立公平合理的集体经营性建设用地入市增值收益分配制度"。集体经营性建设用地与国有建设用地同地、同价、同权，其创新意义在于从集体土地上剥离了地方政府的剩余控制权和索取权，将这些权利重新赋予农民集体，从而真正构建起国家、集体和个人间平等的关系。具体来看，"同地"，意味着农村集体经营性建设用地享有进入市场的平等地位，可在更广的范围内进行市场交易。"同价同权"，意味着集体经营性建设用地享有与国有建设用地相同的权能，具体表现为在土地一级市场上可租赁、出让、入股；在土地二级市场上可租赁、转让和抵押等。集体经营性建设用地入市意味着农民集体成为作为供地主体，改变了现行城市土地一级市场政府垄断供应格局，将会强化土地集体所有制利益的实现，增强农民在土地增值收益争夺中的议价权，进而改变和重塑土地利益格局。

第二节 "两山"理论的生态价值观

"绿水青山就是金山银山"是党关于生态文明建设的核心理念。习近平总书记在谈到我国经济发展与生态环境保护之间的辩证关系时指出："我们既要绿水青山，也要金山银山。宁要绿水青山，不要金山银山，而且绿水青山就是金山银山。""两山"理论所包含的政治经济学内涵十分深刻，建立在劳动价值论基础上的生态价值观成为其学理逻辑的起点。

一、生态价值与马克思地租理论

（一）生态价值的二重性

1. 生态环境的使用价值

生态环境首先是一个生物学概念，生物种群的生存和繁衍的环境一般被称作生态环境。社会科学中，特别在经济学中，生态特指人类作为一种生物种群在自然界生存与繁衍时同自然界的交互状态，经济学需要特别关注的是人类作为一种能动的生物种群在与自然的交互中应该采用何种方式保持人与自然的最大互益。

从人类的角度来看，自然环境是人类生存的条件，是生命之根。是自然塑造了生命，塑造了人类和人类社会。这个生态环境是我们生活的场所，又是我们劳动的场所、劳动的对象，它影响我们的生活质量，也影响我们的生产效率。一直以来，经济学重视自然环境中稀缺的自然资源，如煤炭、石油、天然气等，因为它们是直接的生产资料，但并不关注"零成本"的生态环境所提供给人类的其他生命和生活价值。直到干旱、洪水、疫病、异常气候、被污染了的空气、水和土壤给人类带来了严重的生存危机，才重新审视那个默默无闻的大自然对人类的重大意义和价值。

事实上，生态环境以生态系统的自运转向人类提供经济社会活动承载空间这一重要的使用价值一直就是客观存在的。只不过在人类社会发展早期，这个承载空间是巨大的。看似取之不尽，但是经过200多年人类工业文明的发展，不仅埋藏在地下的不可再生资源愈加稀缺，就连原本富足的自然环境空间也不再对人类友好。全球性生态问题是工业化进程的产物，资本主义生产对自然的掠夺性开发破坏了自然生态的修复能力。简言之，工业化和资本主义这两重因素的叠加效应造成了全人类必须面对当下严重的资源匮乏和生态系统崩塌风险。生态环境对人类的使用价值在减少甚或丧失。人类必须通过创造性的劳动来修复和重建人类同自然的关系；还原生态环境为人类提供的可持续的生态系统服务价值。

将人置于自然系统中来看，支撑人类社会发展的两类生产系统，一类是生产物质产品的社会生产系统，另一类是生产生态产品的自然生态系统。生态系统通过光合作用开展第一性生产，并通过次级生产以及能量流动、物质循环和信息传递等生物生产过程为人类社会提供生态产品，为人类文明发展提供重要的生态根基。所以，生态系统服务就是人类从生态系统直接或间接获得的收益。这些服务包括维持其他生态系统服务所需的支持服务如光合作用、土壤形成、养分循环和蒸腾散发；包括直接向人类提供的资源性服务如食物、干净水源、纤维、燃料等，调节服务如温度调节、空气调节、水质净化、生物多样性、固碳释氧等；还有为人类提供景观、休憩、休闲、教育等的文化服务。① 这些就是我们所说的生态环境为人类提供的生命价值和生活价值。正是因为这种价值的存在，以人民为中心的中国式现代化特别强调人与自然的和谐。

2. 生态环境的交换价值

大自然提供的生态服务在人类生产力发展的初级阶段是非常充裕富足的，因为自然

---

① 张林波等，"生态产品内涵与其价值实现途径"，《农业机械学报》2019年第6期。

处于自循环的有序状态。所以它为人类提供的生态条件也被看作是自然而然的，是不需要人类过多劳动来干预和维护的，它具有使用价值，但不构成由劳动创造的价值。可是今天，人类工业活动的频度和深度已经在某种程度上破坏了自然系统的原有秩序，生态系统出现功能性失调，对人类的服务供给能力持续下降。此时，人类便意识到我们作为地球的高级物种，唯有同自然合作才能维护美好的生存环境，让地球家园永续发展。生态服务系统作为人类生存必需的使用价值，其产生与其他财富一样需要人类劳动与自然的结合。在这个意义上，人同自然的合作——"劳动"的范畴有所延展。之前，"劳动"是人对被动的自然界的物质客体——原料进行获取、生产加工、交换流通的活动过程，是以人为中心和主导的、以自然为工具和客体的劳动。但在"人与自然和谐共存"的生态文明时代，人类在对自然环境深入了解的基础上对其保护和修复的生态生产活动也是生产劳动，在生态文明建设中，智慧地进行污染治理是劳动；利用自然物质循环和能量流动来帮助恢复生物生产的良性秩序是劳动；相机抉择下那些不干扰自然系统自运作的"放弃发展"和"休养生息"也是对劳动的节约，他们都花费了（或者节约了）一定量的社会必要劳动时间。人的劳动成果最终恢复和创造的生态系统服务就成为生态产品，对人类社会既具有生命和生活上的使用价值，也具有交换价值，即抽象人类劳动创造的价值。

（二）地租理论与生态价值

1. 生态环境经济价值的狭义理解

生态系统为人类提供的服务既具有使用价值，也具有价值，它包含了自然生产力，也凝结了人类劳动。生态系统服务在市场交换中实现其价值，即生态的市场价值。政治经济学确认生态服务系统同其他有形商品和服务一样，都具有以市场价格形态表现的交换价值。按照马克思劳动价值论，应当如何理解生态服务系统的交换价值在"质"上的规定性，以及生态服务系统价值在"量"上的规定性？政治经济学如何解释生态价值与其他各类商品价值在数量上的可比性、可加性和可交易性，如何处理生态价值进入价值实现过程和社会整体的价值核算？从目前理论界的探讨来看，建立在劳动价值论基础上的马克思主义政治经济学，对生态产品价值的核算有狭义理解和广义理解之分。

狭义理解关注的重点在社会经济系统的物质和服务生产是否造成了生态退化或改善。它将必要的生态修复成本视为商品生产的社会必要劳动量的一部分，将未能足额投入的修复成本从总产值中扣除。也就是说，生态修复成本应当视作商品生产的社会必要劳动时间的组成部分。观察商品生产必须同时观察对生态的影响，生态的退化构成生产结果的一个部分，可以把它视作生产中必须付出的成本。因而计算总产出时，不但要计算生产了多少产品，而且要计算影响了多少自然生态。由于商品生产需要劳动，修复生态环境也需要劳动，所以生产某一种产品的劳动应当包括修复生态的劳动投入。无论从产出角度来看，还是从成本角度来看，生态因素都应当包括在内。

这种理解是建立在当前工业社会一般商品生产体系基础上的，生态恶化和改善的成本被当作商品计价的一个部分，生态价值量只有并入一般商品的市场价格中才能被体现出来。然而从前面的分析中我们看到，生态系统服务为人类提供的使用价值是广泛的，很多时候，原生自然的生态价值就以对劳动生产力的强大影响力参与到价值实现中。比如绿水青山、风光秀美的旅游景区和穷山恶水地区，两者间的生态价值差异。不仅包括使用价值的差异，而且包括市场交换中体现的价值（价格）差异。但是这种差异不是由劳动投入造成的，不包含劳动投入的差异。如果仅按生态治理的劳动投入去计算两者的生态价值，这方面的区别就无法在交换价值中反映出来。

2. 地租理论基础上的广义生态价值观

因此，政治经济学对关于生态价值核算的广义理解需要从工业社会一般商品生产中超拔出来。土地（包含附着于土地的生态环境）不仅是一种生产要素，更是整个经济活动的前提条件。在市场经济下，通过市场交易表现出来的生态价值的来源及其分配，用"地租"概念予以理解，理论上更为充分。按照地租理论，我们可以将优质生态环境的生态价值解释为级差地租Ⅰ，它是自然条件（生态环境）对劳动生产率的有利影响所带来的超额剩余价值为土地所有者占有的结果；我们还可以将人类生态治理投入所造成的生态价值增值解释为级差地租Ⅱ。它是生态修复或者生态改良对土地产出率提升所带来的超额剩余价值，这部分超额剩余价值最终也会为土地所有者占有而固化成为地租。如此处理与生态相关的土地产出增量，生态价值就能在统一的地租理论中理解。由于级差地租会追加到土地产出品的售价中，从而生态价值在产品销售中实现。换句话来说，一个地方的自然资源存量包含了这个地方的级差地租Ⅰ，即这个地方的"生态家底"；在此基础之上我们对它进行环境修复和改良导致新的生态价值流量，这部分可以被看作是级差地租Ⅱ。那么，一个地方的生态产品价值就可以通过合并这个意义上的级差地租Ⅰ和级差地租Ⅱ来表现。从整个涵盖自然和人类的生态圈来看，人类在生产过程中对自然资源的破坏、对生态造成的污染等外部性，也可以记为负的级差地租Ⅱ。

引入劳动价值论基础上的地租理论对生态价值进行解释和核算，能够契合"两山理论"的生态价值观。"两山理论"在劳动价值论基础上探寻"生态价值"含义，"地租"的内涵与外延得以延伸。"土地"不仅仅是关系物质产品生产的自然条件，而且是关乎人类生命与生活价值的生态环境，所有生态系统的服务价值都影响社会生产，影响劳动生产率进而影响单位劳动产品的价值实现，其中的差额便形成地租，表现为土地（包括自然生态）的市场价格，这就是所谓的生态价值。土地（与生态环境）当然不生产商品价值，但它作为生产的自然条件会影响劳动生产力，进而带来额外的收入，这就是生态价值（金山银山）的实质内容。

生态系统服务功能对社会经济系统的量化结果取决于生态系统和社会经济系统的耦合程度。耦合程度越高，生态溢价效应越大。① 人们对生态系统的保护、修复、建设和利用也需要耗费大量的活劳动和物化劳动。局部地看，这会挤占物质商品生产所需的劳动力和自然资源，从而影响 GDP 的增长速度，但是从较大的空间尺度和时间尺度来看，它能确保 GDP 的良性可持续增长，实现生态公正以及经济与生态发展的协调统一。从宏观数据的获得上来看，经济与生态的协调统一要求 GDP 和 GEP（生态系统生产总值）的核算一致并可比较、可加总。从地租理论的角度解释 GDP 和 GEP，就将它们的核算统一到劳动价值论的大框架下，为生态价值的转化和实现提供了路径。人类在忽略生态承载限度而专注于经济增长的工业文明和资本主义运行轨迹下，生态同经济的张力异常紧张。经济发展常常意味着生态破坏。这种价值悖行使人们重新估量 GDP 的意义。秉

---

① 李周："生态价值核算与实现机制研究"，《山西师大学报（社会科学版）》2022 年第 1 期。

第十三章 地租与生态价值

持经济发展至上（金山银山"一山论"）的价值观无法真正在实践中兼顾生态与经济协调并进的二重目标，操作上 GDP 和 GEP（生态系统产品总值）核算也无法真正接轨。

二、生态产权的层级性

生态既然有价值，就有对价值的占有和占用，就会产生财产权和用益权等问题。可是由于生态遵循整体性和系统性的运作方式，因而所有在这个共同体中的成员都可以享有使用或拥有的权利，每个成员也对这个整体性的存在产生自己的一份影响。人类作为地球最高能级的物种，其看待生态的方式和对生态在产权上的制度安排对地球生态的发展方向起着决定作用。当前全球气候变化、生态灾害频发同全球气候治理制度安排长期缺位有关。也可以说这里的确存在"公地悲剧"。生态的共同体特性要求产权上的公有制，而且这种公有产权必须由体现公共利益的共同体来有效管理。

现在，人类科学研究已经认可地球自身就是一个生命有机体。它遵循自组织中"混沌产生有序"的运动状态。这个有机体具有等级层次，各个等级层次以缓慢而长期的相互作用使整体趋近于波动稳定状态。① 那么，人类对生态的管理和制度安排也应当按照各个层级生态系统服务的生产特性进行梳理。总体上，从三个层级看到生态产品生产和价值实现的差异。第一层也是最外层，整个地球生态圈的气候稳定需要各个环境要素的支持，比如放弃对亚马逊热带雨林的开发，对已经被污染的动物栖息地进行修复。任何涉及全球气候调节、生态减灾和生态保育的行为，都是构成全球生态承载力的必要环节，它间接创造的生态产品如干净的水源、清新的空气、优质的土壤、风调雨顺的工农业生产和生活条件等是可以被所有人享用的公共生态产品，没有严格的用益权边界。因此在创造这类公共生态产品的时候需要全世界各国的通力合作。本质上说，地球生态圈应当实行全人类公有制。在这一类公共性生态产品价值的实现上，市场行为如碳交易固然十分重要，但更多取决于各个国家基于生态意识基础上的合作与约定。

第二层次是对同一等级内或者说同一区域内生态质量或系统平衡的维护。一些生态修复和保护工作需要在一个较大范围内跨区合作，例如长江流域水资源保护——上游地区为保护长江流域放弃开发、水源地治污等措施，受益的是下游地区的产业和居民；农业地区退耕还林、退耕还湿的耕地规划和改良，受益的是周边的城市和工业带。这一类生态产品属于大区域范围（如一国范围）内的公共生态产品，在价值实现上可以采用政府和市场相结合的路径。例如政府从宏观生态系统的角度进行土地使用方式的规划，在相互合作的地区之间采取排污权、碳排放权、取水权、用能权等权利的市场交易。在我国，这一层次的生态价值对应着土地的国家所有制。

第三层级是对小地域（如农村社区）内部附着于土地的生态资源资产的保值增值。它的生态目标明确而单一，靠自我支持就能够完成。比如一个乡镇的农林牧副渔生态系统的多样性、一个村子建立在良好生态环境上的旅游和文化资源等。因为这些产品在生产和价值实现上具有较强的产权边界，因此可以算作经营性生态产品，其价值实现路径当然是市场方式。在我国，这一层次的生态价值在多数情况下属于农村社区劳动者集体所有，由集体经济组织管理。

---

① 尤金·奥德姆，《生态学——科学与社会之间的桥梁》，高等教育出版社 2017 年版，第 24 页。

中国是社会主义国家，实行土地公有制，国家在宏观层面上本着协调经济发展与生态保护来规划国土空间的使用。2019年11月，中共中央办公厅、国务院办公厅印发了《关于在国土空间规划中统筹划定落实三条控制线的指导意见》，将生态保护红线、永久基本农田、城镇开发边界三条控制线作为调整经济结构、规划产业发展、推进城镇化不可逾越的红线，夯实中华民族永续发展基础。① 总体上来看，中国特色的生态公有制（土地公有制的延伸），也应当按照上面分析的三个层级去理解，包括集体所有制、国家所有制，将来还应当建立国际层面的全球生态公有制。全球生态公有制的法律制度还在构建过程中，这需要国际合作，不是哪一家说了算。中国特色社会主义政治经济学应当尝试在理论上阐释它。

三、"两山"理论的科学内涵

"两山"理论与生态价值、地租理论，乃至劳动价值论有着内在的联系。

（一）"两山"理论的内涵

习近平总书记结合国内外严峻的资源、生态环境形势，在多次讲话中提到"两山"理论。这里的绿水青山包括了山水林田湖草沙在内的全部的生态资源。这是一个生态系统的生命共同体。习近平总书记说："山地湖草沙是生命共同体，生态是统一的自然系统，自然系统是相互依存、紧密联系的有机链条。人的命脉在田，田的命脉在水，水的命脉在山，山的命脉在土，土的命脉在林和草。这个生命共同体是人类生存发展的物质基础。"② 习近平总书记讲得非常清晰，这是一个相互联系的有机整体，一个生态的命运共同体。也就是说绿水青山的含义，不仅仅指山和水，而且指整个生态系统。而金山银山指的是物质财富，是经济发展，是经济收入。所以我们说"两山"理论讲的是我国社会主义现代化建设中经济发展和生态环境的相互关系，是对两者相互关系生动形象的辩证概括。绿水青山和金山银山不是相互对立、此消彼长的，而是相互促进、共同成长的。

（二）"两山"理论的三重含义

习近平总书记的"两山"理论有三层含义。

第一，"既要金山银山，又要绿水青山"。强调这两者都是我们追求的目标，不能光追求经济增长，生态与经济两者都是目标。绿水青山本身是生产目的，是美好生活的重要组成部分。宜居宜业宜游的环境本身是老百姓享有的生态福祉，哪个地方的生态搞好了，哪里就先造福于当地老百姓，这是人民群众美好生活的一个重要方面。生活在一个绿水青山的优美环境里，享受生态的使用价值，就是生活水平的提高。这是第一层意思，绿水青山和金山银山都要，都是美好生活的目标。

第二，"宁要绿水青山，不要金山银山"。习近平总书记强调了生态环境的首要性，它比经济发展更重要。留得青山在，才能有柴烧。绝不能因为经济发展而破坏生态环境。青山绿水为金山银山提供了必要条件。所以他用了"宁要，不要"这样的一个句

---

① 中共中央办公厅、国务院办公厅印发《关于在国土空间规划中统筹划定落实三条控制线的指导意见》，中华人民共和国中央人民政府，2019年11月1日。

② 《习近平生态文明思想学习纲要》，学习出版社、人民出版社2022年版，第71页。

式。同时，习近平总书记说，"良好生态环境是最公平的，公共产品是最普惠的民生福祉。"对人的生存来说，金山银山固然重要，但青山绿水是人民幸福生活的前提和重要内容，是金山银山不能代替的。这是第二层含义。

第三层含义最重要，习近平总书记最后落脚到"绿水青山就是金山银山"。这句话突出了两者的统一性，强调了保护生态环境就是保护生产力，强调了改善生态环境就是发展生产力。这里包含了两者的同一性和两者的转换关系。绿水青山就是潜在的生产力，只要通过适当的转换方式，去努力实现价值转换，绿水青山就是金山银山。绿水青山既是自然财富、生态财富，又是社会财富、经济财富。保护生态环境，就是保护自然资源和增值自然资本，就是保护经济社会发展潜力和后劲，青山绿水持续发挥生态效益和经济社会效益，它具有发展潜力和后劲。总书记是从长远的、可持续发展的角度去看金山银山。

（三）绿水青山转化为金山银山

绿水青山转化为金山银山，在实践层面上就是生态价值的实现问题。生态价值的实现至少要强调以下三个方面。

首先是整个生态服务系统的价值实现。生态服务系统是一个生命共同体，它的产生本身对当地的老百姓来讲就有实用价值。它改善老百姓的生活状况，其使用价值已经实现。但是，这还不是价值实现。许多深山老林里面的老百姓住在绿水青山的环境中，生态环境很好，但是没有经济发展，生态价值就没有实现，生活很贫穷。要让生态服务的价值真正实现，就要促进产业发展，包括农业、工商业、房地产业和旅游业等。良好的生态服务系统对于很多产业发展都是有利的，它能够产生额外的经济收入，产生更高的经济价值。应在特定的生态系统下发展适合当地特点的产业，因地制宜。

其次是通过绿色发展保护生态环境，降低生态修复成本。绿色发展包括绿色思维方式和价值观念下的绿色生产方式和绿色生活方式。传统的"大量生产、大量消耗、大量排放"的生产模式和消费模式造成了经济社会发展和生态环境保护的对立。生产过程创造的 GDP 最后要被生态修复成本所抵消，甚至有些发展造成的生态破坏无法修复，不可逆转。正如习近平总书记所说："杀鸡取卵、涸泽而渔的发展方式走到了尽头，顺应自然、保护生态的绿色发展昭示着未来。"[①] 绿色发展意味着珍惜资源、善用资源，在青山绿水同金山银山协调统一的思维方式下产出高质量的使用价值。减少消耗、减少浪费、减少不必要的修复成本，本身就是在创造价值。

最后，在市场交易中通过地租形式为土地所有者和生态建设者获取经济利益。要让经济效益、社会效益和生态效益在市场中实现统一，生态产品的价值要能够同其他产品的价值相换算，进入市场化运作。地租作为产权表达的载体为实现生态价值市场交换提供了根基和依据。以"租"的收益为目标健全自然资源资产产权体系，明确产权主体，对开展生态产品价值核算、建立生态保护补偿机制十分重要。在地租的基础上运用更多经济杠杆形成生态保护和环境治理的市场体系，推动产业生态化和生态产业化，方能让保护和修复生态环境的劳动获得合理回报，使破坏生态环境的行为付出相应代价。

---

① 《习近平生态文明思想学习纲要》，学习出版社、人民出版社2022年版，第72页。

第三节 绿色发展与生态文明建设

一、绿色发展

(一) 绿色发展理念

中国共产党顺应时代浪潮提出了绿色发展理念。"十四五"规划纲要提出：推动绿色发展，促进人与自然和谐共生，加快发展方式绿色转型。绿色发展理念以人与自然和谐为价值取向，以绿色低碳循环为主要原则，以生态文明建设为基本抓手。这是绿色发展的概念的界定。绿色是自然界中最常见的颜色，是生态、环保、可持续的象征。今天，这种"绿色"正是自然界、每个个体乃至整个民族所应具备的。

我国经过多年的发展，已经取得了举世瞩目的成就，但是经济总量的高速增长也引发了严重的生态问题，一段时间里雾霾、水体污染、土壤重金属超标等现象频发，过去长期的高排放、高污染的粗放型经济发展模式，不仅使我国生态环境承载力不堪重负，也让国家能源资源承受了巨大的压力，依赖于大规模的资源耗费、环境破坏上的发展终究不是长久之计。为了突破资源环境的束缚、优化经济结构、实现永续发展，用绿色低碳理念改造传统经济社会发展模式是我们的必然选择，完成工业文明到生态文明的升阶过程是我们的未来任务。一系列新思想、新观点、新论断经过凝练、升华等过程，最终形成了绿色发展理念。这是一种创新的理念，它不但将新的时代内涵注入马克思主义生态文明理论中，而且是对新阶段中国经济社会发展规律性的深层次把握。在规律性认识的基础上，将绿色发展作为关系我国发展全局的一个重要理念，作为我国经济社会长期发展的一个基本理念，体现了我们党对中国经济社会发展规律性认知的深入，必将引领着人们更好地做到民众富足、国家富裕、中国美好、社会和谐，从而促进中华民族的长久发展。

作为新时代新发展理念的组成部分之一，绿色发展与创新发展、协调发展、开放发展、共享发展一同，作为一个统一的发展理念而提出。新发展理念是辩证统一的关系，创新发展为绿色发展提供动力，协调发展为绿色发展提供方法和目标，开放发展为绿色发展提供更广阔的视野和机会，而共享发展是绿色发展的归属。新时代的新发展理念构成一个新发展观的有机体，绿色发展在其中发挥着应有的作用。

(二) 实现绿色发展的途径

要进行绿色发展，就要加快发展方式转型，我们把它叫作绿色转型。绿色转型是发展方式转型很重要的一个侧面。"十四五"规划当中提出，要推动绿色发展，促进人与自然和谐共生，加快发展方式的绿色转型。

绿色转型包括生产方式转型和生活方式转型两个方面。

1. 生产方式的绿色转型

第一，要大力提高资源利用效率。从资源利用效率角度提出要坚持节能优先方针，要深化工业、建筑、交通等领域及公共机构的节能，加快能耗的限额，制定产品设备能效的强制性国家标准。为此规划提出了一系列相关措施，例如实施国家节水行动、加强土地节约集约利用、提高矿产资源开发保护水平等。

第二，要大力发展绿色经济。包括要坚决遏制高耗能高排放项目的盲目发展，推动历史转型，实现积极的发展，壮大节能环保、清洁生产、清洁能源、生态环境基础设施的绿色升级、绿色服务等产业。要推广合同能源管理、合同节水管理、环境污染等第三方治理的服务体系等。关于推进生产方式绿色转型、能源高效利用，"十四五"规划提出了非常具体的建议：推动煤炭等化石能源清洁高效利用；推进钢铁、石化、建材等行业绿色化改造；加快大宗货物和中长途货物运输"公转铁""公转水"；推动城市公交和物流配送车辆电动化；构建市场导向的绿色技术创新体系，实施绿色技术创新攻关行动，开展重点行业和重点产品资源效率对标提升行动；建立统一的绿色产品标准、认证、标识体系，完善节能家电、高效照明产品、节水器具推广机制；深入开展绿色生活创建行动。

2. 生活方式的绿色转型

第一，要引导消费者转变消费观念。崇尚自然，追求健康，在追求生活舒适的同时，倡导使用节能灯具、节能环保灶具等节能节水产品，倡导大众选购能源清洁、排放量低的环保型汽车，节约资源和能源，实现可持续的消费。所谓绿色转型就是要强调简约适度、绿色低碳的生活方式，反对奢侈浪费和不合理的消费，要广泛地开展节约型机关、绿色家庭、绿色学校、绿色社区的创建活动，绿色消费是生活方式绿色转型的理念基础，要推广绿色出行等生活方式的绿色革命，对"衣食住行游购"全方位发力，让绿色行动喜闻乐见，推动全民参与碳减排，以需求端的变革来倒逼生产方式的绿色转型。

第二，要打破"资源－生产－废物"的线性模式。在消费过程中合理处置垃圾，区分可回收与不可回收垃圾，尽量做到重复使用、多次使用，最大程度地发挥废物的价值，比如鼓励个体自觉参与家电、家具以旧换新活动，减少使用塑料餐盒等一次性用品，自备购物袋循环使用，以减物质化来缓解环境污染。打造"资源－生产－废物－资源"闭环，变废为宝，极大地减少污染物、废弃物向大自然排放。

（三）碳达峰与碳中和

"十四五"规划提出碳达峰和碳中和目标：落实2030年应对气候变化国家自主贡献目标，制定2030年前碳排放达峰行动方案。提升生态系统碳汇能力。努力争取2060年前实现碳中和，采取更加有力的政策和措施。坚持公平、共同但有区别的责任及各自能力原则，建设性参与和引领应对气候变化国际合作，推动落实联合国气候变化框架公约及其巴黎协定，积极开展气候变化南南合作。

碳达峰，即碳排放达到峰值。世界资源研究所2020年发布的报告显示，全球已有54个国家实现碳达峰。实际上，碳达峰可以是一个时点，也可以是一个时段，例如美国在2005年碳达峰，此后依然存在一段峰值持续期；日本在2013年实现全面碳达峰前出现过四次碳达峰时期。我国要力争在2030年前实现碳达峰，实际上即使在2030年前达峰，也并不意味着2030年后碳排量会迅速下降，还需要经历一段时间的缓冲，才会真正进入碳排量全面下降时代。

碳中和，即碳的净排放量等于零。我们追求的目标是人类生活生产的碳排放量要能够和自然的碳吸收量（当然其中也包含人为因素，比如说植树造林增加碳吸收）相互抵消，碳达峰以后排放量逐步下降，一直到排放量和吸收量恰好相互抵消，就实现了碳中和。

碳中和用公式可以表示为：

碳中和 = 碳减排 + 经济增长与碳脱钩 + 可再生能源为主体能源 + 负碳技术 + 碳抵消

其中，

碳抵消 = 碳捕捉和再利用 + 森林碳汇 + 甲烷减排

这就意味着，想要实现碳中和，我们不仅需要在各大领域全面减排，通过科技创新实现经济增长与碳排放脱钩，推动能源结构转变，还需要大力发展碳捕捉和再利用技术，增加森林碳汇，减少甲烷的排放以期对新增碳进行抵消。

不同国家的碳中和时间表不尽相同，这是因为碳排放与地区的经济发展水平密切相关，相较于发达国家，处于经济发展起步阶段的发展中国家想要在短期内实现碳中和异常困难。美国和西欧承诺到2050年实现碳中和，我国力争到2030年碳达峰，到2060年争取实现碳中和，我们作为一个发展中大国，与发达国家相比，工业化落后了几十年甚至上百年，现在争取与它们基本同步或者只相差10年的时间实现碳中和，无疑是一个需要巨大决心和勇气才对世界做出的承诺，也将是对全球环境作出的巨大贡献。

二、社会主义生态文明

（一）绿色资本主义是不可能的

如何解决全球生态问题？学术界关于此话题的讨论主要分为三个理论流派：第一个是新自由主义流派，其主张诉诸资本和市场的自我调节，例如通过设定碳税和生态税等；第二个是生态马克思主义流派，从生态的角度去批判当代资本主义，强调资本主义发展必然造成对环境的污染，其认为生态问题的根源在于资本主义的剥削性结构，主张彻底转变生产方式和生活方式；第三个则介于两种流派之间，可总体归纳为"绿色资本主义"。近年来"绿色新政"等形式将"绿色资本主义"的思想付诸行动，然而，这些方案并不能长期立足于现实，绿色资本主义的内在局限性在事实面前"一览无余"。主要原因如下。

一是绿色资本主义的方案无法化解资本主义与生态环境的根本矛盾。资本主义讲求个人自由、私有制，而环境污染却有极大的外部性，污染者本身不承担或较少承担环境污染的成本，这个成本主要是由全社会共同承担。美国制度经济学家罗纳德·科斯分析了污染税的问题，他认为，假如没有交易成本的话，市场本身是可以解决污染问题的，污染者和受害者之间可以通过市场合约去解决外部性问题。他认为市场经济下所有合约都是有成本的，考虑到交易成本，市场经济不可能自动解决污染问题，因为它的交易成本太高，所以必须由国家出面进行干预。但是，资本主义国家解决污染问题也有一定的局限性，总的来说，它是为资产阶级服务的，触及大资本家利益的事情总是很难办。生态问题的国际协调涉及资本主义国家间的利益调整，在资本逻辑的引导下更难解决。我们现在所面临的像地球气候变暖这样的问题是全球性问题，并不是一国所能解决的。资本主义的经济基础决定了各国之间各自为战，以邻为壑，不可能通过国际合作解决地球生态圈的问题。美国人在全球气候谈判中进进退退，充分暴露了资本主义的本性。因此，"绿色资本主义"本身就是一种难以兑现的"虚伪承诺"。

二是资本主义的生活方式决定了绿色资本主义的不可持续发展的特性。当代资本主义已经造成了全球资源分配的高度不平等，而全球生态问题的根源恰恰是全球范围内生态资源分配的不公平性。发达资本主义国家是制度下的既得利益者，它们不可能放弃在全球分配格局中相对于发展中国家的有利地位。美国人口仅占世界人口的6%，却消耗掉世界近35%的资源。这种情况要想通过国际谈判让美国做出让步、改变生活方式、放弃既得利益，简直难上加难。美国人无论如何是不愿意放弃他们的优越生活的。奥巴马曾说过，若十亿多中国人过上跟美国人一样的生活，那将是全球性的灾难。如此，中国人为了避免全球灾难就必须停止发展！这种霸权主义的话语，奥巴马却说得那么自然、心安得理，站在避免全球灾难的道德高度对中国的发展指指点点。然而，符合现实的理论逻辑却截然不同，要想让全球70亿人口都能过上好日子，美国人理应把自己的碳消费排放量降下来！当然，这是美国人不可能做到的事情，让他们放弃既得利益，无异于与虎谋皮。

目前发达国家采取的办法是，在尽可能地维护自己既有生活方式和既有的资源占有格局前提下，通过污染的国际转移以及生态资源的国际掠夺实现自身利益。因此，从全球范围来看，绿色消费转型的根本阻碍就是资本主义制度，是资本主义的霸权阻碍了绿色发展。所以说，绿色资本主义是不可能的。

【阅读材料】

累积消费排放及人均累积消费排放①

表13.1计算了世界各国的累积消费排放，同时以2005年各国人口为基准计算了各国人均累积消费排放。表中情景1是假定各国的排放强度完全是由资源禀赋差异和国际分工所致，而各国消费的同样产品仅存在消费量的差异；情景2是忽略了国际分工的影响，认为各国的排放强度完全是由其自身的消费结构以及能源效率引致。因而各国真正的消费排放应当介于两者之间。

从表13.1中可以清晰地看出，美国、英国、法国等发达国家的人均累计消费排放量远远大于中国、印度、巴西等发展中国家，即使是《京都议定书》"附件一"中国家人均累计消费排放最小的罗马尼亚或葡萄牙，他们的人均累计消费排放也超出中国、印度三倍有余。

因此发达国家应为其过多的历史消费排放负责，承担更大的减排责任；在其应为消费他国产品导致的碳排放负责的前提下，发达国家不仅要在本国立即开展减排行动，而且应通过国际资金和技术转移，提高落后国家产品生产的技术水平，以降低自身消费排放、实现减排目标。

---

① 资料来源：樊纲、苏铭、曹静："最终消费与碳减排责任的经济学分析"，《经济研究》2010年第1期。

表 13.1　主要国家 1850—2005 年累积消费排放及人均累积消费排放

国家 （范围）	情景 1		情景 2	
	累计消费排放（$MtCO_2$）	人均累计消费排放（tCO_2）	累计消费排放（$MtCO_2$）	人均累计消费排放（tCO_2）
美国	285739	951	326094	1086
中国	58247	44	74132	57
德国	69029	837	73896	896
俄罗斯	36812	257	75395	527
日本	54552	427	37256	292
英国	70622	1173	67762	1125
法国	44054	724	30667	504
意大利	30245	516	17509	299
印度	37950	35	25651	23
巴西	22828	123	9322	50
墨西哥	16351	159	11502	112
西班牙	14992	345	10069	232
加拿大	20493	635	23066	714
澳大利亚	10493	516	11578	570
乌克兰	8783	187	20647	439
南非	6287	134	13000	277
罗马尼亚	3051	141	5889	272
葡萄牙	3619	343	1861	176
世界	1039363	162	1039363	162

（二）社会主义生态文明与地球生命共同体

党的十八大以来，我国就现存的结构型、压缩型、复合型生态环境问题以及自然资源枯竭危机等各类生态文明问题，在科学借鉴西方的生态经济、可持续发展等生态理念的基础上，从以自然为根、以人为本的立场、生命共同体的格局、地球生态系统的广度出发，就建设保护生态文明提出了一系列新理念、新思想以及新战略，并在 2018 年召开的全国生态环境保护大会上确立了习近平生态文明思想，确定生态文明建设是发展战略，绿色发展是发展路径，这是对中国特色社会主义规律认识的进一步深化。《中国共产党章程》总纲里面明确规定，中国共产党领导人民建设社会主义生态文明，就建设社会主义生态文明这个理论的合理性、可实践性而言，这里的生态文明是社会主义的，又是绿色的。一方面，建设社会主义必须实现生态文明，这是中国共产党在探索建设"和谐中国"道路上长期探索、不断追求、持续创新取得的成果；另一方面，生态文明建设的方向和性质只能是社会主义的，即坚持党的领导，坚持以公有制为主体，建设全民共享的生态文明，构建地球生命共同体。资本主义的扩张性、侵略性与自然资源的有限性是矛盾的，达成利益最大化、实现更多剩余价值的目标注定资本主义与生态文明建设是不相融的，不可共同发展的，只有坚持社会主义，才能实现生态文明建设。

在系统思考人与自然关系的过程中，习近平生态文明思想以开放性视野和胸怀看待生态文明建设和生态环境保护，从而创造性地提出了"生命共同体"理论。中国传统文化强调生命共同体应天人合一、尊重自然。地球是一个生命共同体，地球生态圈是一个生命共同体，这是循环经济的基本理念。循环经济思想是美国经济学家肯尼思·波尔丁在《未来宇宙飞船的地球经济学》中首先提出的。波尔丁从物质不灭定律出发，把地球比作宇宙飞船，旨在说明地球是一个物质上封闭的系统，系统中经济与环境的关系不是线性关系，是循环的关系；认为在不断进行的经济循环过程中应高效且持续地利用所有资源，使经济活动对自然环境的影响降低到尽可能小的程度，强调低消耗、高利用、低排放的可持续发展。循环经济思想的提出，是人类对难以为继的传统经济增长方式的反思，是思索未来发展方向及目标的结果，体现了人类对人与自然关系认识的深化，从而促进了经济发展与人口、资源、环境相协调，保障了生命共同体的稳定发展。循环发展是绿色发展的核心部分，从长远来看，从人类整体看，从人与自然的和谐发展来看，未来经济的发展必须向循环经济的方向发展。

(三) 充分利用市场机制与更好地发挥政府作用

1. 充分利用市场机制

在市场竞争机制的作用下，公共物品的负外部性可以部分地内部化，使其私人成本与社会成本趋近，进而减少负外部性对公共福利的影响，避免"公地悲剧"的发生。在生态环境领域，市场交易机制同样能够产生减少负外部性的作用，为此需要界定可用于交易的产权——碳排放权。所谓碳排放权交易，指将二氧化碳的排放权利商品化，从而有效控制二氧化碳排放的市场机制。具体而言，为了达到控制二氧化碳排放总量的目的，向企业发放碳排放配额，规定企业的二氧化碳排放上限，如果企业实际排放量超出配额，需要在碳市场上购买配额；而如果企业实际排放量小于配额，则可以通过卖出配额获得收益。因此，碳排放交易作为一种配额交易机制，实际上就是政府通过数量干预，在规定配额的情况下，由市场交易来决定碳排放权配额的分配。一方面，通过配额的规定，增加了企业超额排放二氧化碳的成本；另一方面，未超配额的碳排放权可以在市场上交易，因此倒逼企业进行技术创新与绿色转型，从而可在市场上出售更多碳排放权以获得收益。2011年10月，国家发展和改革委员会印发《关于开展碳排放权交易试点工作的通知》，批准北京、上海、天津、重庆、湖北、广东和深圳等七省市开展碳交易试点工作。

2. 更好地发挥政府作用

为了绿色发展循环经济生态，建设社会主义的生态文明，我们既要利用市场机制，又要更好地发挥政府引导支持作用。政府的宏观治理是中国特色社会主义的优势所在，在这个意义上，有效地发挥政府的作用亦是促进经济系统和资源环境系统协调生产的重要抓手。近年来，我国先后出台各类环境规制政策，包括立法或行政部门制定的，旨在直接影响排污者作出利于环保选择的"命令控制型环境规制"；以市场为基础的激励性环境规制指的是政府利用市场机制设计的，旨在借助市场信号引导企业排污行为激励排污者降低排污水平或使社会整体污染状况趋于受控和优化的"以市场为基础的激励性环境规制"。这些环境规制政策往往起到减污、降碳和节能的作用，抑或在经济增长、产业结构、绿色创新或企业成长方面起到重要作用。除此之外，在应对气候变化和治理环境污染公共政策中，财政政策也是其中不可缺少的组成部分，在实现高质量发展与生态文明建设过程中发挥着重要支柱性作用。

三、中国特色社会主义的可持续发展

（一）可持续发展的思想演进

中国特色社会主义经济的可持续发展，是与绿色发展、生态文明直接联系在一起的。所谓可持续发展指建立在社会经济、资源环境、人口相互协调和共同发展基础上，既能相对满足当代人的需要，又不对后代人的发展构成危害。它是一个时间系列的概念。1989年联合国环境发展会议专门为可持续发展的定义和战略通过了《关于可持续发展的声明》，认为可持续发展的定义和战略主要包括四个方面的含义，第一是走向国家和国际平等；第二是要有一种支援性的国际经济环境；第三是维护、合理使用并提高自然资源的基础；第四是在发展计划和政策中纳入对环境的关注和考虑。关于可持续发展，联合国会议特别重视国际合作。这不是一个国家的事情，而是应通过国际合作来实现的人类目标。

中国政府一贯重视和践行可持续发展理念，中国经济在不同发展时期有不同的特征和发展目标，发展观也不断变化，逐步形成了中国特色社会主义的可持续发展观，指导中国取得了举世瞩目的"发展奇迹"。

世纪更替之际，世界各国的发展观念都在向可持续发展转变。通过改革开放，我国基本实现了从不足温饱到全面小康的跨越，但前期粗放式发展使我国面临着资源短缺、发展不平衡等问题。为突破发展中的障碍，党中央积极响应联合国环境与发展大会《关于环境与发展的里约宣言》与《21世纪议程》的可持续发展倡议，在《中国21世纪议程》中明确表示中国要走社会、经济、资源和环境可持续发展之路。我国提出的可持续发展否定和批判了粗放型发展模式，强调经济发展不能以自然资源的过度损耗为代价，应关注当代人的发展与后代人发展的同等权利，实现在发展观理论上的创新，完成对西方可持续发展观的超越。

进入新世纪以后，改革进入风险多发期，人口、资源、环境与经济增长之间的矛盾越来越严重。为解决发展中的不平衡、可持续性差等问题，党中央总结国内外发展中的经验和教训，在党的十六届三中全会上第一次明确提出了坚持以人为本，树立全面、协调、可持续的科学发展观。科学发展观系统地回答了如何解决中国发展中的不平等、不平衡、不协调等一系列问题。科学发展观要求我们不能吃祖宗饭、断子孙路，要坚决走出发展与环保的"二律背反"，为建设资源节约型、环境友好型社会而努力奋斗。

党的十八大以来，以习近平同志为核心的党中央继承并发扬了可持续发展理念，提出了以创新、协调、绿色、开放、共享为核心的新发展理念，为我国实现高质量、可持续、高效率发展提供了科学指引。其中"绿色"是永续发展的必要条件和人民对美好生活追求的重要体现，绿色发展要求必须坚持节约资源和保护环境的基本国策，坚持可持续发展，坚定走生产发展、生活富裕、生态良好的文明发展道路，加快建设资源节约型、环境友好型社会，形成人与自然和谐发展的现代化建设新格局，为全球生态治理作出更大贡献。

(二) 中国特色社会主义可持续发展的三个维度

可持续发展可以从人与自然、人与人以及国与国之间的和谐共处三个维度上去考虑。这种和谐发展，一定是在中国特色社会主义的可持续发展引领下的全人类的可持续发展。中国人在这方面有属于自己的国际责任，这也是中国特色社会主义可持续发展的题中应有之义。

第一个维度：人与自然和谐共处。可持续发展首先是人与自然要和谐，若我们的发展是建立在破坏子孙后代生活环境的基础上，那么这种发展显然是不可持续的，是要不得的。马克思提出了自然影响人类生死存亡的理论。人与自然的关系应当由人对自然的攫取、破坏转向人与自然协调发展，与自然和解。人源于自然，自然造就人类，人同自然共同发展，人与自然休戚与共。自然界与人相互之间的联系可表述为"你中有我，我中有你"。生态危机的加重需要人类加深对自然的认识，坚决抵制人类中心主义，将人放置于自然整体之内，遵循其他生物的生存规律，进而协调好生态平衡。

第二个维度：人与人和谐共处。可持续发展一定要做到人与人的和谐。要坚持以人为本，着力构建普惠包容的和谐社会。它的终极目的是在减少贫穷、提高人民生活水平的平台上保障社会公平正义，确保人们共同获得发展机遇，共享发展成果，最后使全国广大人民群众实现共同富裕，这是可持续发展的不可或缺的内容。习近平总书记指出："如果不能正确处理人与社会的关系，不能实现经济、社会、环境协调发展，甚至少数人的发展以多数人的利益受损为代价，就必然影响社会稳定，进而破坏发展的根基。"在第74届联合国大会期间联合国召开的一次以"可持续发展目标"为主题的峰会上，我国在可持续发展领域的实践经验与理论成果受到了世界各国的广泛关注。从减少人口贫困到初步完成国民医疗保险覆盖，再到全力推动国土绿化行动，我国在推进实施该议程方面的能力与成效都得到了广泛赞誉。中国特色社会主义可持续发展的第二个维度强调以人民为中心的发展，通过消除绝对贫困，优化国民收入分配结构，降低收入的分化程度，最终实现全体人民共同富裕。人们不可以为了自己的消费去挤占他人的消费和生存空间；同样，当代人也不能够因自己的消费而挤占了后代人的消费与生存空间以达到代内和代际之间人与人的和谐。

第三个维度：国与国和谐共处。中国特色社会主义可持续发展的第三个维度把目光投向全球范围。可持续发展不是一个国家能够单独实现的事情，它是全人类的共同事业。只有保持在经济发展过程中国与国的和谐共处，才能够实现人类命运共同体的可持续发展。习近平总书记指出："和平与发展仍然是当今时代主题，人类的命运从没有像今天这样紧密相连，各国的利益从没有像今天这样深度融合，""国际社会面临的新课题、新挑战也与日俱增，""人类只有一个地球，保护生态环境、推动可持续发展是各国的共同责任。"当前经济全球化的历史趋势已不可能扭转，任何国家都无法实现独自发展，也无法于当今世界独善其身。应坚持国与国之间的深入合作，努力打造共商共建共享的合作平台，为当今多元互通的世界经济注入活力，构建人类命运共同体。

思考题

1. 土地公有制情况下一定会发生"公地悲剧"吗?为什么?
2. 你认为土地非农化的收益应该如何分配才是最合理的?
3. 如何用马克思的地租理论解释生态价值?
4. 怎样理解生态价值的二重性?怎样理解"两山"理论的三重含义?
5. 简述中国特色社会主义可持续发展的三个维度。

第十四章

国民收入分配与再分配

第一节 国民收入分配格局及其演变

一、国民收入分配总体格局

(一) 国民收入分配

国民收入指的是物质和服务生产部门的劳动者在一定时期所创造的价值，是一定时期内全体劳动者新创造的价值总和。国民收入分配包括初次分配、再分配和第三次分配。初次分配是生产总过程中由市场机制支配的国民收入在要素所有者之间的分配，其中资本所有者与劳动力所有者之间的收入分配是最基础的内容。国民收入的再分配是指在初次分配的基础上主要由政府推动的国民收入的进一步分配。再分配主要形式是财政收支，国家通过财政预算，一方面将部分国民收入以税收等形式征为财政收入；另一方面通过财政支出、转移支付和社会保障等形式在不同部门、不同地区、企业与个人之间分配。第三次分配指的是非政府机构或个人自愿的互相捐赠和互助，如慈善捐献。不同于初次分配和再分配，第三次分配主要是个人、企业、社会组织团体等基于自愿和道德准则，以募集、捐赠、义工等公益方式对筹集或拥有的资源和财富进行再次分配。

(二) 我国国民收入分配的分阶段演进

新中国成立七十多年的社会主义现代化建设，不仅是一个社会生产力和综合国力不断提高的过程，也是一个收入分配不断改善、走向共同富裕的过程。在以公有制为主体的社会主义基本经济制度下，收入分配的基本制度安排必然是以马克思主义的"按劳分配"为基础。但是，在不同的历史时期，收入分配的价值取向和基本制度安排必须根据中国社会主要矛盾的变化而不断调整和改革，以更好地服从和服务于国家战略目标。从总体上看，中国的收入分配制度主要经历了以下几个阶段。

1. 低水平的平均分配阶段（1949—1978年）

新中国成立初期，在完成"土地改革"后，国内多种经济成分并存，国家据此实行"低工资、多就业"和"劳动致富"的收入分配政策。1956年，首次统一改革企事业单位和国家机关的工资制度，以技术、职务、行业、地区四个基本因素作为标准参照规范工资分配，多种工资形式开始向单一工资制度逐渐转变。总体来看，当时的工资分配制度存在着严重的平均主义分配倾向，管理体制过于集中。

2. 经济激励下收入差距逐步拉开阶段（1978—1992年）

改革开放初期，我国从调整利益结构、改变收入分配机制入手，开始大力改革经济体制结构。传统体制下强调按劳分配是社会主义阶段的唯一分配方式，但在实践中并没有得到贯彻执行。对这一问题的重新认识，成为经济体制改革的一个突破口。1976—1978年，政府逐渐引入市场竞争机制，打破平均主义，鼓励一部分地区、一部分人先富起来，合理拉开收入差距，以先富带动后富。收入分配制度的改革是从农村开始的，通过推行家庭联产承包责任制和改革工分制，打破了农村的平均主义分配方式。从根本上改变了集体统一经营情况下收入分配与劳动贡献脱钩的局面，极大地调动了生产的积极性，释放了过去长期被压抑的生产潜力，伴随着产量的大幅度提高，农民收入也随之大幅度提高。1984年以后，改革的重心从农村转到城市，国有企业的工资改革成为重点目标。通过赋予国有企业一定的经营自主权，推动职工收入增长与企业经营效益挂钩来进一步推进企业改革，在分配机制上开始走出传统的统一固定工资制模式。

3. 效率优先、兼顾公平阶段（1992—2002年）

1992年，党的十四大报告《加快改革开放和现代化建设步伐，夺取有中国特色社会主义事业的更大胜利》确定我国经济体制改革的目标是建立社会主义市场经济体制，党的历史上第一次明确提出了建立社会主义市场经济体制的目标模式。在分配制度上，"以按劳分配为主体，其他分配方式为补充，兼顾效率与公平"。我国的收入分配制度发生了新的变化，此时分配制度为以按劳分配为主体、其他分配方式为补充。1993年，党的十四届三中全会通过《中共中央关于建立社会主义市场经济体制若干问题的决定》，用"多种分配方式并存"代替"其他分配方式为补充"，并首次提出"效率优先、兼顾公平"原则，强调在分配机制上打破平均主义，实行多劳多得，合理拉开差距。1997年，党的十五大报告进一步提出"把按劳分配与按生产要素分配结合起来"。这是对分配制度的一种重新表述，使居民收入分配领域中有所争议的问题有了定论。首次提出让生产要素参与分配，是收入分配制度的一大创新。但在实践中，按劳分配和按要素分配相结合的推进也带来了一些问题。在经济不断发展和居民收入快速增长的同时，要素参与分配的比重不断提高，并且逐渐占据主导地位，导致居民收入差距进一步拉大。

4. 公平效率并重阶段（2002—2012年）

随着经济体制改革的不断推进，贫富差距问题逐渐显现，公平和效率的关系被重新审视，党的十六大据此提出初次分配注重效率，再分配注重公平的思路，报告中提出

"初次分配注重效率,发挥市场的作用,鼓励一部分人通过诚实劳动、合法经营先富起来,再分配注重公平,加强政府对收入分配的调节职能,调节差距过大的收入"。伴随着收入差距的不断扩大,党的十七大强调了社会公平的重要性,指出初次分配和再分配都要处理好效率和公平关系,同时,提出要调整国民收入分配格局,即"逐步提高居民收入在国民收入分配中的比重,提高劳动报酬在初次分配中的比重"。提高"两个比重",实际上是要解决如何"把经济发展成果合理分配到群众手中"的问题,是"还富于民""蕴富于民"的问题。面对经济社会出现的新情况、新问题,特别是城乡、地区之间和部分居民收入差距持续拉大的问题,党和政府加大了调节收入分配的力度,为经济社会的科学发展和社会主义和谐社会的构建奠定重要基础。

5. 共同富裕发展阶段（2012年至今）

这一阶段收入分配调控的主要思想是缩小贫富差距,党的十八大报告强调了初次分配和再分配都要兼顾效率和公平,再分配更加注重公平的调节思路。党的十九大报告进一步对党的十八大以来人民生活不断改善、脱贫攻坚取得重要进展、中等收入群体持续扩大等方面取得的成绩给予高度评价,同时也客观地指出了当前我国"收入分配差距依然较大"的现实问题。在党的十八大的基础上,党的十九大报告提出了坚持在经济增长的同时实现居民收入同步增长、在劳动生产率提高的同时实现劳动报酬同步提高的"双同步论"。党的二十大报告中,这一思路继续得到延续,相比党的十九大报告,党的二十大报告更加强调多劳多得,进一步夯实和强化了勤劳致富。同时,更加强调就业公平,为人人都能够通过勤奋劳动实现自身发展创造机会,让有能力劳动、有意愿劳动的人突破不合理限制、打破就业歧视。

回顾我国收入分配制度的改革与演变,归根结底是对公平与效率的权衡取舍问题。对于公平与效率之间的关系,学术界也形成了多种意见。其中代表性的主要有两种:第一种认为要坚持"效率优先、兼顾公平";第二种观点认为生产领域应强调效率优先,但在分配领域要辩证地考虑效率与公平的对立统一关系。通常来说,公平的市场竞争、平等的社会权利和按劳分配原则的严格实行,可以调节社会矛盾,充分发挥市场潜力,激励经济发展,从而提高经济效益,最终推动提高生产力。但过大的收入差距则会损害经济的可持续发展。当收入过度向高收入阶层集中时,低收入人群数量会急剧增加,降低社会有效需求,抑制经济增长。最后,收入分配的严重不公平会导致贫富两极分化,加剧社会矛盾,危害社会和谐与稳定。未来收入分配制度的改革和调整,应该统筹公平与效率,在效率的基础上保障公平,在公平的前提下提升效率,在建成社会主义现代化强国的过程中逐步实现共同富裕。

（三）国民收入分配现状

目前,我国的分配制度是以按劳分配为主体、多种分配方式并存,国民收入分配格局基本上能够适应经济社会发展的需要,总体来说,极大地促进了我国经济社会的发展。从20世纪90年代到2020年来看,在我国国民收入分配格局中,政府、企业、居民部门的初次分配和可支配收入分配呈现出以下特点。

首先,国民收入初次分配格局呈现阶段性变化的特点。随着时间的推移,各部门的初次分配收入不断提高,但不同部门初次分配收入占国民生产总值的比例存在较大差异。居民部门的初次分配收入占比最大,约为60%,并且呈现先下降后上升的趋势;

政府部门的初次分配收入占比最小，约为15%；企业部门的初次分配收入变动幅度较大，总体呈现先上升后下降的趋势。

其次，再分配格局也呈现出阶段性变化的特点。三个部门的可支配总收入都呈增长态势。虽然居民部门仍然占比最大，但总体呈现先降后升的演变态势；而政府和企业部门的可支配总收入则有向政府部门倾斜的趋势。总体而言，无论是在初次分配还是再分配过程中，三个部门的可支配收入均呈现逐年递增的趋势。其中政府和企业部门的可支配收入占比增长较快，而居民部门占比下降幅度较大。

值得注意的是，居民部门初次分配和可支配收入占比的下降从侧面反映了我国贫富差距问题。此外，目前我国国民收入分配格局仍存在许多其他问题，具体表现如下。

第一，居民收入不平等程度较高。根据国家统计局数据显示，1978年中国收入基尼系数为0.317，2008年达到峰值0.491，此后见顶回落，维持在0.46—0.47，2019年为0.465（见图14.1）。2020年前20%收入和后20%收入群体的可支配收入之比为10.2，较2018年的10.97有所回落，但仍处于较高水平。财产性与工资性收入比从2013年的13.7%升至2020年15.6%。财产性收入占比从2009年的2.3%提高至2020年的8.7%。

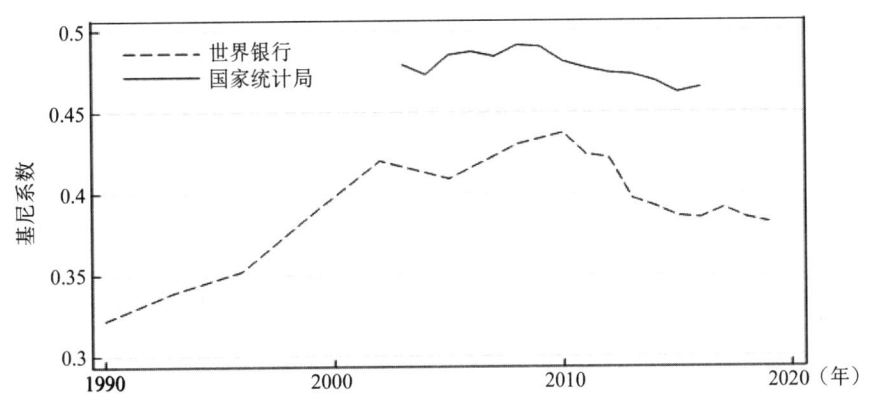

图14.1 不同统计口径下的中国基尼系数

世界银行同样统计了我国的基尼系数，但由于统计方法和统计口径有所不同，具体的测算结果有所差异。尽管如此，世界银行与国家统计局所测算出的基尼系数的演变趋势大体相同，都经历了上升、波动再到回落的过程，具体时间节点和数值有所不同，但两者的总体判断是一致的，即改革开放以来，居民收入分配的不平等程度持续提高，近些年才控制住提高的趋势，基尼系数有所回落，但回落幅度有限。

第二，城乡间收入差距大。图14.2为1986—2020年城乡人均收入比。1984年农村联产承包责任制改革刚刚完成，城乡收入比为1.8，是我国城乡收入比最小的时期。即便如此，1.8的城乡收入比在国际范围内也属于城乡收入差距较大的范畴——按照世界银行的有关报告，世界上多数国家城乡收入的比率为1.5∶1。1986年城乡收入比位于2.1附近，之后逐步上升至2009年3.4的高点。自2009年之后，城乡收入比开始下降，城乡收入差距逐步缩小，根据国家统计局的数据，2021年我国城乡居民收入的差距为2.5倍。大致与20世纪80年代中后期的水平相近。近年来我国收入基尼系数有所回落，主要原因是城乡的收入差距在缩小。但农村内部收入差距大于城市。2020年城镇高收入户（前20%）与低收入户（后20%）的人均可支配收入分别为96062元和15597元，前者是后者的6.16倍；农村高收入户与低收入户人均可支配收入分别为38520元和4681元，前者是后者的8.23倍。中国城乡两元结构差距一直是一个亟待解决的问题。

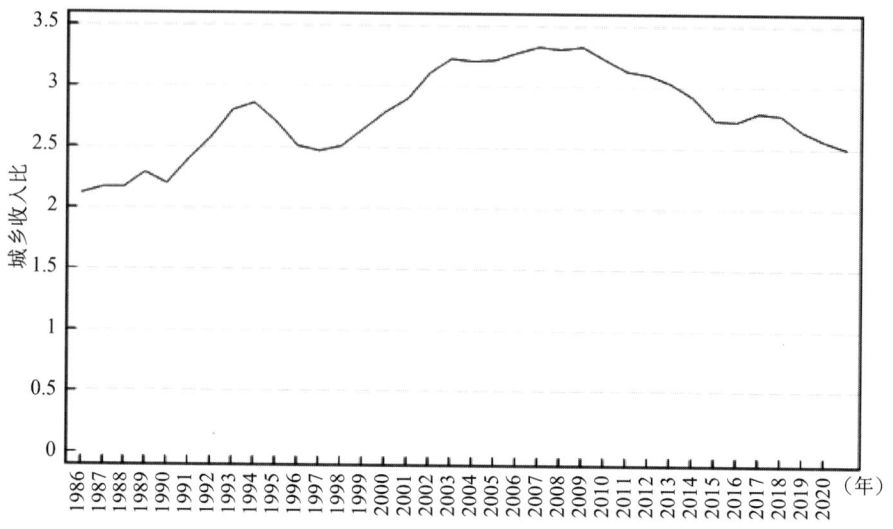

图14.2 中国城乡人均收入比变化

第三，区域与行业间的收入、财富差距明显。东、中、西部以及东北地区之间收入差距很大，行业间工资收入差距同样也很大。国家发改委公布的一系列收入分配报告显示，不同行业职工平均工资的增长速度存在较大差距。分行业门类看，2020年非私营单位就业人员年平均工资最高的3个行业分别是信息传输、软件和信息技术服务业，科学研究和技术服务业以及金融业，分别为全国平均工资水平的1.82倍、1.44倍和1.37倍。最低的3个行业分别是农、林、牧、渔业，住宿和餐饮业以及居民服务、修理和其他服务业，分别为全国平均水平的50%、50%和62%。城镇私营单位与之大体吻合，但分化程度较轻。

第四，社会流动性呈现出从高到低逐步放缓的特点。社会流动性具有重要的意义，它指的是阶层人口的变化，如底层向高层或高层向底层的阶级变化。这种高流动性有利于收入与财富分配的公平性。然而，随着时间的推移，社会流动性逐渐放缓，阶层固化现象日益显现。市场机制的作用为富有阶层提供了大量机会，使其财富向下一代转移，从而导致其社会经济地位具有继承性。近年来，偏向市场导向的激励制度刺激了收入不平等的加剧，使富有阶层家庭拥有更多的资源和动力，将他们的经济优势传递给后代，进一步加剧了社会阶层代际传承问题。因此，要解决我国的收入分配不平等问题，需要在市场机制的基础上加强公共政策的作用，推动社会流动性的提高，促进阶层的机会平等，保证社会公平和稳定。

二、收入分配与经济增长

（一）从库兹涅茨到皮凯蒂

1. 库兹涅茨曲线并非完整事实

库兹涅茨曲线是1955年提出来的关于经济增长与收入的经济学理论，具体指随着经济增长，收入不平等程度会经历倒"U"形变化，具体如图 14.3 所示。该理论认为在经济增长的前期，收入不平等程度会提高，在达到峰值之后，会出现拐点，然后不平等程度逐步下降，因此呈现倒"U"形变化。但根据皮凯蒂对不平等程度的观察结果，发现现实情况并不是库兹涅茨曲线描述的那样。

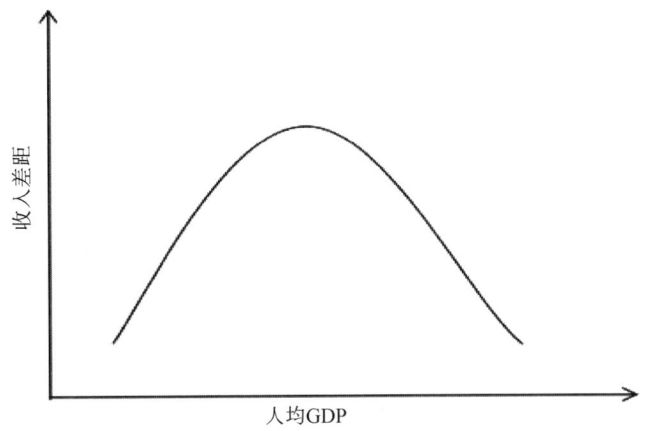

图 14.3　库兹涅茨曲线

自 20 世纪 30 年代以来，全球主要国家的收入分配不平等状况大多经历了先急剧下降再缓慢下降，70 年代以后不平等程度又明显回升中的过程。用图形描述是一个标准的正"U"形曲线。如图 14.4 中，美国前 10% 人口的收入份额在 20 世纪 30 年代占全体收入的 48% 左右，70 年代下降到 34% 左右，之后不断上升，近几年已经达到 45% 的水平，表明在这段时间里，美国的收入分配不平等程度呈现正"U"形变化。库兹涅茨曲线被历史事实否定了，至少在近 100 年的时间里，库兹涅茨曲线不成立。

图 14.4　美国前 10% 人口的收入份额变动

既然如此,为何库兹涅茨会提出这样的理论?注意到库兹涅茨提出该理论的时间节点,就不难理解了。从图14.4横轴上50年代节点往左回溯到20世纪初,分配不平等的倒"U"形曲线应该是存在的。库兹涅茨的失误在于观察时间较短,倘若从更长的历史时间观察,会发现其实经济不平等程度在经济发展过程中是呈波浪式变动的,既不是倒"U"形也不是正"U"形。

2. 收入不平等可以逆转吗

从前文可知,世界范围内收入不平等程度处于较高水平并且仍处于上升趋势,那么收入不平等上升的趋势可以逆转吗?皮凯蒂认为从历史的长时间跨度来看,收入不平等是不可逆转的,情况只会越来越恶化。原因是:导致不平等持续上升的力量是资本回报率在大多数情况下大于经济增长率。因为投资回报率大于经济增长率,资本利润和其他财产收入增长快于工资收入增长。而财产收入始终被少数人占有,所以少数富人收入增长要快于多数工资收入者,资本的收入份额会不断上升,工资的占比会不断下降。工资恰恰是大多数普通居民的生活来源,所以收入不平等差距将会不断被拉大。

图14.5是皮凯蒂所作的资本收入率与经济增长率的比较图,实线表示经济增长率,19世纪最初20年,这个比率在1%以下,此后全球范围的经济增长率迅速提高。第二次世界大战后的半个多世纪,经济增长率上升到年均4%;但是资本回报率却长期维持在4%以上,只有在20世纪,特别是20世纪前半叶才下降到4%以下,进而出现了历史上少见的资本回报率低于经济增长率的100年。从图中可以看出1820年至1950年资本回报率突然下降,回顾历史可知这段时间共发生三次事变,分别为第一次世界大战,20世纪30年代全球经济危机以及第二次世界大战。其间,资本回报率下跌到1%,之后,资本主义世界出现了战后30年经济增长的黄金期,经济增长率高于资本回报率,库兹涅茨看到的不平等程度下降显然与此有关。但是从图中可以看出,不平等程度的下降是历史的偶然,而不是长期趋势,长期趋势是到2050年前资本回报率重新回升到

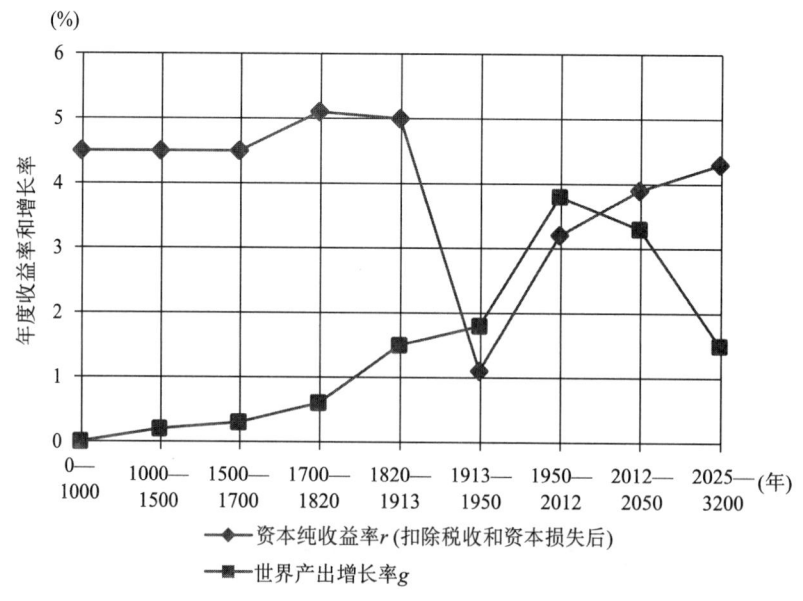

图14.5 全球税后收益率与产出增长率比较

4%，经济增长率跌落到2%以下，因此不平等程度在未来会再次扩大，回到20世纪之初的水平，这与马克思的结论相似。当然，马克思论证的理由与皮凯蒂不同。马克思认为：由于剩余价值规律，特别是相对剩余价值规律的作用，长期来看，剩余价值率有逐步提高的趋势，即资本收入相对于劳动报酬的份额会逐步提高，即称劳动者相对贫困化，因此资本主义的分配不平等是无法治愈的顽疾。

（二）马克思的收入分配理论与社会主义的收入分配前景

不同的社会生产关系具有不同的分配规律。资本主义生产关系下资本的积累导致资本与劳动收入分配两极分化，收入分配的不平等是必然趋势。然而，社会主义经济以公有制为主体，收入分配的基本制度是按劳分配为主体，多种分配形式并存。在此前提下，收入分配的不平等可以被控制在一定范围内。社会主义经济增长的一般规律是：创新发展推动经济增长，增长推动劳动收入提高，劳动者生活改善，包括全体人民在内的共同富裕和劳动者能力普遍提高。这种分配结果又反过来促进发展和劳动生产力提高。因此从长远看，社会主义的收入分配遵循劳动平等原则，不会产生很大的收入分配差距。按劳分配在社会主义基本分配制度中处于主体地位：一方面，在很大程度上抑制了资本收入的盲目增长，成为共同富裕的最大保障；另一方面，按劳分配把劳动者的劳动和报酬直接联系起来，激发了劳动者的生产积极性，能加快经济增长，提高劳动者收入。因此，按劳分配能够兼顾公平与效率。历史的事实证明了马克思主义收入分配理论的科学性、时代性和生命力，是社会主义国家进行分配制度改革的理论基础。

马克思主义政治经济学关于中国国民收入分配未来趋势存在着与库兹涅茨和皮凯蒂不同的第三种预期。马克思主义理论认为市场经济的收入分配不可能如库兹涅茨所预见的那样自发地实现公平分配，但也不认为市场经济的收入分配如皮凯蒂所认为的那样，必然地形成两极分化，不平等的程度扩大。中国特色社会主义政治经济学的基本结论是：在社会主义市场经济条件下，以全体人民共同富裕的现代化取代两极分化的现代化是可能的。社会主义经济增长的一般规律作为一种再生产的规律，不仅体现在生产过程中，而且也体现在流通和分配过程中，所以可以用来解释中国国民收入分配的长期趋势、预测中国国民收入分配的前景。即在社会主义条件下，包括企业和社会两个层面的公平分配将得到全面落实，并且相互叠加和补充、随时间的演变相互促进，最终实现全体人民的共同富裕。社会主义公有制和按劳分配原则为共同富裕的实现提供了根本的制度保障，我们要坚持社会主义现代化道路，同时继续深化体制机制改革，不断完善市场经济环境下公有制和按劳分配形式，充分发挥社会主义的制度优势，在中国共产党领导下，朝着全体人民共同富裕的新时代伟大目标不断前进。

第二节 国民收入的再分配

党的二十大报告系统地总结了完善分配制度的意义与方向，从财政手段、保障劳动者权益等多方面提出今后分配制度改革和完善的指导意见，是未来收入分配制度优化完善路径的行动指南。

一、财政的再分配功能

再分配指政府在初次分配的基础上，借助财政政策工具对各主体收入实施的再次分配。在初次分配后仍然需要政府进行再分配的原因在于：初次分配主要遵循市场规则，不同个体之间难免出现较大收入差距。而共同富裕最重要的目的就是要降低整体收入的不平等，因此，在使市场机制在国民收入初次分配中发挥基础作用的同时，仍然需要政府发挥重要的收入再调节功能。再分配是对初次分配结果的再调整，可以弥补市场分配的不足，在促进共同富裕的过程中发挥着强有力的保障性作用。

（一）税收的收入分配功能

财政收支是国家再分配的主要手段。财政活动分为财政收入和财政支出，收入主要源于税收和国债，而支出则主要通过社会消费性支出、财政投资性支出和转移支出三个渠道进行。将财政手段应用到国民收入再分配上面来，则主要通过税收、转移支付和社会保障三种手段发挥国民收入再分配的功能。

税收与国民收入分配是经济生活中的一个重大问题。税收作为一国财政收入的主要来源，在宏观经济调控中发挥着重要作用。古典经济学时期，经济学家开始探讨税收在经济中的地位，主张自由竞争，强调充分调动"看不见的手"对经济进行调节，主张政府减少税收、不过多地干预经济。马克思主义政治经济学同样认可通过税收调节国民收入分配，在我国，利用税收调节经济的做法也得到广泛应用。随着中国特色社会主义进入新时代，我国社会的主要矛盾转化为人民日益增长的美好生活需要和不平衡不充分的发展之间的矛盾。国民收入分配的公平性越来越受到重视，强化税收的调节功能、缩小收入差距已成为新时代经济社会发展的必然要求。因此改革税收制度和调整税收结构是未来发展的必然趋势。然而，我国税收制度在再分配方面仍然存在许多不足，具体表现在：（1）税收制度的调节作用有限。我国的税制结构以间接税为主、直接税为辅，不同结构的税收制度对收入分配的影响有很大差别，一般来说，直接税对收入分配的调节作用要比间接税更为显著，因此我国目前税收体制不利于收入差距的缩小。倪红福等（2022）通过构建投入产出网络结构一般均衡模型，测算发现在全球价值链分工越来越细化的背景下，间接税效率损失率可能超过10%，即间接税为主的税收结构存在很大缺陷。因此，目前我国税制的调节作用有限，难以很好地起到缩小收入差距的作用。（2）未将海外资产纳入征税范围。税务机关均未能完整掌握高净值人群在海外拥有的资产数量和资产分布，导致部分资产游离于税收征管范围之外。（3）慈善捐赠税收优惠政策不完善。目前我国对享受慈善捐赠税收优惠的主体有严格限制，免税程序较为复杂，优惠力度较弱，难以充分激发企业和个人慈善捐赠的积极性。

新时代从实现共同富裕的要求出发，我国的税收制度需要增强收入分配调节的精准度，增强收入再分配功能，促进社会公平正义。实践中宜从以下几个方面着手，进一步完善税收制度。（1）进一步优化税制结构。应当逐步提高直接税比重，构建以个人所得税和财产税为主的直接税体系。另一方面，适时扩大房地产税的试点范围，适时开征遗产税。国外的实践证明，开征遗产税既能筹集财政收入，又能推动慈善事业的发展。不仅如此，遗产税的征收还能实现对灰色收入的再分配、激发创新以提高社会流动性、降低垄断带来的不平等。（2）完善个人所得税制度。促进收入公平分配需要进一步发挥个人所得税的重要作用。具体可以通过建立基本费用扣除标准与物价指数的联动机制、优化纳税申报主体的申报方式、适当调整综合所得的征收范围和计算方法、适时推行纳税人海外资产年度申报制度等多种方式进行。（3）完善慈善捐赠的税收优惠政策。慈善捐赠是我国第三次分配的重要方式。为充分利用所得税的激励效应，可以从加大慈善捐赠税收优惠力度、深化对慈善组织的"放管服"改革、加强对慈善行为的监管等角度优化慈善捐赠的税收优惠政策。

（二）转移支付

转移支付包括一般性转移支付和专项转移支付，在平衡区域财力、支持重点领域发展等方面发挥重要作用。一般性转移支付如城乡义务教育补助经费、基本养老金转移支付等意在补齐基本民生领域短板。专项转移支付如服务业发展资金、普惠金融发展专项资金、重大传染病防控经费等具有较为浓厚的专向性色彩，资金流向明确。近年来国家在推进财政收入调节作用方面已经做了大量的工作，但是调节力度还不够大。与此同时，我国的调节精度也有所欠缺，这涉及税制的设计，也涉及征管制度、征管手段的完善等。党的十八大以来，党和国家就启动了对财税体制的全面深化改革，这一系列改革重构了转移支付的预算过程，加强了转移支付预算同各级政府本级预算之间的耦合。但改革并不是一蹴而就的，政府间预算的完善仍然面临着诸多挑战，包括援助方人大常委会机关和被援助方人大常委会机关的分工模糊、专项转移支付的分配未体现资金分类，不利于后续监督、政府间预算流程"自上而下"，不利于发挥地方的积极性、上下级政府信息不对称，易引发"委托—代理"风险等问题。

具体而言，可以考虑以下解决方案：（1）对于保障基层政府正常运转和保障基本民生相关的转移支付支出，中央和省应保尽保。在确保转移支付资金量的同时，要求资金通过各级人大预算、审议与监督。（2）对于上述支出之外的转移支付，允许省统筹规划省内各地区在不同事项上的转移支付援助先后顺序，从而尽可能避免财力困难的地方政府在具体事项上因配套不足而造成的公共服务供给缺失。（3）对于专项转移支付，要求非必要不立项，一旦立项则应由援助方全额提供转移支付补助，被援助方应当提供详细的项目绩效预算，项目结果对上负责，由上级相关部门进行对标考核。（4）继续加强预算一体化平台的建设，除了增强平台的纵向监督功能外，还要继续发挥该平台的横向监督功能，确定地方政府、人大及各部门的相关权限，增强转移支付在地方间分配的透明度。

二、社会保障

进入工业社会以来的中外发展史表明，如果没有社会保障，社会成员只能生活在各种生活风险之中，生存危机的概率会显著提高，社会不平等度会不断扩大。因此，现代社会保障的产生与发展，既是基于人生总是充满着各种生活风险并且需要相应的保障，也是基于促进社会公正与共享国家发展成果的需要。当今世界呈现出来的一个客观事实是，社会保障制度越健全的国家，其社会财富分配越平等，贫富差距越小；而社会保障制度残缺或不良的国家，则其社会财富分配不平等，贫富差距大。这表明现代社会保障制度对社会财富分配格局的重大影响。在我国走向共同富裕的历史进程中，加快社会保障发展步伐无疑是一条必由之路，完善社会保障体系并不断增强其再分配功能，则是共同富裕取得明显实质性进展的具体体现。

（一）我国社会保障制度发展及制度变迁

改革开放之前，中国以社会主义全民所有制和农村集体所有制为基础，采取低工资、多福利的方针，通过劳动保险、公费医疗、城镇住房保障、社会福利、救灾救济、农村合作医疗及各种集体福利等一系列社会保障制度，让国家发展成果惠及亿万人民，这一时期的基尼系数长期低于0.3，被称为低收入福利国家。尽管这一时期因社会生产力落后、物质基础薄弱，传统社会保障制度难以维持，难以实现更大发展，但中国人民确实将此视为社会主义制度优越性的具体体现。

改革开放后，为适应市场经济改革和社会转型发展的需要，传统社会保障制度也步入了全面而深刻的制度变革时期。经过近40年的探索，特别是党的十八大以来，国家奉行让发展成果更多、更公平地惠及全体人民的政策取向，新型社会保障体系建设与发展步伐明显加快，社会保障惠及了全体人民，对社会财富分配格局的调节作用也日益显著。一方面是实现了社会保障制度的整体转型，中华人民共和国成立后建立的是与计划经济体制相适应的社会保障制度，采取的是国家—单位保障制形式，城乡有别、单位或集体包办、个人及家庭免费享受是其显著特征，人民群众从这套制度中受惠并感受到了社会主义制度的优越性。改革开放后，与市场经济体制和社会发展进步相适应的新型社会保障体系逐渐建立，它仍由国家主导，但已经从政府、单位（集体）单方负责转向多方分担责任，免费型保障转化成了缴费型保障，单位（或集体）包办的封闭式管理被独立于企事业单位的社会化保障机制替代，城乡分割逐步走向了城乡一体，体系结构亦由单一层次逐步走向多层次化。另一方面则是从主要面向城镇居民发展转为全民共享的福利制度。在改革开放前，国家负责的社会保障制度主要面向城镇居民，覆盖的人口事实上不到全国总人口的18%。改革开放后，伴随着社会保障制度整体转型，社会保障制度覆盖面不断扩展，已经从城镇居民的"专利"发展成为全民共享的福利制度。一个最基本的客观事实是，中国作为一个拥有14亿多人口的发展中国家，社会保障覆盖面已接近普惠全民的发达国家水平。近3亿老年人皆享基本养老金，13亿多人口享受基本医疗保险等指标，充分反映了社会保障制度惠及民生的广度，这恰恰是这一制度促进全民共享发展的具体体现，并且社会保障水平仍在持续提高，人民福祉也在不断增进。

（二）我国现行社会保障制度的不足

在社会保障体制不断完善、保障标准不断提高的同时，我国社会保障制度仍然存在许多不足，概括而言，主要包括如下几个方面。（1）系统性不足，协同性不强，体系结构失衡。总体表现为重经济保障轻服务保障，重政府直接负责轻市场与社会主导，在具体项目上是重基本养老保险、基本医疗保险而轻工伤保险、失业保险，迄今仍未将2亿多的灵活就业者纳入进来。（2）社会保险参保质量不高。如职工养老保险覆盖面窄，灵活就业者、农民工基本上只参加居民养老保险，未来养老金根本不足以维持其基本生活；医疗保险虽然覆盖了13亿多人，但75%是以居民身份参保，其筹资标准低、保障待遇也低；工伤、失业保险更将风险极大的灵活就业者与农民工排除在外，导致制度功能根本无法得到有效发挥。（3）制度性缺陷仍然存在。如社会保险制度实行属地管理，统筹层次低导致的地区分割格局使国家制度安排沦为地方利益；再如社会保险领域中责任分担失衡与权责不匹配现象仍在延续。（4）再分配力度弱，可持续性不强。我国社会保障支出占GDP之比仅为13%，与发达市场经济国家相比还有较大差距。这表明社会保障总投入少，通过社会保障的共享份额有限。目前的法定退休制度虽然具有激励效应，但由于老年人劳动意愿和能力的异质性，已经造成了福利损失，有必要加强弹性设计。同时，偏低的退休年龄、最低缴费年限和偏高的替代率、不断延长的寿命，使养老保险制度面临的压力日益增大；而退休人员不缴医疗保险费的政策不仅导致权责错位，也直接减损了筹资来源。

（三）社会保障制度改革方向

我国经济社会已进入新发展阶段，对民生问题提出了新的发展目标，社会保障发展新目标也必然需要新思维。习近平总书记指出："我国社会保障制度改革已进入系统集成、协同高效的阶段，""要坚持系统观念""树立战略眼光""增强风险意识""拓展国际视野""科学谋划'十四五'乃至更长时期社会保障事业"，充分表明了新时期我国社会保障事业坚持系统治理思维的重要性和紧迫性。针对我国社会保障事业当前主要问题，党和政府应从顶层设计与系统完善角度出发，补齐多层次社会保障体系发展短板、加强医养服务标准化建设、强化社会保险互助共济功能、打破信息壁垒，提升经办服务能力、提升社会保障法治化水平、优化社会保障资源配置、完善预防返贫机制，促进社会保障事业目标集成、政策集成和效果集成，相互配合实现整体增效。（1）完善配套制度，提升社会保障法治化水平、加快法治化建设进程是我国社会保障事业可持续发展与健康发展的根本保障。在社会保障事业建设过程中，须加强其顶层设计，努力做到"全国一盘棋"。（2）强化互助共济，基于互助共济理念，社会保障事业需要在政府主导的前提下，社会、个人等多主体共同参与，以补齐多层次社会保障体系中的发展短板，为广大人民提供更充分的社会保障。（3）调整财政支出结构，加快实行社保基金分类投资、市场运营试点。调整财政支出结构，城乡居民基础养老金财政补助形式向"补出口"倾斜，提升财政补贴共济效率；实行社保基金分类投资、市场运营试点。在保证医保基金、失业基金、工伤基金在一定时间内能够足够支付、平稳运行基础上，针对余出基金制定适应流动性、保障收益性的投资运营方案，提高基金投资收益率。（4）大力发展补充保障，发挥市场和社会力量。（5）打破信息壁垒，推进精细化管理，我国社会保障管理与服务呈现从单项业务到多项业务联动转变、从单向输出到双向互动转变的演变趋势。为适应以上服务发展趋势，应加快构建社会保障领域的信息系统，强化信息系统数智化，提升基层社会保障经办服务能力建设。

三、劳动能力发展机会平等

（一）劳动力再生产社会化与发展机会平等化

现代市场经济的现象级事实是——劳动力再生产社会化。它首先产生于资本主义市场经济中劳动力内涵扩大再生产的缺失与社会生产力发展需要之间的尖锐矛盾，国家作为集体的资本拥有者逐步承担起这一社会职能。社会主义的基本性质决定了它在这方面有更加迫切的需要。在这一过程中，政府再分配发挥着"补偿性"和"发展性"二重职能。"补偿性"职能主要是国家财政对劳动者的价值补偿，诸如提供最低收入保障、现金替代型公共社会保险等;"发展性"职能侧重于劳动力再生产质量的提高,诸如保护和改善劳动者的工资和福利水平。赵峰(2022)研究发现,我国劳动力再生产社会化职能整体上呈"波动—快速下降—逐渐改善"三个阶段,这与我国收入分配关系中公平与效率地位的变化相呼应。

在迈向共同富裕阶段更加重视就业公平的当下,政府一方面要确保"补偿性职能"的健全和落实,保障劳动者的基本生存条件和合法权益,另一方面,要逐步提高政府再分配的"发展性职能",使广大劳动者能够通过诚实合法的劳动提高生活水平。不仅要对收入调控,还要对劳动者能力发展的机会进行调节,按照这一原则进行调节,实质上是收入再分配的延伸——不仅看劳动者当前的收入,还要看未来的收入,看到劳动者子女将来的发展,保证其发展机会的平等。习近平总书记在"扎实推进共同富裕"中提出,"要坚持在发展中保障和改善民生,把推动高质量发展放在首位,为人民提高受教育程度、增强发展能力创造更加普惠公平的条件,提升全社会人力资本和专业技能,提高就业创业能力,增强致富本领。要防止社会阶层固化,畅通向上流动通道,给更多人创造致富机会,形成人人参与的发展环境"。政府的分配调节机制不光看眼前,还要看长远;真正贯彻党以人民为中心的执政理念,始终坚持量力而行,循序渐进。在以按劳分配为主的分配制度下,劳动报酬在很大程度上取决于劳动者的专业知识与技术能力,而知识与技术的获取离不开教育资源的支持,发展机会的不平等,实质上是教育资源分配不公的问题,并体现在不同区域(城乡间与区域间)和不同阶段(学前教育、义务教育与高等教育)。

(二)教育公平现状

改革开放以来,我国的教育事业取得了长足的进步。然而长期以来,农村教育水平显著低于城镇。在我国的二元经济中,巨大的城乡差距使得农村居民有很强的动力迁移到城镇地区。城市部门的经济结构以及我国的户籍制度导致高教育水平劳动力有更大的概率转移到城镇地区,选择性迁移进一步使得农村地区高教育水平的劳动力流动到城镇地区,加剧了城乡教育水平的差距。CHIP项目调查数据显示,进入21世纪以来,城镇地区的教育回报率已经达到或高于10%(李实和丁赛,2003),而农村地区教育回报率的增长幅度远低于城镇地区。为降低农村居民迁移过程中的选择性,可以进一步改革户籍制度,以促进城乡教育协调发展,抑制城乡收入差距进一步扩大,缩小城乡收入差距。在教育扩展的过程中,不断完善针对贫困地区的教育扶持政策和针对贫困学生的奖助学金、助学贷款等政策。与此同时,采取相关政策措施来吸引高水平劳动力到农村工作,特别是对从事教育、医疗等公共服务的专业人员应给予更好的物质福利待遇,对于前往农村地区创业的高水平人才给予更多的政策优惠和扶持。区域间特别是东、中、西部地区教育差距同样值得关注。一般来说,区域经济发展水平制约着教育的发展水平,经济增长速度制约着教育的增长速度,经济结构制约着教育结构。由于经济发展落后,导致了教育的有效供给不足,不断拉大了区域人才培养上的差距,进而又导致经济增长的缓慢。循环往复,最终导致区域间的差距进一步拉大。因此国家应进一步加大对中西部地区教育资源与基础设施的投资倾斜力度,在高等教育录取标准方面降低要求,以提高中西部地区人力资本水平,为中西部地区经济发展注入增长动力。

教育不公平不仅体现在地域层面,同样也存在于教育的各个阶段。在学前教育阶段，由于公立幼儿园资源紧张，教育不公平主要体现在入园机会的不平等。在义务教育阶段，教育不公平主要体现在课外辅导。随着国家对社会办学的鼓励，校外培训机构快速发展，与城乡家庭快速上涨的升学需求相互强化。在资本市场支持下，校外辅导市场规模越来越大，扩大了处于不同收入家庭学生的教育质量差距，加剧了升学机会的不公平。在高等教育阶段，教育不公平主要体现在中西部与偏远地区教育资源紧张、教育基础设施不足，难以满足高等教育的硬性要求。

（三）从教育公平到能力发展机会平等

教育是培养合格公民、提升整个民族科学文化素质的基础，也是解决落后贫困与阶层固化、实现社会公平的起点。教育公平是社会公平的基础。实现教育公平是未来人才强国战略的重要保障。教育能够培养具有科学文化素质的劳动者和专门人才，把潜在劳动力转变为现实劳动力，为经济建设提供人才，并通过传播知识、技术，将知识形态的生产力转化为直接的生产力。教育通过提高劳动者的知识、能力和素质，发挥劳动者在社会生产中的创造性，从而提高劳动生产率。因此，教育在劳动者知识、技能形成过程中扮演着极为重要的角色。教育不公平在很大程度上会导致劳动者技能学习机会的不公平，在当前劳动力市场与生产环境中，技能的精疏时时刻刻影响着劳动者的应聘与晋升，进一步影响相关职位与职称高低的劳动报酬，即教育不公平演变为发展机会不平等，最终到发展为居民收入的不平等。

因此，在未来一段时期内，要充分利用现有的教育资源与设施，抓住极为难得的时间窗口，在建立长效机制上取得实质性进展。具体可以从以下几方面入手。（1）规范招生制度。切实落实学前教育和义务教育学校免试就近入学政策，严格实施"公民同招"和民办学校"摇号入学"等政策。（2）巩固"双减"政策成果，完善配套制度建设。夯实学校主体责任，严格执行国家课程标准，加强课程日常监督。严格规范校外培训，通过在线治理平台进一步规范非学科类培训服务。（3）提高校内教学质量，减少教育需求。首先要加大投入，更多地向教师队伍建设、改善教育教学、提高教育质量等内涵环节倾斜。其次是深化教育教学改革，改革课程教材体系，鼓励教师积极探索讨论互动式的教学方式，重视学生个性差异，因材施教。（4）促进校际教育均衡发展，缓解家庭教育焦虑。要加快标准化建设，加强区域内资源统筹，创新学校办学模式，如学区集团化办学、校际联盟、优质学校集群发展、组团发展等；改善教育管理。实施校内均衡编班，探索优质高中招生指标平均分配到区域内初中学校等。（5）深化教育和人才评价制度改革，推广和完善素质教育体系，引导学生合理学习。教育和人才评价具有鲜明的指挥棒作用，要改变以往"唯成绩论"的人才评价标准，扭转不合理的学习行为，促进学生德智体美劳全面发展。（6）关注区域差异。在高校以及各类考试的录取标准上，降低对中西部地区、少数民族以及弱势群体的要求，加大对偏远地区的教育投资，优化人力资本结构，为经济发展注入新动能。

四、国家全方位、多手段调节收入分配

（一）包括三次分配的收入分配体系

中国特色社会主义政治经济学将初次分配、再分配以及三次分配理解为一个统一的收入分配体系。初次分配是市场机制下通过市场交易实现的收入分配机制，以经济效率

为基准，按生产要素分配。初次分配是基础性的，也是最关键的。初次分配必然存在一些问题，比如行政性垄断，同样的资本和劳动获得的收入不一，通过竞争以外的因素带来高收入。这要求在初次分配领域进行改革。市场经济下初次分配难免产生分配不公平的问题，需要通过再分配和第三次分配来解决。市场在资源配置中起决定性的作用，如果其结果比较接近劳动平等，则再分配的任务就会轻松一些。再分配是以政府为主体、财税为主要手段的收入分配，包括税收、社会保障、转移支付等，政府通过改善公共服务，也能促进再分配的公平。教育、医疗、住房、养老等领域的公共服务改善，可以相对均等地增加个人（家庭）的可支配收入。而第三次分配主要依靠社会力量发挥作用，以非市场的捐赠与帮扶为主要手段。第三次分配是基于道德观念的、自愿的、补充性的收入分配。

国家对收入分配的调控不仅限于再分配，而且包括改革初次分配制度、调节市场主体分配行为，以及鼓励、动员和引导全社会参与第三次分配等，是全方位、多手段的调控。如推动企业分配制度改革、对劳动力市场相关法律法规（如劳动法）的制定和修改，包括各地最低工资制度的规定，制定和实施规范和引导慈善事业的《中华人民共和国慈善法》等。

第三次分配主要是通过捐赠的方式在人民群众中实现收入的自愿调节。这个概念无论在理论还是实践中都有其明显的中国特色。随着国民经济的持续增长，居民个人和企业所拥有的财富越来越多，整个社会的三次分配有了一定的经济基础。第三次分配是自愿的，其发展有赖于社会公共道德的良好氛围，同时又能反过来促进公益事业发展环境，进而有利于共同富裕目标的实现。对于第三次分配，国家始终采取鼓励态度，并且随着经济社会的发展逐步积极引导和有组织地动员，创造相应的条件，通过完善相关政策来鼓励慈善事业，发展慈善和公益捐赠主体，对非营利性组织、公益性基金会采取激励措施，对捐赠者和需要支持的非营利性组织实行有利于它们发展的税收优惠制度等。

（二）从捐赠到"帮扶"

实践表明，中国特色的收入分配调控并非单纯着眼于已经实现的国民收入在不同主体、不同社会群体之间的转移和均等化，而更多地着眼于不同群体、不同个体的创收能力的再调节，以帮助和扶持低收入家庭和弱势群体，实现更加长远、更加可持续的全体人民共同富裕的目标。中华民族传统文化强调"授人以鱼，不如授人以渔"，因为授人以鱼只救一时之急，授人以渔则可解一生之需。在扶贫工作的长期实践中所形成的观念——"输血机制"不如"造血机制"，表达的也是相同含义。财政提供与经济社会发展水平相称的公共服务，不仅仅是为了提高群众的可支配收入，而且是因为均等化的公共服务对保障劳动者能力发展机会平等具有重要作用。比如教育公平，要让每个孩子处于同一个起跑线上，给愿意努力的人提供同等的机会。强调政府在基本公共服务中的保障作用，如在义务教育和基本医疗等方面，政府要发挥更大作用。

解决城乡分配差距问题，关键是发展农村产业，提高农民增收能力。改革开放以来，我国在农村进行了一系列的市场化改革，包括鼓励劳动力流动、发展乡镇企业等，很好地促进了农业和农村经济的发展。同时，地区性的经济增长虽然能够显著提高农户收入，但并不能使得所有农户脱离贫困。仅仅给予农户资金的支持，虽然可以暂时地增加农户的收入、消费以及生产经营上的投入，但并未有效地带来农户生产能力的提高。

若想达到这一目的,就需针对不同地区甚至不同农户致贫的具体原因,采用更有针对性的措施来精准帮扶。扶贫攻坚的实践证明,"先富帮后富"的手段并不仅限于资金和物资的补助或捐赠,还要包括精神扶贫、智力扶贫、项目扶贫、教育扶贫等;扶贫与扶志、扶智、扶业、扶技相融合,这是中国特色扶贫事业的重要经验。

第三节 中国特色的"减贫行动"

完善再分配制度,加大税收、社会保障、转移支付等调节力度,是推动共同富裕的重要途径。我国收入再分配制度建设已经取得重大成绩,初步构建了现代化税收体系、社会保障体系和高效率的转移支付制度。转移支付的精准性在不断改善,转移支付的资金使用效率也在不断提高。中国特色的"减贫行动"就是收入再分配的一个成功案例,是转移支付结构不断优化和转移支付资金使用效率提升的一个非常成功的案例。中国特色的"减贫行动"体现了再分配行动是全方位、多手段的,真正发挥了社会主义制度集中力量办大事的优势。

一、脱贫攻坚目标的提出

习近平总书记强调"扶贫攻坚就是要实事求是,因地制宜,分类指导,精准扶贫"。"精准扶贫"的重要理念,为新时期中国扶贫工作指明了方向,从此全国开启了精准扶贫、精准脱贫攻坚战。2013年11月,习近平总书记在湖南湘西花垣县十八洞村考察时首次提出"精准扶贫"概念。习近平总书记指出,精准扶贫,就是要对扶贫对象实行精细化管理,对扶贫资源实行精确化配置,对扶贫对象实行精准化扶持,确保扶贫资源真正用在扶贫对象身上、真正用在贫困地区。强调扶贫开发贵在精准,重在精准,成败之举在于精准。2015年,在中央扶贫开发工作会议上,习近平总书记提出实现脱贫攻坚目标的总体要求,要做到"扶贫对象精准、项目安排精准、资金使用精准、措施到户精准、因村派人精准、脱贫成效精准"这六个精准,进一步阐述了在精准扶贫中"扶持谁""谁来扶""怎么扶"等关键性问题。2017年12月28日,习近平总书记在中央农村工作会议上指出,把提高脱贫质量放在首位,注重扶贫同扶志、扶智相结合,瞄准贫困人口精准帮扶,聚焦深度贫困地区集中发力,激发贫困人口内生动力,强化脱贫攻坚责任和监督,开展扶贫领域腐败和作风问题专项治理。习近平总书记在中央扶贫开发工作会议上提出了"十三五"期间脱贫攻坚的具体目标,即到2020年稳定实现农村贫困人口不愁吃、不愁穿的目标,农村贫困人口义务教育、基本医疗、住房安全有保障,即实现"两不愁三保障"。同时,要实现贫困地区农民人均可支配收入增长幅度高于全国平均水平,基本公共服务主要领域指标接近全国平均水平。

首先,现阶段提出脱贫攻坚任务具有必要性。在实现中国梦的伟大进程中,全面建成小康社会是关键一步,而消除绝对贫困是迈好这一步的关键一跃。脱贫攻坚战略出台是必由之路。党的十八大以后,党中央强调"小康不小康,关键看老乡,关键在贫困的老乡能不能脱贫"。农村贫困地区的小康建设成为全面建成小康社会的短板和瓶颈。党中央承诺"绝不能落下一个贫困地区、一个贫困群众",拉开了新时代脱贫攻坚的序幕。习近平总书记说,这是全面建成小康社会的底线,是必要性所在。2020年,习近平总书记在《求是》发表《关于全面建成小康社会补短板问题》,提出全面建成小康社会还有一些短板,必须加快补上。短板是什么?从人群来看主要是老弱病残贫困人口;从区域来看主要是深度贫困地区;从领域来看主要是生态环境、公共服务、基础设施等方面。减贫已经进入国际公认的"最艰难阶段",扶贫攻坚是新世纪的新任务,是全面建成小康社会阶段必须要提出、必须解决的难题。要聚焦短板弱项,实施精准攻坚。

其次,新时期完成脱贫攻坚伟大工程具有可行性。自改革开放之初党中央提出小康社会的战略构想以来,经过几代人一以贯之、接续奋斗,我国已经基本实现全面建成小康社会的目标,满足国家大规模减贫的先决条件。从综合发展指标看,我国经济实力大幅跃升,2018年经济总量90万亿元,人均国内生产总值约9770美元,居中等收入国家前列。城镇化率接近60%,高于中等收入国家52%的平均水平。从人民生活水平看,党的十八大确定的2020年城乡居民人均收入比2010年翻番的目标如期实现。到2018年底中国农村贫困人口还有1660万人,自2012年底以来贫困人口累计减少了8239万人,中国形成世界上规模最大的中等收入群体。从基础设施和公共服务看,中国九年义务教育全面普及,高等教育正在由大众化阶段进入普及化阶段,2018年毛入学率已达48.1%,覆盖城乡居民的社会保障体系基本建立。中国减贫行动的显著成效是经济持续高速增长和精准扶贫开发工作共同作用的结果。经济持续高速增长为贫困人口提供就业和增收的机会,国力增强也使政府有能力帮助贫困人口脱贫;而精确扶贫更能推动扶贫举措落地见效,扩大减贫行动的成效。

二、脱贫攻坚的经验和做法

(一) 中国特色的减贫道路

2021年2月25日,在全国脱贫攻坚总结表彰大会上,习近平总书记庄严宣告:我国脱贫攻坚战取得了全面胜利。现行标准下9899万农村贫困人口全部脱贫,832个贫困县全部摘帽,12.8万个贫困村全部出列,区域性整体贫困得到解决,完成了消除绝对贫困的艰巨任务。我国如期完成新时代脱贫攻坚目标任务,提前10年完成联合国2030年可持续发展议程的减贫目标。

习近平总书记在会上总结了中国特色减贫道路和中国特色反贫困理论,一共七条。前三条具有一般意义,不仅是在扶贫工作当中发挥了重要作用,而且是中国特色社会主义从始至终坚持发挥的制度优势:一是党的领导,二是坚持以人民为中心的发展思想,三是发挥社会主义制度能够集中力量办大事的制度优势。后面四条经验是中国脱贫攻坚战中的特色做法:第四条是坚持精准扶贫方略,用发展的方法消除贫困根源;第五条是坚持调动广大贫困群众的积极性、主动性和创造性,激发脱贫内生动力;第六条是坚持弘扬和衷共济,团结互助美德,营造全社会扶贫济困的浓厚的氛围;第七条是坚持求真务实,较真碰硬,做到真扶贫、扶真贫、脱真贫。习近平总书记在会上还总结了伟大的脱贫攻坚精神,即"上下同心、尽锐出战、精准务实、开拓创新、攻坚克难、不负人民"。

（二）脱贫攻坚的具体措施

脱贫攻坚的基本措施包括"五个一批"工程、"五级书记抓扶贫"和"三位一体"大扶贫格局。所谓"五个一批"工程，指要打通脱贫的"最后一公里"，发展生产脱贫一批，易地搬迁脱贫一批，生态补偿脱贫一批，发展教育脱贫一批，社会保障兜底一批。"五级书记抓扶贫"强调脱贫攻坚中如何落实党的领导，利用制度优势去推进，这是脱贫攻坚的根本保障。切实落实领导责任，坚持党的领导，发展社会主义制度能够集中力量办大事的优势，这是中国脱贫攻坚最大的政治优势。在脱贫攻坚过程中强化扶贫开发工作领导责任制，把中央统筹、省负总责、市（地）县抓落实的管理体制，坚持以片区为重点、工作到村、扶贫到户的工作机制，党政一把手负总责的扶贫开发工作责任制真正落到实处。"三位一体"大扶贫是坚持专项扶贫、行业扶贫和社会扶贫。脱贫攻坚能够取得伟大胜利跟这一系列的工作机制和工作手段直接相关。

中国特色的脱贫攻坚是收入再分配的成功案例。扶贫，即帮扶减贫，指国家机关、社会各界和个人帮助贫困地区和贫困人口提高发展能力，实现共同富裕目标的活动。它不仅是捐赠，而且是"帮扶"，是"全方位，多手段"的扶贫、减贫，具体经验和做法如下。

中国式的脱贫攻坚强调精准扶贫。2013年11月，习近平总书记在湖南湘西考察时作出"实事求是、因地制宜、分类指导、精准扶贫"的重要指示。精准扶贫是中国特色的减贫创新方略，中国共产党坚持以精准扶贫为中心，摸索出一套行之有效的减贫办法。"精准"是这一阶段扶贫区别于以往扶贫的根本标志，也是中国扶贫进入脱贫攻坚期的必然选择。一方面，它是实施全过程精准的扶贫模式。2015年6月，习近平总书记在贵州考察期间提出"六个精准"的基本要求——扶持对象精准、项目安排精准、资金使用精准、措施到户要精准、因村派人精准、脱贫成效精准。从扶贫对象的精准识别到致贫原因的精准把握，到资金、项目、人等各类资源的精准投放，再到扶贫退出，"六个精准"囊括了扶贫全过程的各个环节，强调各类资源的集约利用，构建起精准扶贫的基本框架。另一方面，它以"五个一批"为基本路径展开精准帮扶。贫困成因的复杂性决定了具体脱贫路径的多样性。2015年10月，习近平总书记在"减贫与发展高层论坛"首次提出"五个一批"的扶贫路径。"五个一批"的扶贫路径鲜明地体现了针对不同类型贫困的"精准"帮扶，也体现了我国扶贫注重缓解贫困人口脆弱性、保障发展权的价值导向。

中国式脱贫攻坚是对全社会、全员扶贫。中国减贫的一大特色和一条重要经验是形成了多元主体协作的扶贫体系，以"大格局"推动"大扶贫"。中国减贫是"以人民为中心"价值观下的"人民战争"。习近平总书记曾多次强调，"脱贫致富不仅仅是贫困地区的事，也是全社会的事"，要动员和凝聚全社会力量广泛参与。在党中央的号召和推动下，我国形成了跨地区、跨单位、全社会共同参与的多元主体的社会扶贫体系。一是专项扶贫持续发力，中央政府在这一阶段大幅度增加财政专项扶贫资金，从2013年的394亿元，增长至2020年的1461亿元，累计达到6593亿元。仅2011—2015年5年的专项扶贫资金投入，就已超过前10年的资金规模。地方财政资金也大幅增加，并通过整合贫困地区涉农专项资金及金融扶贫等方式，推动大量资金进入扶贫领域。从人员投入上看，全国累计选派25.5万个驻村工作队、300多万名第一书记和驻村干部，同近

200万名乡镇干部和数百万村干部一道奋战在扶贫一线。二是借力行业扶贫补齐短板。在精准扶贫阶段，党和国家进一步引导各行业部门与贫困地区精准对接，依托行业优势开展科技扶贫、健康扶贫等，在道路改造、医疗卫生发展、生态改善等方面发挥了重要作用。三是释放社会扶贫潜力。改革开放后，我国社会资源和市场力量不断壮大，早在国家政策动员之前，就有社会力量参与到反贫困实践中。在此基础上，中国政府搭建帮扶平台，整合社会资源，动员了大量的资金、技术、人才等参与扶贫。如依托中国社会扶贫网、中国扶贫基金会、中国扶贫志愿服务促进会等，开展了"光明扶贫工程"、消费扶贫、"学前学会普通话"等行动。随着互联网技术的发展，个人、家庭通过"电商扶贫""消费扶贫"等方式逐步参与到扶贫中来。

（三）扶贫要建立"造血机制"

中国式扶贫不是单纯的补助或捐赠，而是激发贫困地区的内生动力，扶贫与扶志、扶智相融合，实现贫困群众稳定脱贫与更好地发展。一是以扶志为先。"摆脱贫困首要并不是摆脱物质的贫困，而是摆脱意识和思路的贫困"①。在贫困地区整体发展及各项基础设施和社会事业全面进步的背景下，物质资源的缺乏对贫困造成的影响逐渐降低，而优质的人力资源缺乏及人们对此认识的不足成为制约个体发展及地区发展的重要因素。立志能有效扩大优质人力资源供给。在精准扶贫实践中，通过说服教育和劝诫、案例示范引导、多形式的宣传引领以及奖惩机制的激励与约束，多元主体积极帮助贫困群众摆脱"精神贫困"。二是以扶智为本。"把贫困地区孩子培养出来，这才是根本的扶贫之策"②。提升贫困群众的文化素质和技能，是强化贫困群众脱贫主体地位和巩固脱贫成果、防止返贫的重要举措，也是阻断贫穷代际传递的根本之策。对个体来说，教育具有社会基本价值和工具性价值双重属性，教育形成的综合素质具有内在性价值，其本身就代表一种更美好的生命状态，教育培育的人力资本具有工具性属性功能，意味着更好的表现、更高的收入。③ 对于地区发展或国家发展来说，教育的发展也意味着劳动力素质的提升，通过加大教育资源的倾斜力度，大力发展贫困地区的基础教育和职业教育，贫困地区的教育事业及贫困人口的自我发展能力得到显著提升。同时，加强教育扶贫，还能阻断贫困代际传递，稳定脱贫。

中国式的扶贫还包括基建扶贫。基础设施上的短板一直是制约贫困地区发展的一大障碍，交通不便、信息闭塞成为贫困地区和贫困群众融入市场经济的壁垒，饮水、用电等问题也影响着贫困人口生产生活条件的改善和脱贫效果的可持续性。以基础设施建设为抓手，政府举一切力量投入财政资金，安排和引进各种扶贫项目，如自来水项目、水利设施、通信设施等；兴修村与村、村与镇之间的道路，促进城镇交流，商品、资金流通。根据国家统计局贫困监测数据，我国贫困地区农村居民的交通、通信等基础设施的可达性和便利性显著改善。基础设施短板得以补齐。

中国式扶贫注重扶贫"扶业"、扶贫"扶技"。改革开放后，我国市场主体逐步发育壮大，扶贫主体呈现出市场化趋势。企业作为重要的市场主体，一是承担起了行业扶

---

① 《习近平关于社会主义经济建设论述摘编》，中央文献出版社2017年版，第232页。
② 习近平：《做焦裕禄式的县委书记》，中央文献出版社2015年版，第34页。
③ 李培林，魏后凯等：《中国扶贫开发报告（2017）》，中央文献出版社2017年版，第225页。

贫的部分责任，依托其在人才、技术、吸纳就业上的优势对贫困地区展开科技扶贫、就业扶贫等多种帮扶，帮助贫困地区和贫困人口发展特色产业、培训人才、开展经济技术合作等。二是企业通过产业扶贫、消费扶贫和电商扶贫帮助贫困地区发展商品经济。阿里巴巴、京东、苏宁易购等大型电商销售平台纷纷入驻贫困农村，投资兴业、培育产业、开拓市场，设立了阿里村淘、京东直营店等平台，并与其他主体广泛合作，如京东集团与政府合作的"京东跑步鸡"等扶贫种养殖项目。企业参与扶贫的模式，不仅有效整合了上下游的产业链条，还让贫困群众接触到了先进的技术和管理方式、扩大了农产品销路。同时，也吸引了大量的农民返乡创业，进一步盘活了贫困地区的土地、劳动力等生产要素，并为贫困地区带来了资本、技术、信息等新的生产要素。三是企业积极开展结对帮扶。如万达集团对口帮扶贵州丹寨县，华润集团定点帮扶宁夏海原县。除此之外，企业还通过公益捐款、开展志愿服务、派驻专兼职扶贫干部等方式支援贫困地区发展。

三、脱贫攻坚的成就和意义

脱贫攻坚取得全面胜利，再一次证明我国走出了一条适合中国国情的成功的减贫道路。中国特色的减贫经验是我国脱贫攻坚的理论结晶，是马克思主义反贫困理论中国化的最新成果。脱贫攻坚任务的完成既造福本国人民，又深为世界其他国家和地区解决贫困问题提供借鉴，为世界减贫事业的发展提供了中国方案。

中国的脱贫攻坚工作取得全面胜利，成就凸显为三点：第一点是扶贫地区经济社会发展大踏步赶上来，整体面貌发生了历史性巨变；第二点是脱贫群众精神面貌焕然一新，增强了自立自强的信心勇气；第三点是党群干群关系明显改善，党在农村的执政基础更加牢固。

精准扶贫方略的成功实践，对中国和世界都具有重大意义，不仅为我国全面建成小康社会、实现第一个百年奋斗目标，发挥了重要作用，同时创造了人类减贫史上的奇迹，彰显了中国共产党领导和中国特色社会主义政治制度的优势、中国共产党的治理能力和改革创新能力，为解决贫困治理一系列世界难题提供了中国智慧和中国方案。习近平总书记深刻指出，"脱贫攻坚战的全面胜利，标志着我们党在团结带领人民创造美好生活、实现共同富裕的道路上迈出了坚实的一大步。"

精准扶贫方略是中国打赢脱贫攻坚战的制胜法宝，是中国减贫理论和实践的重大创新，体现了中国共产党一切从实际出发、遵循事物发展规律的科学态度，面对新矛盾新问题大胆闯、大胆试的创新勇气，对共产党执政规律、社会主义建设规律、人类社会发展规律的不懈探索，对实现人的全面发展和全体人民共同富裕的执着追求。

纵观所有成就和经验，可以从政治经济学的角度来概括扶贫工作的实践意义和理论意义。一是创造了减贫治理的中国样本，丰富了中国特色社会主义政治经济学。国家层面推进分配公平，推进共同富裕，脱贫攻坚的胜利是一个成功案例，脱贫攻坚经验丰富了中国特色社会主义政治经济学。"社会参与、构建'五位一体'大扶贫格局"是新时代用宏观调控、制度框架、法律法规和必要的行政手段，弥补"市场失灵"，用转移支付、公共服务均等化平抑初次分配差距的创新，丰富了中国特色社会主义政治经济学。二是从全球范围来看，为全球减贫事业作出了重大贡献。改革开放以来，按照现行贫困标准，我国 7.7 亿农村贫困人口摆脱贫困；按照世界银行国际贫困标准，我国减贫人口占同期全球减贫人口的 70% 以上。特别是在全球贫困状态依然严峻、一些国家贫富分化加剧的背景下，我国提前 10 年实现《联合国 2030 年可持续发展议程》的减贫目标，赢得国际社会广泛赞誉。

第四节 共同富裕的理论与实践

共同富裕是社会主义的本质要求，是全体人民的共同期盼。《中华人民共和国国民经济和社会发展第十四个五年规划和 2035 年远景目标纲要》明确提出"全体人民共同富裕取得更为明显的实质性进展"的远景目标，在改善人民生活品质上突出了"扎实推动共同富裕"并提出了一系列相应要求和重大举措。在中国共产党十九大提出的远景目标基础上增加了"人民生活更加美好""人的全面发展"等重要内容，融入了共产主义最高价值追求，展示出中国共产党人的崇高奋斗目标。

一、共同富裕理论的形成

（一）马克思主义包含着共同富裕的理念

马克思在对资本主义制度进行整体性批判的过程中构建了历史唯物主义的正义理论。马克思主义的共同富裕理论正是起源于该理论。他在《共产党宣言》中指出，"过去的一切运动都是少数人的，或者为少数人谋利益的运动。无产阶级的运动是绝大多数人的，为绝大多数人谋利益的独立的运动"①。更在 1857—1958 年《资本论》手稿中提出要建立"新社会制度"，在该制度中，"生产将以所有人的富裕为目的"②。马克思所理想的未来社会，以所有的人的富裕为目的。

中国共产党的共同富裕理论和实践是马克思正义论的当代发展。社会主义建设时期，中国共产党明确提出了"共同富裕"的理念。"共同富裕"一词首次出现于 1953 年 9 月 25 日刊发在《人民日报》上的《社会主义的路，是共同富裕的路》。同年 12 月通过的《中国共产党中央委员会关于发展农业生产合作社的决议》，在毛泽东同志的指导下，决议指出"使农民能够逐步摆脱贫困的状况而取得共同富裕和普遍繁荣的生活"③。可见，"共同富裕"和"普遍繁荣"是联系在一起的，共同富裕理论是生产正义和分配正义的统一。马克思正义论对扎实推进共同富裕具有重要启示意义，即共同富裕具有社会历史性、要坚持以人民为中心的发展原则、以共产主义正义原则指导推进共同富裕。新中国成立之初，党的共同富裕思想表达的是一种同贫困落后状况相对立的普遍繁荣的生产生活方式，而相应的共同富裕实践则是"一化三改"，社会主义工业化和社

---

① 《马克思恩格斯选集》第 1 卷，人民出版社 2012 年版，第 411 页。
② 《马克思恩格斯全集》第 46 卷（下），人民出版社 1980 年版，第 222 页。
③ "中国共产党中央委员会关于发展农业生产合作社的决议"，《人民日报》，1954 年 1 月 9 日。

会主义改造生产关系上的根本变革在百废待兴的新中国建立起社会主义的生产关系,为生产正义从而分配正义的实现奠定了物质基础和制度保障。

(二) 共同富裕理论的创新发展

改革开放以来,共同富裕理论进一步发展,社会主义市场经济明确指向生产正义和分配正义的辩证统一。在经历了平均主义后,我们党明确指出"贫穷不是社会主义,""社会主义的本质,是解放生产力,发展生产力,消灭剥削,消除两极分化,最终达到共同富裕"①,党和人民深刻认识到共同富裕即生产正义和分配正义在未来社会的真正实现必须以生产力的高度发展为前提,共同富裕的实现不是一蹴而就而是循序渐进的。

邓小平在改革开放之初明确提出共同富裕分两步走的理论。1986 年 8 月,邓小平在天津视察时讲:"我一贯主张是,让一部分人、一部分地区先富起来,大原则是共同富裕,一部分地区发展快一点,带动大部分地区,这是加速发展、达到共同富裕的捷径。"②"先富带后富"能够在当前阶段激发社会生产的活力,因此是到达共同富裕的正义社会必要又切实可行的现实路径。社会主义条件下发展市场经济,竞争会有胜负,致富会有先后,在市场经济下实现共同致富,必然地包含了"一部分地区、一部分人先富起来"和"先富带后富走向共同富裕"两层含义。在这一历史唯物主义的认识下,生产力的发展是实现共同富裕的前提和基础,共同富裕则是发展的目的,解放和发展生产力被置于完全消灭私有制之前,中国特色社会主义的经济制度和分配制度逐渐建立起来。党的几代领导集体致力于推动经济体制改革,大力发展社会主义生产力,在共同富裕思想的指导下探究共同富裕实现的现实路径,推动分配制度改革和社会保障体系建设,力求让全体人民共享改革开放成果。

进入新时代以来,中国经济发展已经达到了一个全新的高度,实现全体人民共同富裕必然提上日程。党的十九届五中全会通过的《中共中央关于制定国民经济和社会发展第十四个五年规划和 2035 年远景目标的建议》将"人的自由全面发展"和"全体人民共同富裕"共同放入远景目标之中,"人的自由全面发展"同"全体人民共同富裕"是相辅相成的。以习近平同志为核心的党中央强调"坚持以人民为中心。坚持人民主体地位,坚持共同富裕方向,始终做到发展为了人民、发展依靠人民、发展成果由人民共享"③。以人民为中心的发展原则就是要维护人民的根本利益,在社会主义经济制度下推动经济高质量发展,把财富的"蛋糕"做大做好,为共同富裕的实现奠定物质基础。全面小康社会的建成和脱贫攻坚工作的基本完成则是新时代党推进共同富裕实践卓有成效的例证,全面推进乡村振兴工作的有序开展也是党下一阶段共同富裕实践的重要内容。邓小平关于共同富裕分两步走的构想正在转变为现实。中国共产党创造性地将马克思主义的共同富裕理论推进到一个全新的高度。

---

① 《十三大以来重要文献选编(下)》,人民出版社 1993 年版,第 1854 页。
② 邓小平:"让一部分人先富起来",中国共产党新闻网——人民网,http://cpc.people.com.cn/GB/34136/2569304.html。
③ 《中共中央关于制定国民经济和社会发展第十四个五年规划和 2035 年远景目标的建议》,《人民日报》,2020 年 11 月 4 日。

二、共同富裕的性质

（一）共同富裕是社会主义生产总过程的必然结果

共同富裕是社会主义经济增长一般规律内在的必要环节。社会主义经济增长一般规律概括地说就是经济增长带来劳动者收入增长和消费增长，进而导致劳动者能力提升特别是创新能力提升，反过来推进创新发展，加快经济增长。这是一个循环不断自我增强的过程，其核心要义是经济增长利益要最大限度地为劳动者所得，而这必须由社会主义生产的平等劳动关系来实现。一方面，平等劳动意味着生产资料公有制，没有以剥削劳动者剩余价值为生的资产阶级，全部劳动成果为劳动者阶级自己所有；另一方面，共同占有生产资料的劳动者个人之间实行分工平等、分配平等关系，全体劳动者在较高公正水平上共享劳动成果。这样，这个在创新发展中不断涌现的社会财产才有可能不断提高劳动者的创新能力，从而使社会主义的经济增长一般规律得以顺利实现。共同富裕是社会主义经济增长一般规律得以实现不可或缺的必要环节。

共同富裕是平等劳动的收入分配在社会范围的集中体现。共同富裕不是个别企业、个别行业、局部范围的分配结果，而是社会主义分配制度在全社会范围的集中体现。社会主义并不是单一公有制，而是公有制为主体多种所有制经济共同发展的经济制度，因而其分配制度也表现为以按劳分配为主体，多种分配方式并存。公有制与按劳分配的"两个为主体"决定了经济制度的社会主义性质。公有制不仅深度影响其他所有制经济的生产与分配，而且通过坚持"以人民为中心"根本立场的国家调控，驾驭多种形态资本为社会主义经济服务，在长期中实现宏观经济趋势符合共同富裕目标。共同富裕的逐步实现在社会范围内集中体现了社会主义分配制度的本质特征。

共同富裕是社会主义生产总过程的必然结果。社会主义市场经济的生产总过程包含了生产和再生产、分配和再分配的全部环节，社会主义经济增长一般规律与社会主义收入分配规律在其中共同作用。从长远看，其结果必定是实现全体人民共同富裕，政治经济学从这个意义上理解"共同富裕是社会主义的本质要求，是中国式现代化的重要特征"。共同富裕是在生产力持续发展前提下，全体人民共享发展成果，实现全体人民共同富裕。社会主义以生产资料公有制为基础，决定了全体人民根本利益的一致性，必然要求人人享有、各得其所、共同富裕。从实现步骤看，共同富裕分两步走，它不是同时富裕、同步富裕、同等富裕，它是分层次、分阶段的。逐步推进的共同富裕与社会主义市场经济的特点相适应。共同富裕是社会主义生产总过程的必然结果。正如习近平总书记指出的："促进全体人民共同富裕是一项长期任务，也是一项现实任务，急不得，也等不得，必须摆在更加重要的位置，脚踏实地，久久为功，向着这个目标作出更加积极有为的努力。"

（二）共同富裕是一个总体概念

2021年8月17日，在中央财经委员会第十次会议上，习近平总书记从历史和现实、理论和实践、国际和国内的结合上，深刻透彻地阐明了促进共同富裕的一系列根本性、方向性问题，提出"全体人民共同富裕是一个总体概念"的重大命题。习近平总书记强调："共同富裕是全体人民共同富裕，是人民群众物质生活和精神生活都富裕，不是少数人的富裕，也不是整齐划一的平均主义。"

首先，共同富裕是对全社会而言的，是14亿全体中国人民共同富裕。习近平总书记强调，全体人民共同富裕是一个总体概念，是对全社会而言的，不是分成城市一块、农村一块，或者东部、中部、西部地区各一块，各提各的指标，而是要从全局来看。我们要实现14亿人共同富裕，不是少数人的富裕。这一重要政治论断是由中国共产党的性质、立场、使命、宗旨和我国社会主要矛盾、历史任务和奋斗目标所决定的。

其次，全体人民共同富裕不是整齐划一的平均主义，既不是同等富裕，也不是同步富裕，而是一个在动态中向前发展的过程。中国特色社会主义现代化的共同富裕是全体人民通过勤劳与互助，普遍达到生活富裕富足、精神自信自强、环境宜居宜业、社会和谐和睦、公共服务普及普惠，实现人的全面发展和社会全面进步，共享改革发展成果和幸福美好生活的一种社会状态。共同富裕不是所有人同时富裕，富裕程度有高低之分，时间上也有先后之分；它不是也不可能是所有地区同时达到一个富裕水准，不同地区富裕程度会存在一定差异，而不是齐头并进。

最后，全体人民共同富裕的现代化是以人的全面富裕超越物的片面富裕的现代化。中国式共同富裕是物质文明和精神文明相互协调的全面富裕。物质富裕和精神富裕是社会主义现代化的根本要求，缺一不可，没有精神的富裕是片面的富裕。中国式共同富裕包括了物质和精神生活在内的全面的共同富裕，在发展物质生产、厚植现代化的物质基础上，不断夯实人民幸福生活的物质条件，同时大力发展社会主义先进文化，加强理想信念教育，传承中华文明，促进人民精神生活的共同富裕。这是富裕生活的全面性——物质生活、精神生活都要富裕，方方面面都要富裕。全体人民共同富裕的现代化就是要促进物的全面丰富和人的全面发展。

三、共同富裕的发展

（一）共同富裕不仅是分配问题，而且是发展问题

改革开放后，我们党深刻总结正反两方面历史经验，认识到贫穷不是社会主义，把发展经济放在第一要务，着力推动解放和发展社会生产力。共同富裕不仅要公平分配蛋糕，更要做大蛋糕。因此，共同富裕不仅是分配问题，而且是发展问题。

共同富裕是发展和分配的统一。"富裕"体现效率、要求做大"蛋糕"，是发展问题；"共同"体现公平、要求分好"蛋糕"，是分配问题。我们追求共同富裕是统筹效率和公平，在不断做大"蛋糕"的过程中分好"蛋糕"，在高质量发展中促进共同富裕。而在高质量发展中促进共同富裕首先要突破发展不平衡不充分问题。而要破解发展不平衡不充分问题，实现共同富裕，首先需要转变思想和看法，辩证地看待落后地区的短处和长处。比如经济和社会发展落后的山区可能拥有优越的生态环境、自然景观和历史文化传承，而这些又是实现长远发展、绿色发展的长处。其次要辩证看待先发地区和后发地区。践行"绿水青山就是金山银山"的发展理念，将生态优势转化为经济社会发展优势，后发地区的"绿水青山"可以成为经济发展的后发优势，成为其发展的内生动力。各地要统筹考虑，因时因势、因地制宜地设定发展目标，分类实施、一县一策，按照经济社会发展规律循序渐进。同时各地绝不能抱着等靠要的心态，要自我加压、自觉主动攻克地区差距、城乡差距、收入差距等问题，谋求创新突破，寻找新动能，再造新增长极。只有落后地区把握优势、补齐短板，才能实现各地区协调性均衡发

展，走共同富裕之路。

做大"蛋糕"是基础，分好"蛋糕"是方向，共同富裕理论和共享发展理念是统一体。坚持共享发展理念，明确发展为了人民，发展依靠人民，发展成果由人民共享，才能够真正做到全民共享、全面共享、渐进共享，使全体人民在共建共享中有更多的获得感。通过共享发展实现全体人民共同富裕。共享发展和共同富裕其实是同一概念的两个侧面，一个从发展的角度讲，一个从分配的角度讲，两者在实践中始终相互支撑。

（二）共同富裕发展的阶段性

当代中国共产党人共同富裕思想的形成，是一个不断发展、与时俱进的过程，具有阶段性和稳定性的特点。中华人民共和国成立后从毛泽东同志提出的共同富裕理论，到改革开放后邓小平同志提出的"先富"带动"后富"理论，再到走共同富裕之路的决策，可以说当代中国共产党人坚持共同富裕思想与之前一脉相承，既适应了当代中国社会环境，又对社会发展具有重要推动作用。

在"先富"带动"后富"阶段，党的十一届三中全会上，邓小平同志根据当时社会发展的状况，做了《解放思想，实事求是，团结一致向前看》的报告，指出"在经济政策上，我认为要允许一部分地区、一部分企业、一部分工人农民，由于辛勤努力成绩大而收入先多一些，生活先好起来。一部分人生活先好起来，就必然产生极大的示范力量，影响左邻右舍，这样就会使整体经济不断地波浪式地向前发展，使全国各族人民都能比较快地富裕起来。"① 邓小平同志认为，要实现共同富裕，首先要打破平均主义，打破"大锅饭"，允许在富裕的道路上有先有后，承认实现共同富裕目标和程度上的差别。"先富后富"战略思想是在总结新中国成立以来经济建设经验教训的基础上，重新审视中国经济发展所面临的新形势，依据中国特色社会主义初级阶段的基本国情和基本经验提出来的，遵循了中国特色社会主义经济发展规律，是逐步探索中国特色经济发展道路的结果。

"先富"带动"后富"理论的提出，促使中国经济迅猛发展，人民生活水平显著提高，但同时也出现贫富差距拉大，区域、行业、部门的发展不平衡等新问题。面对新情况、新问题，中共中央提出"更加注重社会公平，使全体人民共享改革发展成果"，逐步完善收入分配制度，强化对分配结果的监督。收入分配"更加注重社会公平"取代"效率优先，兼顾公平"的提法，标志着中国由"先富后富"阶段走向共同富裕的发展阶段。而共同富裕又不是抽象的理念描述，它是特定历史时期不同阶段性目标衔接和组成的具体历史实践。共同富裕具有渐进性、阶段性的显著特征。根据不同的历史发展阶段和共同富裕实现程度的差异，共同富裕发展可以划分为以下几个战略阶段。

1. 全面建成小康社会是实现共同富裕的重要步骤（1990—2000 年）

在中国特色社会主义理论与实践的历史进程中，小康社会是一个重要里程碑，也是实现共同富裕的必经阶段。首先，共同富裕是政治、经济和文化全面综合发展、高度协调统一的状态。小康社会是适应社会生产力发展水平，体现社会主义原则的社会。人民生活水平的提高，既包括物质生活的改善，也包括精神生活的充实。由生产力与生产关系、经济基础与上层建筑的辩证关系可知，要在经济上实现共同富裕，就要在政治上实

---

① 《邓小平文选》，第 2 卷，人民出版社 1994 年，第 143 页。

现民主和在文化上实现繁荣。文化繁荣不但是新的经济增长点,而且为经济的发展和政治的民主提供精神动力和智力支持。其次,共同富裕是经济、社会和人的全面发展。社会主义作为共产主义的初级阶段,本质就是基于生产力极大地解放与发展,最终实现全体人民共同富裕。因此,经济、社会和人的全面发展是社会主义和实现共同富裕的内在要求。生产力的发展与进步是经济社会发展的首要目标,而人是生产力发展的主体,经济社会的一切发展都来自于人的自由个性的全面解放和发展,离开了人的发展,经济社会发展也就失去了目标和动力,反之,人的发展越是全面,就越能够创造出更多的物质文化财富。作为人的全面发展的物质保障,高度发达的社会生产力及其创造的社会物质文化条件,构成了人的全面发展的现实基础。

2. 全面建成小康社会是实现共同富裕的阶段性目标(2000—2020年)

全面建成小康社会是在20世纪末我国人民生活水平总体上达到小康社会之后,为进一步推进社会主义现代化建设,实现共同富裕而提出一个承上启下的阶段性目标。作为"更高水平"的社会,全面建成小康社会为实现共同富裕奠定了坚实的物质基础;作为"全面性"的社会,全面建成小康社会为实现共同富裕进行了有效的探索。因此,全面建成更高水平的、惠及十几亿人口的小康社会,是为最后达到共同富裕所必经的过程,人民实现不了全面小康,就不会最终实现共同富裕。党的十八大以来,党中央把握发展阶段的新变化,把逐步实现全体人民共同富裕摆在更加重要的位置上,推动区域协调发展、城乡统筹发展、人与自然和谐发展,而且采取有力措施保障和改善民生,打赢脱贫攻坚战,全面建成小康社会,为促进共同富裕创造良好条件。

3. "全体人民共同富裕迈出坚实步伐",富裕程度明显进步阶段(2020—2035年)

党中央在实现全面建成小康社会的基础上及时启动扎实推进全体人民共同富裕的按钮。在打赢脱贫攻坚战、全面建成小康社会,在"蛋糕"已经做强、做大后,如何分、怎样分才能使人民满意、幸福是当前共同富裕实现的着力点。党中央提出的以人民为中心原则、共享发展理念、全面建成小康社会、脱贫攻坚战略等思想均体现了"共同"的价值追求。党的十九届四中全会提出"坚持以人民为中心的发展思想,不断保障和改善民生、增进人民福祉,走共同富裕道路的显著优势"①。党的十九大报告提出乡村振兴战略,致力于打破城乡二元结构,建立新型城乡关系,为农村、农业发展寻找新思路,拓宽农民增收渠道,农民是实现共同富裕的重要力量。党中央提出到"十四五"末,全体人民共同富裕要迈出坚实的步伐,居民收入和实际消费水平差距要逐步地缩小。到2035年,全体人民共同富裕要取得更为明显的实质性进展,基本公共服务实现均等化。

4. "全体人民共同富裕基本实现"阶段(2035年到本世纪中叶)

首次提出把"全体人民共同富裕取得更为明显的实质性进展"作为21世纪中叶基本实现社会主义现代化的目标提出,向共同富裕迈出坚实步伐,更有决心、更有实质意义。到21世纪中叶,全体人民共同富裕基本实现,居民收入和实际消费水平差距缩小到合理区间。

基于共同富裕发展的阶段性,我们要抓紧制定促进共同富裕的行动纲领,提出科学

---

① 《十九届中央委员会第四次全体会议文件汇编》,人民出版社,2019年,第5页。

可行、符合国情的指标体系和考核评估办法。同时要继续坚持以人民为中心的发展思想，在高质量发展中促进共同富裕，正确处理效率和公平的关系，构建初次分配、再分配协调配套的基础性制度安排，加大税收、社会保障、转移支付等调节力度并提高精准性，扩大中等收入群体比重，增加低收入群体收入，形成中间大、两头小的橄榄形分配结构，促进社会公平正义，促进人的全面发展，使全体人民朝着共同富裕目标扎实迈进。现代化的进程，也是共同富裕逐步地、不断地取得实质性进展的过程；共同富裕取得实质性进展的过程，是现代化不断调适完善，进而适应人的全面发展的过程。

思考题

1. 简述我国当前国民收入分配格局的主要特点。
2. 为什么说在社会主义市场经济条件下，以全体人民共同富裕的现代化取代两极分化的现代化是可能的？
3. 相比于西方福利社会制度，中国特色社会主义理论体系中的再分配制度具有怎样的合理性与优越性？
4. 如何理解"中国特色精准扶贫"是践行共同富裕思想极其关键的一环？
5. 为什么说共同富裕是社会主义生产总过程的必然结果？

第五篇
国际贸易和世界经济

第十五章

发展利益导向的对外经济关系

新中国成立初期,面对帝国主义列强的封锁打压,我国不得不在一个相对封闭的国际环境中发展国家经济,独立自主、自力更生成为基本国策。在有限的国际贸易中,由于生产力落后而选择贸易保护政策。经过 30 年的产业发展,到改革开放才逐步转变贸易政策,从进口替代到出口导向,从单边开放向多边开放。进入新时代后,开始实行以高质量发展为导向的高水平、全方位对外开放。这一章从传统的国际贸易比较优势理论的批判开始,阐释中国特色社会主义以发展利益导向的国际贸易理论;在发展利益理论的框架下回顾总结新中国 70 余年对外经济关系的演化及发展过程。

第一节 从比较优势理论到发展利益理论

一、比较利益理论的延伸与深层解读

(一)比较利益理论的不完备性

现代经济学流行的贸易基础理论是比较优势理论,也称比较利益理论。比较利益理论由李嘉图提出,核心观点是:每个国家都应根据"两利相权取其重,两弊相权取其轻"的原则,集中生产并出口具有比较优势的产品,进口比较劣势的产品,从国际贸易中获利。这样的国际分工和国际贸易对贸易双方都有利可图,会促进世界经济繁荣发展。

假设两个国家生产力存在差距,一个国家生产力全面领先于另一个国家,那这两个

第十五章 发展利益导向的对外经济关系

国家会不会发生国际贸易呢？李嘉图认为，两国从比较利益出发将会发生国际贸易。例如，葡萄牙和英国两个国家都生产葡萄酒和毛呢，葡萄牙生产这两种产品的效率都相对更高一些，英国生产这两种产品的效率都较低。表 15.1 是大家所熟悉的分析比较利益理论的简化模型。

表 15.1　　　　　　　国际贸易的比较利益理论的传统解读

	酒产量（单位）	所需劳动人数（人/年）	毛呢数量（单位）	所需劳动人数（人/年）
英国（分工前）	1	120	1	100
葡萄牙（分工前）	1	80	1	90
合计	2	200	2	190
英国（分工后）	0	0	2.2	220
葡萄牙（分工后）	2.125	170	0	0
合计	2.125	170	2.2	220
英国（国际交换）	1		1.2	
葡萄牙（国际交换）	1.125		1	

尽管落后国家的两种产品生产力都落后，但是落后程度不同。葡萄牙作为生产力先进国在毛呢和葡萄酒两个产业上均具有优势，并且生产葡萄酒的优势更大。所以葡萄牙选择生产优势更大的葡萄酒，英国则生产劣势相对较小（比较优势）的毛呢。这种国际分工的结果是，两个产品的总产出都比分工之前增加。酒的产量从分工之前的 2 个单位增加到 2.125 个单位，毛呢的产量也从分工前的 2 单位增加到 2.2 个单位。可见，这种情况下国际分工仍然会带来好处。表 15.1 给出了两个国家都得到明显改善的分配结果，表明国际分工在比较利益情况下是可能发生的。

但是，这个理论模型存在两个缺陷：第一，这里列举的两个国家的生产力的差异并不很大，理论的原型来自西方发达国家之间的贸易。因此对于生产力差别较大的两个国家（如发达国家与发展中国家）之间的国际贸易并不合适。第二，这个模型并没有从经济学理论上考虑交换比例，它给出的是一个通过分工增加产量的结果，至于为什么最后的分配结果是葡萄牙得到 1.125 单位葡萄酒，英国得到 1.2 单位的毛呢，没有人给出经济学的解释。国际贸易一定是遵循某种交换规则的，这个模型没有考虑交换规则，其两利共赢的结论是不可靠的。

（二）引入国际价值的比较利益分析

修改模型的前提假设和完善模型的交易规则，可以构建一个发达国家和发展中国家根据国际价值来进行交易的理论模型。

假设两个国家中一个是发展中国家中国，一个是发达国家美国。美国为发达国家生产两种产品（酒和布）的用工都比中国少，并且至少一些产品（如布）的劳动生产率超出多倍，差距极大。在此前提性假设下，按照比较利益的国际分工原则、国际商品价值的等价交换原则，贸易结果会是怎样？分析见表 15.2。

表 15.2　　　　　　　发达国家与发展中国家按国际价值交换的结果

	酒产量（单位）	所需劳动人数（人/年）	布产量（单位）	所需劳动人数（人/年）	按国际价值计算的总量
中国（分工前）	1	120	1	200	220
美国（分工前）	1	100	1	20	220
中国（分工后）	2.67	320	0	0	293.7
美国（分工后）	0	0	6	120	660
国际价值	1	110	1	110	
交换后中国消费量	1.67（1）		1（1.67）		293.7
交换后美国消费量	1（1.67）		5（4.33）		660

两国按照比较优势实行国际分工，中国生产白酒，美国生产布匹，之后总产出大幅提高，酒的产量从 2 个单位提高到 2.67，布的产量由 2 个单位现在提高到 6 个单位。假设两国的劳动力总量都是 220 人，两种产品的国际价值都是每单位 110（人/年）。如果两国交易按国际价值进行，根据各国对产品的不同需要，会有各种不同的交换结果。表 15.2 列出两种极端情况：一种情况是括号外面的数字（假设中国人特爱喝酒），交换以后中国得到 1.67 个单位的酒，而布的消费量保持不变；同时，美国生产了 6 单位布，只需要用 1 个单位与中国交换酒，其余 5 个单位布为自己消费，布消费量增加到之前的 5 倍。另一种情况是括号内数字（假设美国人比中国人更爱喝酒），美国从中国把所增产的酒全部买走，消费了 1.67 个单位的酒和 4.33 个单位的布，获取了两种产品增量的绝大部分。

（三）垄断价格与不平等交换

从可能的交换结果可见，按照国际价值的交换结果是：国际分工有明显好处，但两国获得的利益有很大差别，发达国家得到了更多利益。现实情况比这更加无奈。因为现实生活当中，国际交换并不是严格按照国际价值进行的。属于完全竞争领域的产品，交换是按照国际市场中竞争价格进行的，但是属于垄断或者寡头垄断领域的产品，发达国家能生产，而发展中国家生产不了，生产率差距太大，自己生产根本不合算。这时，发达国家产品在国际贸易中可以定出比国际价值高出许多的垄断价格，从而持续获取国际贸易中的超额剩余价值。例如，模型里面布的生产，发展中国家在没有引进机器技术的时候，农村家庭手工劳动生产的土布与西方国家用机器生产的洋布，无论是劳动生产率还是生产成本，差异均极大。洋布的倾销把发展中国家的土布生产挤垮，发展中国家只好用洋布，但洋布在发展中国家的销售价格是垄断价格（如每单位 180 人/年），而不是国际价值（每单位 110 人/年）。这样，同样是产量增加，发展中国家生产的酒是按国际价值出售的，发达国家生产的布却是按垄断价格出售的，这就形成巨大的贸易优势，发达国家在国际交易中的利益极大增加。假设按 1 单位酒 110 人/年、1 单位布 180 人/年的比例交换来计算，结果是：发展中国家交换后虽然可以消费稍多一点的酒（1.03 个单位），增加 3% 的好处；但发达国家在这个交换当中，不单是自己生产的布匹可以从原来消费 1 个单位变成 5 个单位，而且酒的消费比之前增加了 64%（1.64 个单位）。

按照比较优势理论的逻辑延伸，表 15.3 更接近发展中国家与发达国家国际贸易现实。按照市场规则，这两个国家之间的交换最可能发生的结果大致如此。国际分工对两个国家都有好处，但对发达国家的好处更多。很明显，在这样的国际贸易规则下，发展中国家处于国际贸易的劣势方，获得的利益极小。长期如此，两国劳动生产率的差距和消费水平的差距只会越来越大。

表 15.3　发展中国家短期利益与长期利益的矛盾：竞争、可竞争、垄断

	酒产量（单位）	所需劳动人数（人/年）	布产量（单位）	所需劳动人数（人/年）	按可交换价格计算的总量
中国（分工前）	1	120	1	200	
美国（分工前）	1	100	1	20	
中国（分工后）	2.67	320	0	0	293.7
美国（分工后）	0	0	6	120	1080
交换价格	1	110	1	180	
中国交换后消费量	1.034		1		293.7
美国交换后消费量	1.64		5		1080

马克思从劳动价值论和剩余价值理论出发，奠定了研究国际贸易中不平等交换的理论基础。他说："两个国家可以根据利润规律进行交换，两国都获利，但一国总是吃亏"。因为，"利润可以低于剩余价值，也就是说，资本本可以通过交换获得利润，然而并没有在严格意义上实现价值增殖"。法国经济学家伊曼纽尔在马克思劳动价值论和利润率平均化理论基础上，提出不平等交换理论以分析发达国家与发展中国家的贸易①，强调两类国家资本有机构成的较大差距以及劳动力在国际市场不能自由流动这两个因素，造成剩余价值从发展中国家向发达国家的大规模转移②，是国际不平等交换的主要原因。事实上，当今世界范围的利润率平均化及全球一般利润率是否已经形成，是一个尚未充分论证的命题，而且，利润率平均化导致的剩余价值的国际转移也并不能涵盖发展中国家与发达国家间不平等交换的全部内容；用工资水平的不平等来解释国际不平等交换，更有倒因为果之嫌。著名马克思主义经济学家曼德尔就认为：不发达国家和发达国家之间工资上的不平等，并不是资本主义世界经济发展总趋势的原因，而是这种总趋势的结果③。

发展中国家与发达国家的国际贸易不平等交换现象，可以直接从马克思的相对剩余价值生产理论中引申出来。按照马克思对相对剩余价值形成机理的分析，单个资本在竞争中可以通过技术与管理创新获取超额剩余价值，因为创新使得单个资本的劳动生产率提高，其个别价值低于社会（平均）价值，两者的差额即超额剩余价值（竞争中转化为超额利润）。马克思同时指出，竞争会迫使其他资本通过学习和模仿改进生产方式，

---

① 阿吉里·伊曼纽尔（Arghiri Emmanuel，1911— ），法国经济学家。运用了马克思的劳动价值论和国际贸易理论的基本观点，批判地吸收李嘉图的比较成本学说，提出了关于帝国主义时代国际贸易中不等价交换和发达国家剥削发展中国家的理论。

② 荣兆梓、华德亚：《政治经济学教程新编》，安徽人民出版社 2019 年版，第 334—335 页。

③ 张雷声："伊曼纽尔的'不平等交换'理论及其论争"，《经济学动态》1990 年第 1 期。

创新者的个别价值与社会价值的差额会逐步缩小，最终趋于消失。所以竞争会促进技术与管理创新及其推广，持续推进社会生产力的发展。国际贸易的不同特点在于，发达国家的先进生产力具有系统性，特别在高端产业领域拥有技术垄断地位，这种由各国生产力与生产关系复杂结构造成的技术垄断现象，阻断了发展中国家的学习、模仿和创新推广，使得国际超额剩余价值（超额利润）被固化，国际分工的两极分化和国际贸易的不对称性被固化。这里的关键词有两个，一是"技术垄断"，二是"超额剩余价值固化"。引入国际范围的利润率平均化不是必要构件，单纯依靠国际利润率平均化解释不平等交换甚至会减弱理论的解释力。

【阅读材料】

演化经济学的非对称性贸易理论

演化经济学家埃里克·赖纳特此一现象称作非对称性贸易①，认为在发展水平差距很大的国家之间进行的初级产品与高科技产品的贸易是非对称性的。这种贸易格局的存在会使两类国家之间生产力差距扩大。因为初级产品生产率提升空间小，无法深化分工，缺乏多样化和协同效应，具有报酬递减的特征，对经济发展的促进作用较小；而制造业和高端服务业与其他行业之间存在紧密的协作分工，具有报酬递增的特征，并且领先行业的快速增长及其伴随的进入壁垒不仅使本行业工人的工资提高，而且使全体国民的工资都随着生产率的上升而得到提高。特别是，非对称性贸易往往首先摧毁的是效率低的国家中效率最高的产业，即所谓"凡涅克－赖纳特效应"（Vanek－Reinerteffect）：当欠发达国家与发达国家进行非对称性贸易时，来自发达国家拥有海外大市场的竞争者通常在高端产业更具竞争优势，欠发达国家的最先进产业部门容易遭遇销售市场萎缩而受到冲击，往往会导致行业整体上快速消失。所以，非对称贸易使国家间生产力差距扩大，其对欠发达国家的损害远不止贸易本身的损失。发展中国家从自身发展利益出发，必须尽早改变这种情形。

二、比较利益理论掩盖不平等交换

比较优势理论强调国际贸易双赢的结果，认为应接受和遵守这样的国际贸易规则。但实际上比较优势理论掩盖了国际垄断资本主导的国际贸易不平等，以及发展中国家在国际贸易体系中处于显著劣势地位的事实。比较优势导向的国际贸易不一定产生互利共赢的结果。相反，典型情况下发达国家与发展中国家基于比较优势的国际贸易总是使贸易利益向发达国家倾斜，不仅使发展国家劳动者的剩余价值大量向发达国家转移，而且严重妨碍发展中国家的产业升级和生产力发展。这就是所谓的比较利益陷阱。比较优势理论将发达国家剥削发展中国家的国际分工和国际贸易格局，描述成一个公平的、利益均沾的双赢局面，掩盖了比较利益陷阱的事实，这一理论片面强调现有国际贸易格局的合理性，误导发展中国家在参与国际贸易中的政策取向。

---

① 埃里克·赖纳特：《富国为什么富穷国为什么穷》，中国人民大学出版社2010年版。

国内许多院校的国际贸易课程讲授比较优势理论，却不揭露现象背后的实质内容。这一理论并不能掩盖国际贸易中令人尴尬的事实，发达国家从来没有按照比较优势理论出口高科技产品给发展中国家，相反，对高科技产品的输入设置众多障碍。比较优势理论的假定前提——自由、开放、竞争在国际经济中并不总是存在。中国经济发展的实践不能支持比较优势理论。例如，中美知识产权贸易呈现出巨大逆差，中国知识产权出口对 GDP 的贡献仅为 0.04%，而美国知识产权输出的贡献率达到 60%，这不是短时间存在的差距。当然，这里有中国产业升级对知识产权输入需求量很大的因素，但是，这个数字背后的基本事实是，中美之间在知识产权数量与质量的较大差异，这个差异恰恰是中国在国际贸易当中处于守势的主要原因。发达国家在高端产业领域保持垄断优势，最重要的原因是发达国家在高科技产业中的垄断地位，先进技术产品在国际贸易中可以维持垄断高价格，只要这个技术的差异存在，技术垄断没有打破，国际贸易中的不平等交换就不能改变，有利于发达国家的国际分工和国际贸易格局就会继续存在。为此，发达国家会运用一切可能手段，包括经济、政治、法律、军事和意识形态手段维护其技术霸权。发展中国家在这样的国际贸易中总是吃亏。发展中国家从自身发展利益出发，必须打破发达国家的科学技术垄断。

三、比较优势的动态变化

（一）新古典经济学的要素禀赋和要素相对价格理论

新古典经济学的国际贸易理论抛弃古典经济学的劳动价值论，用市场均衡论来"拓展"比较优势理论，强调比较优势源于禀赋优势，而禀赋优势在国际贸易中是动态变化的。经济学的禀赋概念既指自然赋予的地理、生态和资源条件，又指社会历史过程中逐步累积形成的人口、技术和基础设施等。禀赋优势要在国际贸易中发挥作用，首先要转化为竞争优势。例如，一国劳动力资源丰富，只有当劳动力资源投入到生产当中去，劳动密集型产业的低成本优势才会在国际竞争中发挥出来，使劳动力优势转变成市场竞争中的成本优势，劳动密集型产品成为该国主要的出口品；发达国家工业化的先发优势最终表现在科技优势和品牌优势，利用这些优势可以使产品更有竞争力，因此高科技产品成为发达国家的主要出口产品。新古典国际贸易理论强调禀赋优势和比较优势的动态性。一般而言，一个成功的工业化国家的比较优势是从资源优势逐步向资本优势、技术优势和创新优势转化。新古典国际贸易理论强调这种转化在市场竞争中的必然性。理由是，一个国家的禀赋结构决定该国的资源价格，在市场机制作用下资源价格影响资源供给，会逐步改变禀赋结构和比较优势。一开始供给充裕的优势资源价格比较便宜，而供给不足的劣势资源价格相对偏高，在价格机制的诱导下，后者的供给会逐步增加，特别在开放贸易下，可自由流动的资源（如资本）会向价格相对较高的国家流入。经过一段时间，该国的禀赋结构和价格结构逐步改变，进而国家间的比较优势也就会发生变化。所以，国家间的比较优势差异会逐步缩小，趋于收敛，发展中国家只要全面开放市场，完全融入国际贸易体系，就一定能够实现资源禀赋的升级，顺利完成工业化进程①。

(二) 不平等交换与比较利益陷阱

新古典的国际贸易理论不符合数百年国际贸易发展的基本事实。一方面，发达国家在国际贸易中并不总是遵循禀赋优势和比较优势理论。著名经济学家列昂惕夫在20世纪50年代利用美国投入产出表分析其国际贸易与资源禀赋的关系，发现美国净出口最多的是劳动密集型产品，而净进口较多的是资本密集型产品，这与一般公认的美国资源禀赋结构恰好相反。这就是所谓"列昂惕夫反论"。另一方面，发达国家与发展中国家之间的非对称贸易始终存在，先进国家与落后国家贸易环境的差异至今未见实质性收敛。新古典国际贸易理论不符合长期以来国际贸易发展的基本事实；因为抛弃了劳动价值论，更不懂得剩余价值理论，所以无法理解国际贸易中的不平等交换②。

按照马克思的"国际价值"理论，发展中国家在与发达国家的不平等交换中有巨大数量的剩余价值流向发达国家，发展中国家的国际贸易环境长期趋于恶化，阻碍了国家发展，这便是比较利益陷阱形成的基本原因。本书第六章讨论社会主义原始积累时提到发展中国家工业化初期的"低水平循环陷阱"，指出在经济发展水平极低状态下，剩余价值率较低，不能满足国家工业化所需的资本积累，很容易陷入越贫穷越缺少投资、越不投资越贫穷的恶性循环。国际贸易的不平等交换会加剧发展中国家的这种发展困境。尽管在开放的贸易环境下，资本可以在全球范围流动，有可能导致资本在国家间、产业间的均衡分布，但资本流动不会改变资本的所有权归属。发展中国家可以引进外资发展经济，甚至可以发展资本密集型产业，但外资企业的利润大部分仍然按照资本所有权回流到发达国家。这种国际资本主导的"依附式发展"并不能改变剩余价值向发达国家集中的国际贸易格局，更不能真正改善发展中国家的发展环境。最后，发达国家在初级产品和高科技产品的不对称贸易中持续地攫取国际超额剩余价值，进一步将不平等交换的世界贸易格局强化和固化，为此不惜采取一系列非市场的不平等竞争手段，以自己的行动从根本上否定了新古典贸易理论的市场至上论。发达国家维持优势地位的"杀手锏"有两个：一是高端科学技术的国际垄断，二是以美元为支柱的金融霸权。在此前提下，全球范围内的剩余价值以高度不对称的方式向发达国家集中是普遍规律，发展中国家要想摆脱这种不利局面并不会如新古典理论所宣称的那样顺风顺水。

四、发展利益导向的比较优势动态演化

国际贸易比较优势的动态演化并非只有一条路径，贸易差异的收敛也并不会注定发生。发展中国家要摆脱经济落后的被动局面，需要根据禀赋特点，发挥比较优势，参与到全球经济的大循环中。但是不应过分依赖世界市场的供求规律和价格机制的"均衡效应"。资源禀赋与贸易优势的演化需要有明确的国家利益导向，这才是发展中国家在当

---

① 弗里德曼曾明确说过："无论是国内贸易还是对外贸易，自由贸易政策都是不发达国家得以提升人民生活水平的最佳途径，""国际自由贸易对于各贸易国和全世界来说都是最有利的。"（米尔顿·弗里德曼、罗丝·弗里德曼：《自由选择》，机械工业出版社2013年版，第41页）

② 马克思早就说过："自由贸易的信徒弄不懂一国如何牺牲别国而致富"（马克思："关于自由贸易问题的演说"，载《马克思恩格斯选集》第1卷，人民出版社1958年版，第229页）。

第十五章 发展利益导向的对外经济关系

今世界由国际垄断资本主导的经济格局中成功突围的核心战略。社会主义中国作为发展中大国在对外经济关系中坚持发展利益导向,基本做法可以概括为以下几点。

(一) 国际贸易政策要符合国家发展战略

国际贸易政策要符合国家发展战略,要与经济发展阶段相适应。开放发展,在融入经济全球化过程中加快自身发展是发展中国家的最佳选择,是社会主义中国从一开始就明确的基本国策。但国家发展中内外部环境始终在变化,国家发展战略也不断调整,国际贸易政策需要跟随国家发展战略作相应调整。一般而言,工业化初期产业体系刚刚建立,为保护国际竞争中处于弱势的民族工业,需要采取贸易保护政策,实施"进口替代"战略。从比较优势理论的观点看,这样做似乎违背经济规律,会造成效率损失。但是,几乎所有发达国家当年起步时都曾经这么做,这显然有它的道理。如果认同一个发展中大国建立完整工业体系的合理性,则一开始的贸易保护主义就有其必然性。联系到社会主义中国为突破投资不足的"低水平循环陷阱",要在短期内快速提高社会剩余价值率和资本积累率,优先发展(没有比较优势的)重工业就有其经济上的合理性。因此,新中国工业化初期选择贸易保护政策就符合国家发展利益。再往后,特别是改革开放之后,我国对外贸易的发展大体遵循了世界市场的比较优势逻辑,贸易政策转向出口导向,初级产品和劳动密集型产品一度成为主要出口产品,为国家换取外汇,进口成套工业设备。再后来,出口产品中的机械产品和电子产品份额逐步提高,结构逐步优化。一直到今天,我国在与发达国家的国际贸易中高科技产品的竞争已经处于越来越重要的地位。国家发展经历了从"强制工业化"到"内生工业化"再到"可持续工业化"的若干阶段,相应地,国际贸易政策也经历了几次转型,贯穿其间的一条主线是:贸易政策适应国家发展战略,符合国家发展利益。

(二) 比较优势与适度超前的产业升级战略

当前利益与长远利益兼顾,在发挥比较优势中采取适度超前的产业升级战略。比较优势是市场竞争的必然要求,有优势才有分工,有分工才有利益的提升。但是,单纯依靠市场的自发力量,比较优势并不能使得一个国家实现经济赶超,相反,在完全市场调节下,发展中国家高端产业的劣势会被强化和固化。从短期经济效益看,造不如买,买不如租,因此大飞机可以停产,芯片产业也没有必要花太多力气。而如果一个国家没有飞机制造业,不发展芯片产业,又哪来的飞机产业的知识积累,芯片产业的自主创新呢?没有产业的发展就没有产业的知识积累,这是完全市场调节的必然结果。按照比较优势理论,中心—外围的国际分工和国际贸易格局就永远不可能改变。因此,发展中国家需要发展战略与长期规划,需要国家发展利益导向的产业政策和贸易政策,这个战略与这种政策并不否定静态比较优势和市场机制的作用,但一定不能完全依赖于此。尽管从短期来看,生产自己不擅长的产品得不偿失,例如,生产的大飞机既成本昂贵又质量较差,但是一个国家不能如此目光短浅,要有长远目光,虽然短期内似乎得不偿失,但从长期发展看这是不能不做的事情。国家发展要兼顾当前利益与长期利益,当然不能不发挥市场机制的作用,不能不重视比较优势产业在国际分工和国际贸易中的作用,但也不能过于依赖市场经济的自发力量,忽视了国家发展的先导产业。政府作用的核心是适度超前地规划和引导产业发展,包括工业化初期的贸易保护政策、进口替代政策以及之后的出口导向,自主创新和高质量发展等,所有这些政府行为,都包含着对市场自发机制或多或少的校正，其中贯穿始终的主线是国家的发展利益导向。确立发展目标，逐步改变现有的静态比较优势，通过比较优势的动态发展提升在国际贸易中的地位，逐步缩小与发达国家的产业和技术差异，改变在国际贸易中的不利地位，特别是防止这种态势被锁定。为此需要建立完整的工业体系，以扩大产业选择空间，保存产业拓展潜能，增强产业发展韧性。

（三）利用后发优势加快创新发展

要利用后发优势加快创新发展，逐步提高自主创新能力。发展中国家被广为关注的动态比较优势内生性形成机制即所谓的"后发优势"。一个发展中国家工业化早期主要靠劳动力资源丰富，生产技术相对落后。技术落后国家在国际贸易始终处于被动局面，处于国际价值链的低端，这种不利局面被称作后发劣势。但是后发劣势可以转换，基本的转换因素是因为落后而能够通过学习先进从而降低创新成本以加快追赶；发展中国家可以通过引进资本、引进先进技术、引进先进管理来提高生产力，关键是要消化吸收，要善于学习。从这个意义上讲，差距越大学习空间越大，提升空间越大，这就转为后发优势。后发优势是落后国家比较优势收敛的重要条件，但不是充分条件。具有后发优势并不一定能够缩小差距。要实现赶超，产业知识的积累和市场规模的形成、教育与科研事业的发展、创新型国家建设等都是不可缺少的条件。中国改革开放以来的工业化进程充分说明了这一点。中国实现超常增长，一个很重要的原因就是不断地通过国际贸易引进外资，学习国外先进的技术和先进的管理，在消化、吸收国外先进工艺、先进技术和先进管理中学习创新，促进生产力进步。在国外先进技术的消化吸收中不仅有知识的积累，而且有适应性技术的"小改小革"，即所谓"边际创新"；这是一个持续的"干中学"的过程，在边际创新的日积月累中提升自主创新能力，知识产权劣势逐步转化为优势，促使生产方式的变革和社会生产力的整体跃升。

从引进、消化、吸收，到创新发展、知识产权优势提升，再到生产方式的全面跃升，构成连续的产业升级的框架——一个渐进的升级过程。中国国际贸易促进政策毫无疑问利用了对外贸易中的比较优势，但其关键优势在于它能够迅速而广泛地在全社会范围内传播、积累与创新知识。现代科技和管理经验的引入给中国经济带来的长期影响远超过比较优势所强调的范畴。中国工业化进程是一个全民学习的波澜壮阔的群众运动，充分利用了发展中国家的后发优势，充分发挥了劳动者的智慧和创造力，这是中国经济高增长的重要原因。中国的经验表明，单纯依靠后发优势并不能保证经济赶超，关键是要利用后发优势提升创新能力，实现从后发优势到自主创新的转型。差距是追赶的空间，但追赶的目的在于超越，因此，从跟跑到并跑再到领跑是发展的必然趋向。新时代中国国际贸易政策必须适应这一国家发展战略及时作出调整，将科技发展的主动权牢牢掌握在自己手里。

【阅读材料】

克鲁格曼的新国际贸易理论

新国际贸易理论的代表人物克鲁格曼认为，传统贸易理论认识的落后在于忽视生产中的技术变化，主张在不完全竞争条件下，建立在模块化、标准化技术基础上的规模经济成为国际贸易的主要驱动力，从而形成了新贸易理论。新国际贸易理论观察的重点是生产力相近的国家之间的贸易关系，特别是欧美发达国家之间产业内贸易大规模发展的事实。这个理论以市场不完全竞争为基础，在企业微观层上探讨规模经济，通过引入"干中学"效应，考察比较优势的动态演变等，与中国当前国际贸易中在多个产业领域从跟跑进入并跑所遇到的问题有相当大的契合度。如果把国家范围的规模经济因素再引进来，其解释力还会更强。

（四）充分发挥社会主义制度优势

充分发挥制度优势是中国特色国际贸易的发展利益理论核心要义。2019年，习近平总书记在党的十九届四中全会第二次全体会议上指出："制度优势是一个国家的最大优势，制度竞争是国家间最根本的竞争。"中国特色社会主义制度最大的优势是中国共产党领导和公有制为主体的社会主义基本经济制度。中国共产党引导国家发展方向，带领中国人民一步步向着中华民族伟大复兴的目标靠近；社会主义基本经济制度是党领导这一伟大进程的镇殿法宝，是实现国家发展目标的基本保障。世界上发展中国家很多，能够在发展中达到发达国家水平的很少，而保持独立自主实现现代化的更加少之又少。中国正朝着这一伟大目标迅猛前进。我们的决心和自信从哪里来？就因为我们有独特的制度优势，党领导的人民政权坚持以人民为中心的根本立场，不妥协地坚持独立自主，因此能够数十年如一日地始终坚持以国家发展利益为导向的国际贸易政策，即使是"摸着石头过河"，也总能够及时纠偏，使国际贸易的航路回到正确方向。要坚持公有制为主体，特别是国有制为主导，多种所有制经济共同发展的微观组织，社会主义市场经济的运行机制和国家以发展利益为导向的宏观调控，保障国家当前利益与长远发展利益之间有张力的平衡；开展全民层面的创业与创新运动，开展创新型国家建设，使国家自主创新能力持续提升。

【阅读材料】

新结构主义经济学简评

以林毅夫为代表的新结构主义经济学主张以历史唯物主义为指导，采用新古典经济学的方法，以一个经济体在每一个时点给定、随着时间可变的要素禀赋及其结构为切入点，来研究决定此经济体生产力水平的产业和技术以及交易费用的基础设施和制度安排等经济结构及其变迁的决定因素和影响。主张发展中国家或地区从其自身要素禀赋结构出发，发展其具有比较优势的产业，在"有效市场"和"有为政府"的共同作用下，推动经济结构的转型升级和经济社会的发展。

新结构主义经济学肯定和归纳中国经验，从要素禀赋予比较优势的动态性出发，强调市场与政府共同作用实现经济结构转型升级，自然有其合理性。但根本问题是，这个理论仍然以新古典经济学为方法论基础，不可避免地产生理论逻辑与实践主张的自相矛盾。新古典贸易理论的自然结论是国际贸易差异趋于收敛，政府作用、产业政策都是不必要的，甚至是有害无益的。这与全球贸易的长时间实践相背离。即使引入"市场失效"对理论修修补补，基本结论和倾向性并不会改变。新结构主义经济学关于发展中国家从其自身要素禀赋结构出发，发展比较优势产业的

> 核心主张仍然是"市场至上"论，必然对改革开放之前的三十年采取完全否定态度，明显具有理论与实践的片面性。中国经济学为什么一定要坚持已经被实践证明有千疮百孔的新古典理论呢？新结构主义经济学既然已经决心皈依历史唯物主义，就应该了解，新古典经济学的均衡价格理论只见价格现象，不问价值本质，是建立在历史唯心主义基础之上的。历史唯物主义具体到资本主义政治经济学的研究，便产生了马克思的劳动价值论和剩余价值理论，这些理论在社会主义市场经济中仍然适用，要想将新结构主义经济学与历史唯物主义衔接，就不应该无视这座能连接两者的特殊桥梁。

第二节 独立自主建设社会主义

一、社会主义国家的国际经济环境

（一）"一国建成社会主义"的理论与实践

社会主义是世界资本主义发展到帝国主义、垄断资本主义阶段才出现的新的社会制度，它从诞生起所面对的国际经济环境就有特殊性，和以往所有发达国家进入工业化时期所面对的国际经济环境都有差异。"一国建成社会主义"是社会主义政治经济学的重要命题，集中反映了社会主义初级阶段所面临的国际环境，而关于一国能否建成社会主义，在国际共产主义运动史上曾有争论。

1. "多国同时胜利"理论

马克思、恩格斯在认真研究欧洲资本主义发展阶段和发展特点的基础上，提出了"多国同时胜利"的理论。该理论认为，无产阶级革命不能单独地在一个国家内胜利，只能在一些发达的资本主义国家，至少在欧美几个主要资本主义国家同时取得胜利。多国同时胜利要归结为以下几方面原因。一是资本主义生产力的迅速发展建立了世界市场，把各国家的人民彼此紧密地联系了起来，致使每一个国家的人民都受到另一个国家的事变的影响。二是基于对资本主义发展阶段的判断，当时处于资本主义上升阶段，经济发展速度比较平稳。各个先进的国家之间的实力对比变化不大，无产阶级和资产阶级成为社会上两个起决定作用的阶级，它们之间的斗争成为这一时代的主要矛盾。三是各国政府在彼此之间的利害冲突还不很尖锐的情况下，能够联合起来共同镇压无产阶级的革命斗争。因此，马克思恩格斯认为无产阶级社会主义革命必须在几个国家内同时发生，相互影响和相互支持，才有可能获得胜利。

2. "一国建成社会主义"理论

到 19 世纪末 20 世纪初，自由资本主义发展到了垄断为主要特征的帝国主义阶段。在新的历史条件下，列宁以资本主义经济政治发展的不平衡规律为依据，突破了马克思、恩格斯关于无产阶级革命"同时胜利"的论断,创造性地提出了社会主义可能首先在一国或少数几个国家内获得胜利的新理论,即"一国或数国首先胜利论"①。列宁认为,进入帝国主义时代以后,由于垄断的形成和科学技术的发展,资本主义各国发展的不平衡性空前加剧,无疑加深了帝国主义国家之间的矛盾和冲突,主要表现为帝国主义国家之间的矛盾、帝国主义国家内部无产阶级同资产阶级之间的矛盾、殖民地半殖民地国家同帝国主义国家之间的矛盾。这不但大大削弱了帝国主义列强的力量,而且使它们不能像在自由资本主义时代那样团结一致地镇压无产阶级革命,从而给无产阶级革命带来了非常有利的时机和条件。同时,帝国主义发展不平衡规律又决定了各国革命条件的成熟程度也极不平衡,使无产阶级革命的条件不可能在各国同时具备。因此,社会主义革命不可能在发达资本主义国家同时发生,而只能在帝国主义统治最薄弱、各种矛盾表现得最尖锐、革命条件最为成熟的个别国家率先突破,然后才能逐步发展为无产阶级世界革命的胜利。

按照列宁的概括,社会主义革命率先在帝国主义的薄弱环节突破。这是一个合理的解释,因为薄弱环节反革命势力相对较弱,所以革命从这里率先突破。列宁一开始曾经设想,俄国革命将带动欧洲更多发达资本主义国家的社会主义革命,形成多国胜利的局面。但第一次世界大战之后欧洲各国的无产阶级革命相继失败。于是,文明程度相对落后的俄国能否独自建成社会主义的问题就被尖锐地提出。列宁在回应第二国际修正主义者对俄国革命的否定时,有一著名的诘问:"你们说,为了建立社会主义就需要文明。好极了。那么,我们为什么不能首先在我国为这种文明创造前提,如驱逐地主,驱逐俄国资本家,然后开始走向社会主义呢?你们在哪些书本上读到过通常的历史顺序,是不允许或不可能有这类改变的呢?"② 列宁认为,在无产级政权和生产资料的国家所有制条件下,俄国无产阶级已经具备了建设社会主义的一切条件。列宁在社会主义的最初实践中明确指出:"我们对社会主义的整个看法根本改变了。"③ 俄国共产党人当时正在建设的制度(注意,这是实行"新经济政策"的俄国)就是社会主义的制度。斯大林后来提出"一国建成社会主义"理论,这与列宁的思想是一脉相承的。之后的事实也证明,一个社会主义国家或者少数几个社会主义国家,在帝国主义的丛林中可以生存、可以发展。两种制度在世界范围可以共存,其原因一方面是各国生产力发展的不平衡以及社会发展路径的多样性;另一方面是帝国主义国家间的相互矛盾。

后来的事实也证明社会主义产生在经济相对落后的国家。革命率先在薄弱环节突破,在偏离世界经济中心地带的落后国家突破。与发达资本主义国家相比,这些国家的经济发展水平和文明程度存在很大差距,所以建成社会主义之后仍然存在艰难的赶超任务。不仅仅如此,由于统治世界的帝国主义国家对社会主义的敌视,新生社会主义国家的生存和发展有着难以想象的困难。

(二) 苏联冲破资本主义国际秩序的初步尝试

面对帝国主义的封锁和包围,社会主义国家的首要任务是把自己的事情做好,在一

---

① 《列宁选集》第 2 卷,人民出版社 1995 年版,第 554 页。
② 《列宁选集》第 4 卷,人民出版社 1995 年版,第 778 页。
③ 《列宁选集》第 4 卷,人民出版社 1995 年版,第 773 页。

国范围内把社会主义建设好。苏联的突围首先是在保持国家独立的前提下发展生产力，特别是为了加强国防建设，优先发展重工业。"十月革命"后，迫于国内外阶级斗争的严酷形势，苏维埃政权把整个国家的经济生活和政治生活纳入战时轨道，战争结束后，俄共（布）果断实行新经济政策，开始社会主义道路的探索。之后在斯大林主持下，一个单一公有制的社会主义计划经济体制逐步形成，并且在经济建设中取得巨大成就。从1928年到1940年，苏联工业产值增长了9倍，年均增长16.8%，成为仅次于美国的欧洲第一、世界第二的工业强国。第二次世界大战中，苏联党和军队在反法西斯战争中作出了卓越的贡献，苏联这个社会主义国家在全世界的地位得到了巩固提升；一个社会主义阵营在欧亚大陆建立起来，苏联不再以一个国家的力量来对抗整个帝国主义阵营。

与此同时，美国在第二次世界大战当中发了横财，经济、军事等各方面的力量都得到了极大的提升，成为整个帝国主义阵营的领头羊。全世界出现了两大阵营，不仅在军事上对峙，而且在经济上相互隔绝，出现了冷战局面，极少联系，形成了两个平行的世界市场。美国牵头策划对社会主义阵营禁运。1949年11月，美国、英国、法国、德国、意大利、日本、挪威、荷兰、比利时、葡萄牙、西班牙、加拿大等17国在美国提议下成立巴黎统筹委员会（简称"巴统"），对社会主义国家实行禁运和贸易限制。① 第二次世界大战以后，亚非拉民族独立和民族解放运动兴起。苏联支持各国无产阶级革命，不仅是欧洲无产阶级革命，而且是亚非拉民族运动。这一阶段总体上说苏联的突围是成功的，证明"一国建成社会主义"并支持世界革命是完全可能的。

但是，在此期间，在社会主义阵营内部，苏联与其他国家的关系也发生了微妙的变化。斯大林在处理阵营内部关系时出现了大俄罗斯民族主义的倾向，对兄弟党和兄弟国家不能平等相待，进而导致矛盾加剧。随着时间推移，苏联模式的弊端日益暴露：经济上追求高度集中，不尊重经济规律；政治上高度集权，不能充分调动地方积极性；在国际关系中的大国沙文主义等，成为苏联经济社会发展的障碍。进入20世纪80年代，苏联和东欧国家试图进行改革调整，但在西方势力强大攻势下，改革偏离了正确方向，导致1989年东欧国家先后发生剧变。1991年苏联解体，世界社会主义遭受巨大挫折。

二、新中国成立后前三十年的对外经济关系

（一）新中国成立之初的外部环境

新中国成立之初面对的国际环境与俄国革命当年有相似处，也有不同点。亚洲是当年世界上落后地区之一，半封建半殖民地的旧中国已经沦为世界上最贫穷的国家之一，人均GDP不足世界平均水平的四分之一，其与西方发达国家的相对差距比俄国当年还要大得多。一方面，新中国作为世界社会主义阵营的新成员，一开始得到了苏联等社会主义国家的大力援助，与当年苏维埃俄国的孤立状态相比要好些；另一方面，由于苏联在处理国与国关系时的大国主义，新中国在独立自主的发展中面临双重压力，其发展环境同样十分艰难。

1. 帝国主义的敌视和封锁

1949年新中国成立之初，美国为首的西方国家对新中国抱有极深的敌意，尤其是

---

① 参见黄日涵、姚玉斐：《国际关系实用手册》，天津人民出版社2013年版，第87页。

第十五章　发展利益导向的对外经济关系

1950年朝鲜战争的爆发，中美两国直接在朝鲜半岛上兵戎相见，使两国关系降至冰点，成了完全敌对的状态。美国开启了政治上不承认、外交上孤立、经济上封锁、军事上威胁的对华全面敌对政策。在政治上，美国拒绝承认新中国政权。1949年初，时任美国总统杜鲁门就曾针对即将诞生的社会主义中国表示，"不能同一个共产党政权打任何交道"。1949年10月1日中华人民共和国正式成立后，美国政府长期对新中国采取敌视态度。美国政府宣布冻结中华人民共和国在美国的资金，明确规定"美国不应给共产党中国以官方的经济援助，也不应鼓励私人在共产党中国投资"[1]。朝鲜战争爆发后的第三天，美国政府宣布以武力阻止我国解放台湾，并下令封锁我国沿海。美国操纵联合国大会通过了对中国禁运的决议，积极拉拢世界其他国家，胁迫它们不要承认新中国，将中国列入巴黎统筹委员会的管制名单，1952年还在其下专门设置了中国委员会，对中国的禁运比苏联等国家更严格——从航运、资金、物资等方面对中国进行全面封锁。

2. 社会主义阵营内部的矛盾

苏联在斯大林时代对我们有很大援助。20世纪50年代，我国与苏联签订了11笔贷款协议，总共有12.74亿新卢布（折合人民币57.42亿元），利用这些贷款我们购买了大量的物资和设备；到1954年，苏联对我国的援助项目达到156项，成为新中国成立之初我国初步建立工业体系的重要的支撑。但好景不长，中苏之间开始在一系列问题上出现分歧，苏联共产党在一系列重大问题上对中国共产党指手画脚，两党便渐渐分道扬镳。1958年4月和7月，我国要求苏联提供承诺给予的核武器及核潜艇，苏联则提出要在中国领土上建设用于军事的长波电台和在中国领海和中方组建联合舰队作为交换。中国共产党认为这些要求涉及国家主权，中苏之间分歧进一步加深。毛主席同志坚持一个原则：国家之间、政党之间必须平等相待，任何人也别想做"老子党"。1962年正是中国经济建设受挫折、日子十分艰难的一年，苏联要求我们为抗美援朝中苏联给的军火还款，催债很急。中共中央政治局开会决定还款，没有钱，全中国人民就是少吃猪肉、鸡蛋、苹果也要还款，到1964年连本带息提前归还了对苏联的全部欠款。这是一个明确的表态：我们是独立自主的大国大党，我们拒绝依附式发展；中国要独立自主地发展社会主义，没有人可以对我们指手画脚。

面对来自东西方的双重高压，我们党坚持独立自主、自力更生建设社会主义现代化，成为70多年来始终不渝的基本国策。党的十九届六中全会总结历史经验，把坚持独立自主提炼为党百年奋斗的宝贵经验之一。

（二）独立自主、自力更生地建设社会主义

中国选择独立自主、自力更生的社会主义道路不仅是对步步紧逼的外部环境的自然反应，更是从民族复兴大业、国家发展利益出发的自觉选择。国家独立、民族解放是近代以来中国人民持续奋斗所追求的目标，是中国共产党领导中国人民浴血奋战取得的伟大成果。革命胜利之后坚持独立自主当然不能有丝毫妥协[2]。世界依然处于帝国主义时代，帝国主义的本质就是垄断、剥削，帝国主义国家力图将后进国家，特别是亚非拉发

---

[1] 转引自董志凯："投资结构调整与经济结构变迁的回顾与展望——兼及增长方式转变（1950—2010）"，《中国经济史研究》2012年第1期。

[2] 李少威："中国式现代化，不可妥协的独立自主"，《南风窗》，2022年第23期。

展中国家锁定在产业链低端，以他国作为自身"高水平现代化"必需的牺牲品。这一点从来没有因为新殖民主义的形式转换而有所改变。因此，发展中国家的现代化道路必须坚持独立自主，将国家发展的命运掌握在自己手上。这不仅是在国际资本主导的贸易环境中求生存的需要，在比较优势动态演化中实现后发展优势向自主创新转型的需要，而且是坚持国家发展利益导向，通过长期努力实现国家现代化的需要。独立自主是中国式现代化的必要前提。

为了实现独立自主的现代化，中国选择了社会主义，建立了社会主义制度，选择了与西方式现代化完全不同的现代化道路，这是中华民族独立自主地走向现代化的基础条件。为此，马克思主义必须中国化、时代化，我们要独立自主地发展中国特色社会主义。世界上没有任何人比中国共产党和中国人民更了解中国的事情，因此，中国式的现代化必须由我们自己做主，靠自己努力。外部援助当然是需要的，但它始终只能是辅助力量。中国的人口规模巨大，中国的事情只能靠中国人自己。只有自力更生、艰苦奋斗，中国人才能丰衣足食。

一些发展中国家的学者发展了"依附发展"理论。从弗兰克的"宗主—卫星"论述，到多斯桑托斯的"统治国—依附国"关系，以及萨米尔·阿明的"中心—边缘"结构，各种版本的依附理论都强调，依附于帝国主义的模式使发展中国家始终处于落后和受剥削的局面中，其内部经济发展、科技进步等都受到极大限制。历史证明，中国坚持独立自主、自力更生下的改革开放是突破这一"发展困境"的正确选择。中国拒绝依附式发展，坚持独立自主地建设中国式现代化。

三、新中国对外贸易的最初实践

新中国一成立就废除了自 1840 年鸦片战争以来帝国主义强加在我们头上的不平等条件，没收了帝国主义和官僚资本主义在中国大陆的全部资产。由于帝国主义的敌视与封锁，中国同西方国家的贸易额呈现陡然下降之势。为了打破西方国家对中国的封锁、禁运，恢复和发展与世界各国的正常贸易往来，新中国加强了同苏联和东欧国家的贸易关系，以获得中国经济恢复和工业化建设亟需的技术、设备和金等，并努力与亚非新兴民族独立国家建立贸易合作关系，同时利用各种机会和途径，千方百计开拓对西方国家的民间和官方贸易渠道。

新中国成立的前 30 年，对外贸易政策明显具有贸易保护主义色彩，始终围绕"进口替代战略"展开。即使在改革开放之后很多年，为了保护和发展弱势产业，建立相对完整的工业体系，我们的贸易保护政策在一段时间内仍然存在。1951 年，《中华人民共和国海关进出口税则》的算术平均关税水平高达 52.9%，其中制成品关税为 47.7%，之后一直未有大幅度削减。到 1991 年，中国的平均关税水平仍在 40%。由于内外部环境的制约，这一阶段我国对外贸易的规模很小，直到 1979 年我国进出口总额仅为 293.4 亿美元，其中出口额为 136.6 亿美元，只占世界出口额的 0.83%。

为什么新中国的对外贸易实行国家统制的贸易保护政策？因为我们是发展中国家，工业化刚刚起步，必须保护刚刚起步的弱势产业。新中国成立初期我们建立了计划经济体制，相应的贸易体制主要包括进出口的计划、外贸的经营权、国营贸易、进口保护、外汇管制等。企业不直接参与国际竞争，由国家整合资源，鼓励出口创汇。以低关税甚至免关税进口社会主义工业化所必需的设备、原料等。而对于进口消费品则设置歧视性的高关税，以节省有限的外汇资源。1962—1963 年，中国从日本、英国、法国、德国等引进 14 套石油化工设备，在当时背景下这已经是很大规模的引进。在这之后，1972 年 2 月，尼克松总统访华，中美签署联合公报，中美走向关系正常化。到 1973 年底，中国与大部分发达国家都实现了关系正常化，西方国家对中国的经济封锁逐渐解除。但是，从进出口结构上看，出口产品以农贸产品、矿产资源和少量的轻工业产品为主，进口产品则主要以工业设备为主。"进口替代战略"在新中国成立初期特殊的历史环境中符合中国完成社会主义工业化、建立社会主义基本经济制度的实际需要。这些政策也与前 30 年宏观经济以提高积累率为主线的大方针相关联（参见本书第六章）：要想提高积累率，就要压缩消费率，优先发展重工业。歧视性关税政策就是服从于这一国家发展战略的。我们实行鼓励出口创汇，奖出限入的政策，有力推动了国家工业体系的建设。到 20 世纪 70 年代，我国已经成为拥有相对完整产业体系的经济体。

第三节　改革开放以来对外贸易发展实践

一、从进口替代到出口导向

独立自主、自力更生是唯一正确选择，但是新中国成立的前三十年，低水平的对外经济交往却是外部环境导致的无奈选择。从国家工业化发展的需要出发，党和政府主观上有强烈意愿开放国际贸易，融入全球经济。市场经济下的分工深化和科技进步是当代生产力发展的大道理，开放发展自然是从国家发展利益出发的最佳选择。新中国成立之初，毛泽东主席对与外国保持商贸往来是抱有希望的，当时一些美国在华的观察员也向美国政府传达了中国共产党的愿望。但美国当权者听不进去，仍然决定对新中国实行封锁、包围、孤立。这种局面一直到 20 世纪 70 年代才有所松动。中国共产党抓住时机改革开放，在坚持独立自主的前提下推进开放发展，逐步融入全球经济。改革开放之后，中国的贸易政策总体上经历了从进口替代到出口导向的战略转变。

（一）改革探索阶段（1978—1991 年）

1978 年 10 月，美国通用汽车公司董事长汤姆斯·墨菲率团访华，建议中外合资经营、引进汽车项目。邓小平同志随后批示合资经营可以办，开启了中国引进外资的大门。1978 年 12 月，中美两国发表《中美建交公报》，进入西方市场的大门正式向中国敞开。党的十一届三中全会开启改革开放的宏伟进程，中国积极顺应国际产业转移的浪潮，主动融入世界分工体系，不断探索设立经济特区、沿海开放城市等经济试点，开展贸易承包经营责任制、海关特殊监管区、外汇"双轨制"等体制改革，对外贸易发展由此进入新篇章。

这是中国开放发展的起步阶段。这一时期，中国改革原有的对外贸易制度，探索新的对外贸易制度，主要特点是简政放权、引进外资，并开始实施出口导向战略。实行税收优惠和出口退税政策，鼓励出口；实施外汇留成制度并设立外汇调剂市场，给企业参与对外贸易松绑，提高企业出口创汇积极性；取消出口商品分类制度，减少国家对出口商品管控。1988年提出进口替代和出口导向兼用互补的思路，在沿海地区推行"两头在外，大进大出"的产业发展。"两头在外"的加工贸易生产模式为改革开放后中国对外贸易的迅速发展作出了很大贡献。无论是开放初期的纺织、服装、玩具、箱包等产品，还是20世纪80年代中后期的机械设备、电子产品、家用电器等行业，都充分利用了中国劳动力低成本的资源禀赋优势。对于没有比较优势，更没有竞争优势的重化工业，则仍然实行进口替代战略，体现了两个战略并用的特点。通过改革，中国对外贸易取得了稳步发展。1978年，我国出口总额仅为97.5亿美元，1991年增长至719.1亿美元。贸易总额由206.4亿美元增长到1357亿美元。

（二）开放突破阶段（1992—2000年）

1992年，邓小平南方谈话，总结了中国前一阶段改革开放取得的成就，指出了新一阶段"深化改革，扩大开放"的发展方向，这时进口替代战略更加全面向出口导向战略转移，提出出口导向的贸易自由化政策。外贸体制在由直接管理向宏观控制改革的基础上，更大范围地引入市场机制，减少出口创汇的指令性计划，使用汇率、关税、利率等经济杠杆和法律手段促进外贸发展。同时，对外开放的区域由东南沿海向更为广阔的内陆地区推进，由特区试点向全面开放转变，逐渐形成了"全方位、跨领域、多层次"的对外开放格局。这一阶段的改革为中国对外贸易发展创造了良好的宏观环境，主要得益于对当时世界经济发展趋势的准确把握和外贸体制比照国际规则进行的市场化改革，这一时期中国对外贸易变革比以往任何一个时期都更深入、更广泛。中国对外贸易表现出了显著的贸易主体多元化、贸易活动增加、贸易市场规模扩大、贸易活力增强等特点。2000年，中国进出口总额达到4042.9亿美元，其中出口总额2492亿美元，贸易顺差241.1亿美元。工业制成品在中国出口贸易商品中的占比将近90%，其中机电产品增速最快。出口市场几乎涵盖了全球所有经济体，美国自1999年开始成为中国第一大出口目的地。

总体而言，1978年到20世纪90年代，中国的外贸政策从进口替代逐步向出口导向转化。20世纪90年代以后，出口导向战略逐步占据主导地位。从1978年到2000年，中国进出口总额从210亿美元增加到4042.9亿美元，年增速高达15%，远超同期全世界平均8.5%的年平均增长率。这是中国对外开放高歌猛进的时期，而高潮则在加入世界贸易组织（WTO）以后。

二、单边开放向多边开放转变

（一）纵深发展阶段（2001—2007年）

2001年的11月，世界贸易组织第四届部长级会议通过了中国加入世界贸易组织的文件。这是经过长期谈判争取到的结果，中国成为了世界贸易组织的新成员，是中国深度参与经济全球化的里程碑，标志着中国改革开放进入了新的历史阶段。

加入世界贸易组织后，中国承诺切实履行世界贸易组织的一系列承诺主张，主动对接世界贸易组织框架下的国际贸易规则，践行服务领域开放承诺，提高对外贸易政策的稳定性、透明性和可预见性，通过进一步清理修订外贸法规、削减关税、开放服务市场、降低外资准入门槛等措施履行入世承诺。中国对外贸易主要围绕入世承诺开展对外贸易政策改革，深入参与到全球贸易体系之中。中国企业积极探索国际化道路，增强企业活力，提升国际市场竞争力；中国制造业科技研发意愿增强，国际交流增多，创新能力提高，出口结构持续优化。这一时期，中国货物进出口总额由2001年5096.5亿美元飙升至2007年的21765.7亿美元，年均增长率高达27.4%，远高于同期的全球增长平均水平。贸易结构更加优化，进出口贸易的制成品商品中除传统机电产品外，高新技术产品也开始崛起。中国服务贸易在世界的地位显著提升，2007年，中国服务贸易出口和进口总额的世界排名分别由2001年的第12位和第10位上升至第7位和第5位。

加入WTO是中国对外贸易发展的一座重要里程碑，实行更加兼顾市场公平、更加有利于经济发展的对外贸易政策，修订完善对外贸易法律法规制度，互利共赢的双向开放使中国与世界经济的联系更加紧密。这一阶段中国快速成长为世界货物贸易第二大出口国和第三大进口国，成为真正意义上的世界工厂。

（二）调整转型阶段（2008—2012年）

2008年美国次贷危机迅速演变成全球金融危机，对世界经济造成了严重冲击。面对外部需求的严重萎缩，中国对外贸易出现了剧烈波动，出口自2008年11月起，连续7个月大幅缩减，大量出口企业倒闭。2009年中国进出口贸易自改革开放以来首次出现负增长。为应对金融危机对贸易的冲击，为稳定外需，完善了加工贸易政策，以解决外贸企业融资困难；完善出口退税政策和出口信用保险政策，扶植优质出口企业，保持出口产品国际竞争力。同时，鼓励企业对外投资，对"走出去"的企业进行必要的资金和政策支持，扩展国际市场。在一系列应对危机的政策下，中国对外贸易得以较快恢复增长，2010—2012年连续3年保持世界第一大出口国和第二大进口国的地位。在后危机时代的2008—2012年，中国进口总额和出口总额的增长率分别为12.6%和9.4%，远高于世界同期的3.1%和3.4%的增长率。

在国际金融危机的影响下，我国对外贸易发展受到了严重冲击，但经过一系列应对措施的实施，中国对外贸易总量恢复了持续增长态势。这次金融危机事件使中国出口扩张高度依赖数量扩张的脆弱性彻底暴露，同时也暴露了中国产业在全球价值链中被低端锁定的脆弱性和危险性，引起了高层对政策调整的关注。

总体而言，入世以来中国对外贸易从单边开放向着多边开放的转变，不断融入国际规则体系。应对国际金融危机的冲击，遵循发展利益理论，及时动态调整对外贸易政策。随着中国经济的高速发展和对全球贸易体系的深度融入，2002—2012年，中国对世界经济增长的平均贡献率接近30%，逐渐成为推动世界经济发展的重要动力。

三、高质量发展导向的高水平全方位对外开放

2012年后，中国经济进入了"新常态"。与此同时，国际社会上，逆全球化、贸易保护主义风头又起，国际市场竞争愈发激烈。以习近平同志为核心的党中央开启了中国特色社会主义新时代，同时中国开启了新一轮高水平对外开放的新阶段，对外贸易发展进入新时代。为了解决中国对外贸易发展"大而不强"的问题，国家从战略高度重视贸易强国的建设，提出要在2030年初步实现贸易强国的目标。

(一) 以高质量发展为导向的高水平、全方位对外开放政策的形成

党的十八大以来，国内外形势发生了深刻变化，党和国家事业发生历史性变革，开启了中国特色社会主义新时代。中国社会的主要矛盾已经转化为人民日益增长的美好生活需要和不平衡不充分的发展之间的矛盾。2013年，习近平总书记提出了国际社会共同建设"一带一路"的倡议，这是世界上地理跨度最大的经济通道，是中国对外贸易的通路。"一带一路"倡议是中国扩大对外开放的顶层设计，也是全球经济治理新模式的重要探索，开辟了我国参与和引领全球开放合作的新境界。2014年，中国超越美国，首次成为世界第一大货物贸易国，至今仍保持世界第一大出口国和第二大进口国的地位。

习近平总书记在党的十九大报告中提出"推动形成全面开放新格局。开放带来进步，封闭必然落后。中国开放的大门不会关闭，只会越开越大"。2020年5月，中共中央政治局常委会会议首次提出"深化供给侧结构性改革，充分发挥我国超大规模市场优势和内需潜力，构建国内国际双循环相互促进的新发展格局"。2020年11月，党的十九届五中全会通过《中共中央关于制定国民经济和社会发展第十四个五年规划和2035年远景目标的建议》，正式将"加快构建以国内大循环为主体、国内国际双循环相互促进的新发展格局"纳入其中。

习近平总书记在党的二十大报告中提出：从现在起，中国共产党的中心任务就是团结带领全国各族人民全面建成社会主义现代化强国、实现第二个百年奋斗目标，以中国式现代化全面推进中华民族伟大复兴。提出推进高水平对外开放。依托我国超大规模市场优势，以国内大循环吸引全球资源要素，增强国内、国际两个市场两种资源联动效应，提升贸易投资合作质量和水平。推动共建"一带一路"高质量发展，优化区域开放布局，巩固东部沿海地区开放先导地位，提高中西部和东北地区开放水平，加快建设西部陆海新通道。加快建设海南自由贸易港，实施自由贸易试验区提升战略，扩大面向全球的高标准自由贸易区网络。深度参与全球产业分工和合作，维护多元稳定的国际经济格局和经贸关系。

(二) 以高质量发展为导向的对外贸易政策发展成效

中国开启新一轮高水平对外开放的新阶段，对外贸易发展进入新时代以来，实施了一系列以高质量发展为导向的对外贸易政策。例如，2017年习近平主席在"一带一路"国际合作高峰论坛上宣布从2018年起举办中国国际进口博览会，出台《中华人民共和国外商投资法》，建设自由贸易试验区①、区域全面经济伙伴关系（RECP）等。目前中国形成了以"一带一路"建设为重点，坚持"引进来"和"走出去"并重，遵循共商共建共享原则，加强创新能力开放合作，陆海内外联动、东西双向互济的开放新格局。

进入新时期以来，中国对外贸易发展在保持规模优势的同时，进一步优化贸易结构，取得的主要成效体现在以下方面。一是对外贸易量稳质升，服务贸易增添对外开放新动能。2013—2021年，中国累计货物贸易进出口262.3万亿元，年均增长5.4%；累计服务进出口总额为41.1万亿元，年均增长6.4%。中国货物进出口占国际市场份额从2012年的10.4%提高到2021年的13.5%。二是全球竞争力和全球价值链地位提升。以

---

① 目前已分批建立21个自由贸易试验区。

技术、品牌、质量、服务为核心的商品综合竞争新优势不断提升，逐步替代了仅仅依托劳动力资源优势从事国际产业分工的加工装配环节，促进了对外贸易向全球价值链的中高端迈进。中国一般贸易出口占比继续上升，由2013年的49.2%提升至2021年的61.6%；加工贸易出口占比则由38.9%下降至21.7%。三是积极开拓新市场合作空间。这突出体现在中国与"一带一路"沿线国家的进出口额占中国进出口总额比重由2013年的25.1%提升至2021年的29.7%，这对于分散市场集中风险、实现市场多元化战略至关重要。

（三）改革开放以来中国对外贸易发展总结

纵观改革开放以来中国对外贸易发展实践，对外贸易发展理念与时俱进是前提。中国对外贸易发展理念随着世界经济格局和本国经济发展状况的变化而进行动态调整。中国积极应对世界经济格局的变化与调整。改革开放初期，我国对外贸易充分利用了劳动力资源丰富的比较优势，大量生产和出口劳动密集型产品，积极扩大高新技术产品的进口，扩大贸易规模的同时带动了本国经济的发展。随着"新常态"的到来和人口红利的逐渐消失，劳动密集型产业的优势不再明显。我国大力推进供给侧结构性改革，以科技创新带动经济发展，在持续优化营商环境、稳定出口的同时积极扩大内需，创新贸易发展模式，以提高对外贸经济效率，对外贸易从重"量"的增长转变为更重"质"的提高。

习近平总书记指出："我国已经进入了实现中华民族伟大复兴的关键阶段。中国与世界的关系在发生深刻变化，我国同国际社会的互联互动也已变得空前紧密，我国对世界的依靠、对国际事务的参与在不断加深，世界对我国的依靠、对我国的影响也在不断加深。我们观察和规划改革发展，必须统筹考虑和综合运用国际国内两个市场、国际国内两种资源、国际国内两类规则"。当代世界两种制度既有竞争又有合作，国内国际两类规则必须切换运用。这两类规则虽然可以衔接，但有的时候会有冲突，所以需要审时度势，灵活运用。这是综合运用国际国内两个市场、两种资源所必须掌握的本领。

总结改革开放以来对外贸易发展基本经验，主要为以下四点：第一，不能关起门来搞建设，要充分利用两个市场、两种资源，坚持对外开放的基本国策。这是一条重要经验。第二，在国际贸易中坚持合作共赢的思想，建立有利于对外贸易发展的国际环境。第三，要灵活调整对外贸易战略和政策目标，不断地进行制度创新，不断调整对外贸易政策，优化对外贸易战略。第四，以发展利益为导向，充分发挥后发优势，创新发展，推进对外贸易由要素优势向综合优势的动态转变。中国对外贸易发展中贯穿一条主线，就是以发展利益为主导，贸易政策是调整变化的，是随形势的变化与时俱进地调整的。发展利益导向的比较优势动态进化，是中国特色社会主义政治经济学国际贸易理论的基本主张。

【阅读材料】

中美贸易摩擦主要事件

2018年3月以来，由美方挑起的中美贸易摩擦不断升级，历经多轮相互加征关税的关税战。随后逐渐切换为"实体清单"模式。2020年以来，已有201家中国机构和企业被纳入"实体清单"。从关税战到"实体清单"，美国的管控对象从广泛的产品变成具体的企业或机构，其直接目标是限制中国企业在美投资和禁止对华技术转让，但根本目的是对中国高科技产业进行精准打击以实现科技遏制。根据实际征税清单可以发现，美国侧重于医疗器械、生物医药、新材料、高铁以及航天设备等技术密集型产品，中国侧重于农产品等劳动密集型产品。同时，"实体清单"以通信、半导体、安防设备、人工智能类的科技企业和电子、军工、航空为主的高校及研究机构居多。值得关注的是，华为遍布全球 26 个国家的 153 家子公司或关联公司相继被列入"实体清单"，数量上几乎占据整个"实体清单"的一半，针对华为的出口管制新规出台后历经两次修订，对使用基于美国软件和技术的产品使用限制力度持续升级，企图切断对华为的软件技术和芯片供应。①

第四节　金融开放的挑战与机遇

对外经济关系不仅仅是货物贸易和服务贸易，还有投资和金融。这一节我们讨论金融开放。金融开放不仅有机遇，还有严峻的挑战性。资本主义最高阶段，即帝国主义阶段（19 世纪与 20 世纪之交至今），或曰垄断资本主义阶段。垄断资本主义的发展又经历了私人垄断、国家垄断，再到今天的国际金融垄断的过程。虽然全球在资本主义历史时代，在资本主义社会形态母体内已经孕育形成了社会主义这一新的社会形态因素，但目前尚不占据世界体系的统治和主导地位②。在这样的资本主义国际金融垄断背景下，社会主义中国要走金融开放发展之路，充满了挑战。

一、国际资本金融霸权对全世界的掠夺

（一）国际金融资本的战略升级

传统国际金融资本构建金融霸权对世界的控制。资本主义的经济全球化发展以来，领先的资本主义国家在对外经济关系中不仅只依靠实体经济和贸易优势，还经常利用金融霸权。老牌的帝国主义国家，从荷兰到英国，在扩大全球经济影响的同时，都会利用金融优势在全球范围尽可能地构建自己的金融霸权。从经济上说，构建金融霸权有以下几个环节：首先是强大的经济实力，包括经济的规模和效率，这是构成金融霸权的基石；其次是主权货币的强势，强势货币是金融霸权得以维持的基础；其三，发达的金融市场是金融霸权兴衰变化的一个条件；最后，国际金融的制度安排是金融霸权运行的保障。

国际金融资本的战略升级及对世界利益的绝对垄断。冷战结束后，由资本主义阵营

---

① 郭克莎，李珂："中美贸易摩擦的动因、趋势和影响分析"，《天津社会科学》2021 年第 5 期。
② 王伟光："国际金融垄断资本主义是垄断资本主义的最新发展，是新型帝国主义"，《社会科学战线》2022 年第 8 期。

和社会主义阵营形成的两大市场体系变成由美国国际金融垄断资本控制主导的统一的世界市场体系，国际金融垄断资本越发寡头化、跨国化、全球化，国际金融资本得到空前加强，其作用无孔不入、无处不在，任何国家、地区、领域、范围都摆脱不了其控制，都受到其影响与冲击。在全球的科技、投资、生产、销售、银行、金融、贸易、服务以及世界规则、秩序方面，国际金融垄断资本都占据了统治支配地位。在国际金融垄断资本的推动下，资本和财富迅速集中，在全球形成空前规模的以金融为核心产业的国际化的大财团、大寡头和大富豪，在世界取得优势统治地位。这时候，国际金融垄断资本有两个特点，一是它越来越集中在极少数国际金融垄断资本寡头手里，在垄断资本主义世界体系中形成了绝对统治地位；二是国际金融垄断资本的国际化程度越来越高，形成了由少数跨国性质的金融垄断资本寡头控制的新型国际金融垄断资本组织，如新一代超巨型跨国金融公司、世界银行、国际货币基金组织、美洲开发银行、关税和贸易总协定（世界贸易组织）等。以金融垄断资本为核心的超巨型跨国公司在资本主义世界体系里的核心关键作用越来越突出。它们不仅规模巨大、实力雄厚、地位突出、垄断强大，更重要的是以国际金融垄断资本为核心与产业资本相融合，形成了超巨型国际金融—产业垄断资本寡头，控制了全世界。以国际金融垄断资本为灵魂和核心的超巨型跨国公司在垄断资本主义国家权力支持下爆发式地增长，形成了国际金融资本垄断寡头利益集团。目前，跨国公司的总产值已占资本主义世界总产值的 1/3 以上，它控制了 50% 的国际贸易、80% 的工艺研制、30% 的国际技术转让。它们的分（子）公司的销售额（不包括公司内部销售额）相当于世界出口额的 70%，已经发展成世界范围的生产、交换和积累完整体系，全面控制了世界范围的生产与再生产过程。①

（二）虚拟资本与金融霸权对全世界的掠夺

如前所述，虚拟资本强大的自我膨胀机制具有对社会资本的稀释效应和对社会财富的虹吸效应。第二次世界大战以后，虚拟资本在资本主义经济的长期繁荣中逐步扩张，逐步膨胀。1993 年美股股市总市值总为 1.9 万亿美元，到 2022 年 12 月 31 日，美国股市总市值已经达到 53.14 万亿美元，30 年时间内增长了 28 倍。数十年来，大量资金涌向股市，因为这里有投资的需要，有赚大钱的机会，不断膨胀的虚拟资本吸收了生产创造的剩余价值。虚拟资本的自我膨胀对全球资本具有稀释效应。要求分享剩余价值权利的资本数量快速增长，而实体部门创造的剩余价值总是有限的，如果有越来越多的资本要分享这些剩余价值，权利就会被稀释，而且被大量转移到金融资产密集的中心国家。这就是国际金融资本对全球财富的虹吸效应。虚拟资本对全球资本的稀释和对全球财富的掠夺必然导致全球范围资本利润率下降，不仅是金融资本利润率下降，也包括实体经济资本利润率的下降，而且是更大幅度的下降。

虚拟资本的稀释效应对于那些金融大国，那些金融业高度发达的国家来说，是收割全世界剩余价值的工具。因为全世界的虚拟资本大部分集中在他们那里，美国的股市规模是全世界最大的，金融资产是全世界最多的，金融创新进而虚拟资本的自我扩张是最快的，这个金融资本分享的是全世界的剩余价值，是世界各国包括许许多多发展中国家

---

① 王伟光："国际金融垄断资本主义是垄断资本主义的最新发展，是新型帝国主义"，《社会科学战线》2022 年第 8 期。

的老百姓创造的剩余价值，它要由全世界金融资本来平均分享，这是按资分配的平等权，资本面前大家都是平等的。所以虚拟资本对利润的稀释效应变成了发达国家、金融霸权国家分享全世界剩余价值，掠夺全世界财富的工具。当然，历史告诉我们，一个国家的金融霸权无论怎样强大，都逃不脱实体经济的支撑，逃不脱劳动创造财富的铁律，当资本违背了服务于物资生产的基本职能而变成富人掠夺穷人的工具时，总有由盛变衰的那天。荷兰是这样，英国是这样，美国也必然是这样。

（三）美元霸权给世界带来的风险

"特里芬难题"决定了单一主权货币作为国际货币的天然脆弱性。1960 年美国经济学家罗伯特·特里芬写的《黄金与美元危机——自由兑换的未来》指出，由于美元与黄金挂钩，世界其他货币与美元挂钩，美元虽然取得了国际核心货币的地位，但是各国为了发展国际贸易，必须用美元作为结算与储备货币，导致美国为了保持世界贸易的需求必须维持长期的逆差而让美元流出美国，但长期的逆差反过来会降低美元的信用，这样美元就形成了主权国家货币作为世界货币的两难困境，即满足世界对美元需求与维持自身信用的困境。当前全世界金融市场的秩序是美元霸权，特里芬难题表明，以美元这种单一主权国家货币作为国际货币为主要特征的牙买加国际金融体系底层蕴含了天然的脆弱性，隐含了极大的信用风险。

货币陷阱理论揭示了在资本主义私有制条件下，国际垄断金融资本家集团一定会运用美元作为国际货币的"公器"地位为自己的私利服务。所谓"货币陷阱"，是指因一国（或多国）经济活动严重依赖于某种国际货币而导致的一系列金融困局。最早的"货币陷阱"来自"英镑陷阱"，即 20 世纪 20 年代至 30 年代初期，以法国为代表的相关国家深陷"英镑陷阱"而引起的货币危机及最终的"大萧条"，至今仍然令人触目惊心；美元确立其国际货币地位后，凭借其国际铸币税的便利逐步构筑起新的货币陷阱——"美元陷阱"，并将其货币强权发挥至极致，甚至不惜兴风作浪，给世界经济发展带来巨大风险。主要表现有：一是利用美元的货币发行权，周期性地肆意超发货币导致全球流动性泛滥，无止境地收取全世界"铸币税"；再通过加息和缩表紧缩货币制造国际金融危机，以实现收割全世界的目的。美国人将这套机制用得得心应手。美国前财长康纳利说过一句实在话：美元是我们的货币，却是你们的麻烦。这就是当下的全球金融秩序的现实。

不仅如此，美国还利用掌握的"环球同业银行金融信息协会"的国际结算系统（SWIFT），肆意卡他国脖子，制裁他国。该系统是一个美元支付清算系统，也是一个计算平台，美国经常为了其自身私利，随意关闭其对立国家的支付清算通道，导致对方无法进行国际贸易结算，以达到制裁的目的。例如，2022 年 2 月俄乌冲突发生以后，美国立即把俄罗斯多家银行踢出了 SWIFT 支付清算通道，导致俄罗斯石油出口结算无法正常进行。美国还用同样的手段制裁过伊朗、朝鲜等国家。同时，美国还可以随便查阅国际贸易交易信息，从而精准掌握一国产业发展的软肋，必要的时候可以发动精准打击。如近年来，美国频繁将华为等中国高科技企业列入"实体清单"，围剿中国高科技企业，其对中国企业认知如此精准，这一系统提供的数据功不可没。

全球经济陷入"被美元化"的困境与无奈之中，以"货币战争"为主要特征的国际金融大博弈不可避免地带来国际金融动荡，各国的经济活动都不可避免地受制于美国的经济政策和金融战略,"美元陷阱"和"被美元化"问题越来越受到国际经济社会的普遍关注,包括美国的盟友在内。虽然各国都对美元"货币陷阱"及"被美元化"深恶痛绝,不同程度地掀起一轮又一轮的"去美元化"浪潮,但由于美元独大的局面短期内仍无法得到根本性改变,彻底消除"被美元化"和美元"货币陷阱"将是一个较为漫长的过程。

【阅读材料】

美国2022年暴力加息

经历了2020年新冠疫情的重创,2021年美国开始各种超级经济刺激计划,注入巨量流动性,包括数万亿美元现金直接发到个人手中刺激终端消费,但随着美国不断单方面采取脱钩断链的各种措施以维护其世界霸主地位,全球供应链中断,商品无法顺利进入美国,叠加中美贸易战高关税导致的高进口成本上升以及美国服务业导向、制造业空心化的经济结构,导致产品和人工成本价格飞涨。2021年3月,美国通胀率轻松越过2%临界点,达到2.6%,之后逐月上升至年底7%,但这个时候利率仍然维持在极为宽松的0.25%。2022年2月开始的俄乌冲突导致能源危机,为美国通胀添了一把火。3月通胀已经上升至8.3%,此时,美联储才温和地加息25个基点,利率达到0.5%。所有人都知道此时已晚,已错过了最佳时间,只有美国政府和美联储仍然向公众传递通胀会很快过去的错误信息。之后,美联储才撕下虚伪的面具,由鸽派转为鹰派,开始快速而大幅度地加息,4月增加至1%,5月增加至1.75%,7月增加至2.5%,9月增加至3.25%,12月增加至4.5%,一年共加息7次,合计加息425个基点,世界为之颤抖。整个世界面临以美元计价的所有资产的价值重估。没有哪个国家能扛得住本国货币相对美元的大幅贬值,世界上大量美元回流美国,形成巨大的金融海啸,资产负债表偏弱的国家如拉美国家、土耳其和希腊第一批倒下;如果美国继续加息,将会有第二批国家倒下,包括越南、印度尼西亚等新兴还处于制造业产业链低端的国家以及大部分欧洲国家,后面还有日本、韩国等富裕的出口导向型国家。

资本逐利本性决定了资本主义国家必然运用货币霸权牺牲世界利益来谋取自身利益。作为目前占主导地位的国际货币,美元既是世界的美元更是美国的美元。当世界公共利益与美国资本利益冲突的时候,美国作为美元发行国,必然秉持"美国优先"原则牺牲世界利益以保障美国利益,从而频繁给世界金融带来一波波风险。当然,这种事情不可能永远存在,美元的国际货币地位是以美国国家信用为担保的。如此操作,总有一天它会把这个信用耗尽,美元地位持续衰落已经说明了这个问题。

二、中国金融发展道路选择

(一)中国抵抗金融围堵

立足自身、立足实体经济发展,用高质量发展对抗发展道路上的一切风险。党的二十大报告指出,"高质量发展是全面建设社会主义现代化国家的首要任务","必须完整、准确、全面贯彻新发展理念,坚持社会主义市场经济改革方向,坚持高水平对外开放,加快构建以国内大循环为主体,国内国际双循环相互促进的新发展格局"。因此,中国抵抗国际金融垄断资本围堵的策略首先是把自己的事做好,把自己的实体经济发展起来,坚持以工业化为主导,加快构建国内大循环。我们长期坚持高水平的固定资产投资,长期维持高水平的工业经济增长,长期保持实体经济,尤其是制造业的较高比例。总体来说,与整个国民经济增长相比较,中国的金融市场规模较小,金融投资的回报率较低。也就是说,我们是以工业为主导,而不是以金融业为主导。坚持这个方针,我们就能在物质财富的生产方面掌握主动权,就能坚持国内金融发展服务于构建和促进国内循环这个基本基调。与此相配套的策略是构建国际大循环,推动国内循环与国际循环相互促进。我们要坚持高水平对外开放,内外部经济互通有无、相互促进,同时要坚持内循环的主体地位不动摇,这样才能在当前逆全球化风气盛行、个别大国肆意脱钩断链的背景下不受制于人。坚持国内国际双循环,做到两个循环相互促进,我们的底气在于有一个巨大的国内市场。我国居民储蓄率高,所以我们能做到对国际市场、对外国经济、对外资的依赖程度始终被控制在一定范围之内。

谨慎推进美元霸权背景下的资本与金融账户完全可兑换改革。国际收支账户分为经常账户和资本与金融账户,与实体经济相关的交易都记录在经常账户中,我们已经实现了经常账户完全可兑换。而资金的进出都记录在资本与金融账户中,目前我们对资本与金融账户的管理在整体上是严格的,还没有实现自由可兑换。改革开放以来,中国政府持续不断地推进对外开放,加入 WTO 之后更是深度融入了全球生产网络。但是中国资本与金融账户的对外开放明显放慢了节奏。根据国际货币基金组织发布的数据,加入 WTO 以来,中国资本与金融账户对外开放的整体步伐有所加快,但是仍然处于严格管理状态。国际货币基金组织汇率安排与外汇管制年度报告里面公布的资本与金融账户,把资本账户分成 13 个大类。报告显示,到 2014 年,除了商业信用这一类之外,中国对其他各类资本账户都还存在管制。这种谨慎的资本开放政策,有力帮助中国规避了历次国际金融危机中国际投机资本对国内货币和金融资产的冲击,维护了金融市场的稳定。

(二) 新时期中国金融开放发展的道路选择

2020 年 5 月 14 日,党中央提出了以国内大循环为主体,国内国际双循环相互促进的"双循环"战略安排,资本与金融账户的高水平开放成为疏通双循环"堵点"的关键。对外开放是我国的基本国策,也是我国经济实现繁荣发展的必由之路,但伴随高水平开放而带来的系统性金融风险一样需要重视,忽视系统性风险会阻碍我国经济的高质量发展,甚至引发金融危机。因此,在新时期中国金融开放发展的道路选择中,在稳妥审慎推动资本与金融账户对外开放时,必须同时兼顾防范系统性金融风险。

1. 资本与金融账户开放的机遇与挑战

资本与金融账户开放是高水平开放的重要组成部分。资本与金融账户的开放不仅能够促进跨境资本的自由流动、拓宽融资渠道,还有助于提高国内金融市场的流动性、降低融资成本、有效配置资金。同时,也有助于推动我国股票和债券市场的改革和发展,促进我国经济高质量发展。

但是,在资本与金融账户开放条件下,外部冲击和跨境资本的大规模流出会造成汇率大幅度贬值,乃至形成金融危机;资本账户开放降低汇率稳定性、造成房地产价格

第十五章　发展利益导向的对外经济关系

泡沫、加剧股票价格波动，导致国内金融市场资金的流入、流出规模及频率大幅增加，加剧金融市场风险，进而给银行市场带来系统性金融风险；我国资本与金融账户的开放也可能会给人民币带来显著的升值压力，开放程度越高，升值压力越大，从而会通过影响投资者行为对外汇市场产生作用，带来系统性风险，造成我国金融市场的不稳定。

2. 提出资本项目可兑换目标以来我国资本与金融账户的开放历程

2010 年 10 月，党的十七届五中全会提出"逐步实现资本项目可兑换"，自此我国资本与金融账户开放度迅速增加。面对复杂的国际国内金融风险，我国政府选择坚持稳健开放的原则。2011 年 8 月，时任总理李克强在博鳌亚洲论坛上表示，我国将开启人民币合格境外机构投资者境内投资项目（RQFII），允许境外投资者以人民币的形式参与境内资本市场。2014 年 11 月，"沪港通"正式运行，2015 年 5 月，中国证监会与香港证监会正式签署并发布了《关于内地与香港基金互认安排的监管合作备忘录》，开启了中港基金互认进程。2016 年 1 月，亚洲基础设施投资银行成立；2016 年 10 月，国际货币基金组委会决定，人民币正式纳入特别提款权。2016 年 12 月，"沪深通"正式开通，2017 年 7 月，债券通（北向通）正式上线。我国不断取消了跨境、内地与香港地区之间的证券交易限制。此外，中国人民银行于 2015 年 9 月取消了境外中央银行等特殊机构参与外汇市场交易的限制，2016 年 6 月允许境外金融机构投资银行同业存单，2017 年 2 月允许境外机构办理外汇掉期与外汇远期、货币期权等对冲业务，准许其参与衍生品交易。2020 年，国家外汇管理局宣布取消 QFII 和 RQFII 的投资额度限制，标志着我国资本与金融账户开放进程进一步加快①。

3. 中国金融开放需要继续做好的工作

一是人民币国际化。天下苦美元久矣，在世界各国去美元化的浪潮下，未来必然形成多极化的世界货币体系。中国作为世界第二大经济体，为推动外循环高质量发展，必然要在多极化的世界金融体系中占据一席之地，这就需要稳妥推进人民币国际化的进程。要顺利推进人民币国际化，需要解决基于区块链的数字人民币成熟运作问题，不依赖于 SWIFT 系统的支付清算问题和世界各国对人民币的信赖问题。二是要继续推进汇率市场化改革，保持人民币在全球货币体系中的稳定地位。这就要完善人民币汇率市场化形成机制，丰富外汇产品，拓宽外汇市场的广度和深度，根据外汇市场成熟程度和经济金融形势有序扩大人民币汇率浮动区间，保持人民币在合理均衡水平上的稳定。三是要继续通过人民币互换协议或常备互换协议为国际贸易提供充足的人民币流动性，扩大国债规模，提高利率市场化水平，为人民币回流提供良好的市场条件。四是优化资本与金融账户开放的时序性并优化外资结构，防范好美元霸权背景下旧国际金融体系给我国国际贸易和国内经济发展带来的风险。

---

① 参见马功德等，我国高水平开放与系统性风险防控——基于资本与金融账户视角，《新发展格局与新型全球化论文集（上）》，2021 年 11 月版，第 467 页。

思考题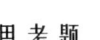

1. 什么是比较利益理论,如何理解发展利益理论,两者的区别在哪里?
2. 为什么我国必须坚持独立自主、开放发展的现代化道路?
3. 简述改革开放以来中国对外贸易实践的主要经验。
4. 如何理解以高质量发展为导向的高水平全方位开放政策?
5. 简述中国金融开放发展道路的选择。

第十六章

全球治理与人类命运共同体

在各国相互依存日益紧密的今天，全球供应链、产业链、价值链紧密联系，各国都是全球合作链条中的一环，日益形成责任共同体、利益共同体和命运共同体。本章立足世界经济全局，讨论社会主义中国与世界的关系。

第一节 经济全球化

在纪念马克思诞辰200周年大会上，习近平总书记指出："今天，人类交往的世界性比过去任何时候都更深入、更广泛，各国相互联系和彼此依存比过去任何时候都更频繁、更紧密……我们要站在世界历史的高度审视当今世界发展趋势和面临的重大问题。"[①] 经济全球化是人类社会发展必经之路，多边贸易体制为各国带来共同机遇，理解中国经济必须有全球视野。

一、经济全球化的历史过程

（一）市场经济和资本主义的经济全球化

资本主义建立在市场经济基础上。市场经济中的价值规律将物对人的抽象统治强行推广到全世界，这个过程就是今天我们所说的经济全球化。经济全球化是资本主义生产方式在全球范围内的扩张，其过程实际上是世界统一大市场的形成。马克思说，"创造

---

① 习近平："在纪念马克思诞辰200周年大会上的讲话"，《人民日报》2018年5月5日。

世界市场的趋势已经直接包含在资本的概念本身中"①。正是资本永不休止地追求剩余价值的天性，推动了市场经济的不断的发展，推动了市场联系的不断延伸，从一国范围扩大到区域范围，再扩大到全世界。市场经济的发展首先是人的普遍联系，这种普遍联系越来越全面，必然向全球蔓延。人类要把与社会的全面联系和全面关系掌握到自己手上，首先要把这种全面的联系和关系建立起来，这个过程就是市场经济推动的全球化。从这个意义上来说，它与市场经济推进生产力发展一起，为共产主义的未来做准备。全球化的发展最终要通往共产主义。

资本主义的全球化经历了若干个阶段。第一个阶段始于16世纪末期，以麦哲伦环游世界为标志。16世纪末期，随着殖民主义的扩张，西方资本主义生产方式开始向全球蔓延，开启了新旧世界的国际贸易，这时世界市场开始出现。尽管一开始规模不大、范围不广，但是世界市场随着资本主义的发展逐步扩大，到18世纪60年代，第一次工业革命时达到了高峰。第二个阶段大约从19世纪中后期马克思写作《资本论》的年代开始，到第一次世界大战爆发才宣告结束。这个阶段相继出现了电力、电灯、电话，掀起了第二次技术革命浪潮，世界殖民体系形成。西方列强从商品输出走向资本输出，最终确立了资本主义的世界体系。列宁在第一次世界大战前夕撰写《帝国主义是资本主义的最高阶段》的一书中总结了这个阶段资本主义全球化的特点：资本主义进入最高阶段——帝国主义阶段，资本垄断成为基本特点；帝国主义瓜分世界完毕，殖民地和宗主国几乎覆盖全世界范围，不光是工人和资本家阶级对立，还有宗主国和殖民地国家之间作为剥削国家和被剥削国家的对立。剥削国家，即那些发达的资本主义国家，依靠对殖民地的掠夺获取巨额财富，拿出一小部分来收买本国的工人贵族，工人贵族的出现削弱了原本革命性很强的工人运动②。列宁的判断被第一次世界大战结束后的欧洲革命运动的过程所证明。

全球化的第三个阶段萌发于第二次世界大战之后，一直延续到2008年全球金融危机爆发。经济全球化的主角仍然是少数西方大国，美国在其中的主导地位得以确立并延续。西方国家不仅占据资本、技术、信息及科技人才的优势，形成了以美元为中心的国际货币金融体系，而且还控制着联合国、世界银行、国际货币基金组织（IMF）和后来改名为世界贸易组织（WTO）的关税与贸易总协定（GATT）等一系列的国际经济组织。西方大国利用这些优势，制定经济全球化"游戏规则"，并将其政治制度、价值观念乃至文化推向全球，以便谋取政治、经济和文化的全球霸权。同时，跨国公司对外投资、互联网的出现和发展加速了资本的流动，生产要素开始在全球范围内优化配置。这是资本主导的经济全球化的第三个阶段，它基本上已经覆盖全世界。

例外的是，第二次世界大战后出现了以苏联为首的社会主义阵营。20世纪以来的世界历史总体上可以理解为社会主义与资本主义关系的历史。社会主义阵营内部的分工和市场与国际资本主导的世界市场是隔开的，虽然不能讲是绝对的割裂，但能观察到是两个相互分开的平等市场。苏联为首的社会主义阵营内部有自己的分工体系，而不是完全融入原有的世界市场体系中。虽然全球化过程在推进，但是由于两个阵营、两个市场

---

① 《马克思恩格斯全集》第30卷，人民出版社1995年版，第388页。
② 列宁："帝国主义是资本主义的最高阶段"，《列宁选集》第2卷，人民出版社1995年版，第575—688页。

第十六章　全球治理与人类命运共同体

的存在，它还是不完整的，这种情况一直延续到20世纪90年代苏联解体。

（二）全球化与美国霸权体系

以美国为霸主的世界体系是一个复杂的多面体，从经济领域来看，贸易、科技、金融相互支撑；从政治领域来看，它有军事暴力、盟友关系、美国制定的规则，一段时间内还有两霸相争；在文化领域中，依靠以基督教为主导的西方文化，凭借英语作为世界性语言，加上西方定义的人权概念，构成了文化霸权，形成所谓"历史终结"的意识形态。这个"历史终结"论是美国学者在苏联解体时候提出的，意思是说，历史证明，只有西方的经济、政治和文化相连接的体系才是最优的，尽管它有各种各样的缺点，但是人类没有别有选择，所以历史已经终结。20世纪80年代之后，以国际分工为基础、以世界市场和世界经济体系为纽带的经济全球化趋势大大加强。美国把全球化看成自己政治霸权和文化霸权的延伸，使全球化成为全球霸权的自然学说，遭到世界各国人民的普遍反对。

这个霸权体系的一个特点是殖民主义的隐形化，或曰"新殖民主义"。这种从殖民帝国向世界帝国的转型，在于世界帝国攫取利润的方式发生了根本性的转变，它不需要通过直接的殖民统治来掠夺财产，只需要通过国家间的不平等贸易、跨国公司的投资、知识产权垄断和金融控制，通过它在国际贸易和国际金融中的有利地位，榨取发展中国家的利润。就可导致发展中国家独立以后的发展困境：要发展就要融入世界市场、融入全球化体系，但是一旦融入这个体系，就要受到发达国家的依据"市场规则"的剥削甚至掠夺。发展中国家处于非常不利的贸易环境和金融环境，无论开放与否都找不到出路。有学者感叹现代帝国的制度设计之精巧①，其奥秘在于，处于帝国中心控制地位的美国带着他的"盟友"，一方面通过世界帝国体系来榨取资源，以推动美国这个主权国家的不断繁荣强大；另一方面，当世界帝国的边缘地带出现灾难或者整个世界经济出现危机时，美国却以主权国家的说辞来要求边缘地带的主权国家独自承担责任，对整个世界面临的灾难不承担道义上的责任，即便到了承担责任的时候他也可以让其盟友们出钱，如让全世界去承担美国金融危机带来的后果。

说到底，这个世界霸权体系的核心问题是，中心国家的核心利益与外围国家切身利益是冲突的，因为中心国家的核心利益是利用自身经济、政治乃至文化的优势，来榨取外围国家劳动者的剩余价值。正如罗莎·卢森堡所说：资本主义"是第一个自己不能单独存在的经济形态，它需要其他经济形态作为传导体和滋生的场所。"② 它必须依靠剥削其他国家生存，帝国主义天生具有寄生性。中心国家要维护其核心利益，外围国家的发展困境就无法避免。全世界中心与外围的两极化，一般称作南北矛盾，因为从全球范围看，南方国家较穷，北方国家比较富裕，虽然不是绝对的，但一般把它叫作南北矛盾。维持这种全球经济的两极化是中心国家的核心利益所在，它是绝对不可能放手的。

---

① 参见强世功："'天下一家' vs. 世界帝国：'深度全球化'与全球治理的未来"，《东方学刊》2021年12月冬季刊。

② 罗莎·卢森堡：《资本积累论》，董文琪译，商务印书馆2021年版，第376页。

【阅读材料】

全球化的"不可能三角"

丹尼·罗德里克（Dani Rodrik）总结了一条规律，叫"全球化的不可能三角"，说本轮全球化存在着一个"不可能三角"，一国只能同时选取全球化、政策主权和民主政治当中的任意两项，而不能三项兼得。就是说，像中国这样的发展中国家要融入全球体系，它一定是要保持自己的国家主权（制定政策的主权），政治体系就不能学西方那样的民主政治，因为那样的体制恰好是西方文化渗透和政治渗透的最好的工具，很容易被人将国家的独立主权颠覆。为了使经济发展融入全球化，为了保持国家的经济、政治的独立自主，我们就要选择一种不同于西方的政治体制，以抵制霸权主义干预。有一些国家选取了另外两样东西。比如韩国，它当然是美国全球化体系的一分子，早就实现了高速度增长，曾经创造了韩国奇迹。它在政治上学西方体制，也搞选举民主这一套，尽管它是一个典型的东方国家。结果导致它的政策主权、国家的独立自主都没了。尽管韩国老百姓的民族意识很强，但是其政治体制没法保证独立自主，所以它始终是美国的一枚棋子。韩国的发展虽然是高增长，但是我们不看好。为什么？因为它的发展是依附性的，没有国家的独立自主，长远看不可持续，对老百姓也是不利的。

二、经济全球化的正反两面效应

国际资本主导的经济全球化有正反两方面效应。

作为社会生产力发展的客观要求和科技进步的必然结果，经济全球化无疑对世界经济发展作出了重要贡献，有着显著的正面效应。具体包括三方面：第一，国际分工的深化、国际贸易的发展、生产要素的跨境流动，提高了资源配置的效率，促进了科技进步、技术创新以及创新的扩散应用，推进了生产力的发展；第二，全球贸易极大地丰富了人民的物质生活，满足了越来越多样化的消费需求，使全球福利增加；最后，全球化还带来社会文化的交流、融合、全球文化的繁荣。习近平总书记说："经济全球化是社会生产力发展的客观要求和科技进步的必然结果，""经济全球化为世界经济增长提供了强劲动力，促进了商品和资本流动、科技和文明进步、各国人民交往。"① 我们要让经济全球化进程更有活力，更加包容，更可持续。我们要主动作为、适度管理，让经济全球化的正面效应更多地释放出来，实现经济全球化进程再平衡。我们更要顺应大势、结合国情，正确选择融入经济全球化的路径和节奏。我们还要讲效率、注重公平，让不同国家、不同阶层、不同人群共享经济全球化的好处。

全球化的负面效应也是多方面的。首先，全球化造成国家之间收入差距扩大。资本在全球范围内逐利，资本运动的规律导致财富在国家间的两极分化。由于中心国家与外围国家间的不平等交换和金融霸权的全球性掠夺，资本逻辑覆盖全世界每一个角落，两极分化也迅速全球化。全世界富人得用"避税天堂"逃避巨额税负，变得更加富裕；

---

① 习近平："共担时代责任，共促全球发展"，《求是》2020年第24期。

经济全球化使世界范围内市场的垄断力量不断加强；跨国企业的不断扩张，不仅冲击发展中国家的国内产业安全，更对其国内市场的安全造成威胁，发展中国家参与经济事务的话语权减弱，形成了让渡与共享的不对称局面。其次，全球化使得国家间不平等和国家内部不平等相互加强。跨国公司为了降低成本，外移资本，将工厂迁往劳动力资源丰富的发展中国家，在带来发展中国家劳动力就业的同时，减少了发达国家蓝领工人工作的机会。蓝领工人工作机会减少，讨价还价能力下降，生活水平也下降。全球化的成本落到了底层民众身上。经济全球化还是发达国家内部资本对劳动阶级斗争的手段。最后，国际资本将高污染高排放的生产活动转移至发展中国家，导致国与国之间环境负担与生态价值分布的不平衡，发展中国家的人民生命健康受到严重损害。

【阅读材料】

博帕尔——工业灾难与污染天堂的代名词

1984年12月3日，设在博帕尔（印度）的联合碳化物有限公司杀虫剂厂氰化物泄漏，30吨剧毒液体化作气雾扩散开来，事前人们没有收到任何警告。这座城市拥有一个储藏数十吨异氰酸甲酯的工厂，医生们从未获得过与这种化学品中毒有关的救护知识，事发后公司也没有提供有毒气体含有何种化学成分的信息，这些都是美国联合碳化物公司的"商业秘密"。国际话语的分配也有着精密的方向。切尔诺贝利事件是苏联制造，当然是苏联的丑闻。博帕尔事件由美国联合碳化物公司的工厂制造，却不是美国的丑闻。

美国生态社会主义学者乔尔·克沃尔在其著作《自然的敌人》中分析：博帕尔事件不能简单地归结为工人操作失误，也不在于这家公司的贪婪，而是制度驱使其削减成本、增加利润。设在印度的工厂和设在美国的工厂有着同样的生产设计，但在安全防护上采用双重标准——印度工厂没有电脑报警、没有远离居民区。美国联合碳化物公司、股票市场、国际货币基金组织、美国联邦储备银行、美国财政部等，都是生态危机的制造者。落后国家实在是发达世界的"污染天堂"。1992年，英国《经济学人》发表世界银行首席经济学家劳伦斯·萨默斯的"污染转移的经济理性"的观点：第三世界国家的个体生命的价值数百倍地低于发达国家，即使生态环境恶化导致了其民众的疾病和死亡，从经济学的角度上也是合算的；非洲人烟稀少国家的空气污染水平很低，空气质量没有得到充分利用，把污染物排放过去，从经济成本的角度考虑是合适的；对清洁环境的需求以一定的收入为基础，是富裕国家追求的奢侈品，这些国家才适合于讲究审美和追求健康，如果污染企业将污染物转移到第三世界，那么世界范围内的生产成本就会下降。萨默斯的贡献，是明白地说出哪怕落后国家的人死去，也是很划算的事情。经济理性和资本自由，原本不在乎生命的伦理和平等。

总的来说，经济全球化放大了资本主义的几乎所有弊端，这些弊端随着全球化进程向全世界扩展蔓延，这才是全球化负面效应的根本的问题。尤其在世界经济处于下行期间，全球经济的"蛋糕"变小，增长与分配、资本与劳动、效率与公平的矛盾就会更加突出，发达国家和发展中国家都会感受到压力和冲击。

三、逆全球化是资本主义总危机的征兆

2008年国际金融危机导致的全球经济困境和社会动荡导致人们对全球化不满,逆全球化浪潮开始涌动。"逆全球化"可以定义为全球化的反转,表现为全球贸易、投资和移民流动的弱化,或者说国家之间的经济相互依赖和融合程度降低,或者说对产品要素的跨境流动设置各种各样的障碍等。它也表现为民粹主义、保护主义、排外主义等一些逆全球化思潮的涌现,使全球经济中多边体制的功能失灵、治理失效,多边主义长期支撑全球治理的基本原则陷入了前所未有的危机。尤其是美国出现新贸易保护主义,它甚至想要甩掉WTO的机制,不断地从世界各种各样的多边组织中"退群",这时逆全球化冲击非常明显。我们现在看到的很多现象,比如说美国优先、英国脱欧、中美之间的贸易摩擦等都不过是逆全球化的表现。

怎么会出现这种现象呢?经济全球化最早是由西方发达国家主导并推进的。这些国家在自身工业体系实力强大的时候,要求包括落后国家在内的其他国家实行自由贸易,不光发达国家之间要自由贸易,还特别要求落后国家和发展中国家也要跟着他们自由贸易。如前所述,现代经济学的比较优势理论掩盖了发达国家和不发达国家之间的不平等交换。这种自由贸易是为西方发达国家在全球化环境中实现对资源和市场掠夺的工具。当竞争优势逐渐丧失或者垄断受到威胁时,美国为首的西方国家就反过来反对全球化,反对自由贸易,要采取保护主义措施。最近几年美国在中美贸易处理上的拙劣表现,给我们上了生动一课。很多国际经济学和国际贸易理论认为只要各个国家都遵循比较优势,大家都可以各得其所。然而事情并不是那样,美国为首的西方国家从自身利益出发会毫不犹豫地抛弃自由贸易,回到保护主义。对他们来说,自由贸易、保护主义只不过是工具而已。在经济危机期间,底层民众的生活水平下降,有人"甩锅"到全球化,说因为好多产业跑到中国和东南亚去了,才使得美国工人失业,因此出现了民粹主义的反全球化思潮。

事实上,逆全球化是资本主义总危机的必然结果,它是资本主义的本性决定,一旦出现经济危机,而且是世界性的经济危机和金融危机,资本的逻辑和资本主义的从个人利益出发的意识形态,就决定了其最终结果一定是"大难临头各自飞"。不但是资本与资本之间、个人与个人之间是这样,资本主义国家与国家之间也同样如此。各人自扫门前雪,扫来扫去,各国最终选择的一定是用损人利己甚至损人也不利己的方法来解决问题。在逆全球化浪潮的冲击下,全球贸易、投资明显下滑,保护主义兴起,自由贸易受阻,全球经济危机加剧。逆全球化违背历史规律,终究阻挡不了经济全球化的大趋势,更挽救不了资本主义灭亡的最终结局。

四、世界百年未有之大变局

纵观世界经济五百年,总体特征是资本主义主导的经济全球化,西欧、北美少数帝国主义列强不断地向外扩张,通过殖民主义和新殖民主义统治其他国家、掠夺其他国家,一步一步地把魔掌伸向全世界,发达资本主义国家对全球经济的剥削和掠夺导致全球经济两极分化。这种局面正在发生变化:发展中国家特别是新兴市场国家在全球化进程中积极发挥自身优势,经济实力持续上升;发达国家多年来经济增长缓慢,实力相对

下降。这是最近几十年世界发生的最重要、最根本的变化。20世纪世界格局的转变始于民族独立和民族解放运动的兴起。殖民地国家以不同的斗争方式相互支持，推翻了西方殖民主义国家建造的长达数百年的殖民主义制度。获得独立的国家作出多种努力，发展国家经济，参与国际分工，展开南南合作，实现了经济的较快速度增长。特别是被称为"新兴经济体"的发展中大国，经济快速增长，逐步改变了世界经济的大格局。2019年，国际货币基金组织统计数据显示，发达国家经济总量约为全球的60%，发展中国家约占40%，但发达经济体增速只有1.7%，发展中经济体增速为3.7%，发展中国家对发达国家的经济总量赶超趋势十分明显。有学者预测，到2035年，发达国家与发展中国家的经济总量数据就会颠倒过来。总之，世界经济的总体格局正在发生颠覆性变化，这就是当今世界正在发生的事情。习近平总书记站在世界历史高度明确指出："放眼世界，我们面对的是百年未有之大变局。新世纪以来一大批新兴市场国家和发展中国家快速发展，世界多极化加速发展，国际格局日趋均衡，国际潮流大势不可逆转。"①

大变局具有十分丰富的内容。了解世界百年未有之大变局，应该用更广的视角去透析全局演进的逻辑。要结合全球新一轮科技革命来理解大变局。技术突飞猛进既是百年变局的基本内容也是导致百年变局的基本推动力量，网络技术发展和普及促进了民众权利意识的普遍觉醒，也助推了社会撕裂，人口年龄结构和族群结构的变化加剧了社会矛盾和对立。要结合国际金融资本的积累及危机来变局。第二次世界大战后美元主导的国际货币体系靠近前途未卜的十字路口，国际多边体系进入瓦解与重构过程，作为超级大国的美国制度颓势显露。当今世界正在经历百年未有之大变局，世界多极化、经济全球化、社会信息化、文化多样化深入发展，各国人民的命运从未像今天这样紧密相连。有学者把百年未有之大变局归纳为经济实力消涨、科技竞争加剧、民粹主义沉渣泛起、人口结构问题深化意识形态纷争、全球货币体系动摇、权力政治回归、规则博弈白热化等方面，而其中最为关键的变量是世界上主要国家之间的力量对比②。习近平总书记指出，要"坚持用全面辩证长远眼光分析经济形势，努力在危机中育新机，于变局中开新局"③。党的十九届五中全会公报指出，"当前和今后一个时期，我国发展仍然处于重要的战略机遇期，但机遇和挑战都有新的变化。当今世界正经历百年未有之大变局"，"和平与发展仍然是时代主题"。公报从机遇和挑战这两个方面去看待当前的世界局势，从和平与发展这两个方面去概括百年大变局的主题。关于百年未有之大变局，我们应当有全面的辩证的眼光。

同时，我们也应该认识到变局中的不变性。世界百年未有之大变局既是生产力和生产关系这对基本矛盾以及主要经济生产方式和交换方式变革相互交织、相互作用的综合结果，也是几百年来占世界主导地位的发达资本主义国家内部固有的矛盾以及同发展中国家外部矛盾不断加剧演化的结果。正如习近平所言："尽管我们所处的时代同马克思所处的时代相比发生了巨大而深刻的变化，但从世界社会主义500年的大视野来看，我

---

① 习近平接见2017年度驻外使节工作会议与会使节并发表重要讲话，新华社。
② 张宇燕："怎样理解百年未有之大变局"，《国际经济评论》2019年第5期。
③ 《习近平谈治国理政》，第二卷，外文出版社2017年版，第211页。

们依然处在马克思主义所指明的历史时代。①"大变局是一个长期的、复杂的历史进程，其中充满进步力量与倒退势力的斗争，这一进程可能存在各种反复，对其中进步或机遇的一面要怀有信心，对其中风险挑战的一面，应做好充分的精神和物质准备。

第二节 大变局中的中国对外经济

一、中国正处于近代以来最好的发展时期

世界百年未有之大变局是在以习近平同志为核心的中央领导集体在继承和发展"和平与发展"的时代主题基础上，对新时代世界历史进程特征和发展规律性的全新把握和认识。习近平总书记强调，把握国际形势，要树立正确的历史观、大局观、角色观。面对百年未遇之大变局，习近平总书记指出："当前，我国处于近代以来最好的发展时期，世界处于百年未有之大变局，两者同步交织、相互激荡。"②

对中国来说，20 世纪既是灾难深重的年代，又是浴火重生的年代。20 世纪最后的 20 年，世界上出现了两件大事。一件是 20 世纪 80 年代开始的中国改革开放，另外一件是 20 世纪 90 年代的苏联解体。这两件事情对中国的内部和外部环境来说，都具有重大的影响。苏联倒下了，但是中国崛起了，中国的社会主义特色更加鲜明，中国特色社会主义成为世界社会主义的旗帜。作为一个社会主义的发展中大国，作为在全世界社会主义阵营里扛旗的角色，我们主张国际政治经济的新秩序。这个新秩序就是结束霸权主义，执行和平共处 5 项原则，不称霸，不输出革命，融入世界市场，做好自己的事情。社会主义与资本主义两种制度的和平共处是一个很长的历史时期，要解决两种制度之间的矛盾，根本的问题是做好自己的事情——改革开放融入世界，发展是硬道理。把社会主义的旗帜举起来，把社会主义的优越性发挥出来，从而向全世界人民证明自己的目标与主张，这才是最重要的。

到 20 世纪末，就经济总量而言，中国在数百年之后重新立于世界大国之列，复兴的进程加快。到 2010 年，中国的经济总量超过日本，跃居世界第二。根据国际货币基金组织公布的数据，2010 年，日本的 GDP 是 5.39 万亿美元，而中国的 GDP 为 5.75 万美元；2019 年，中国人均 GDP 已经超过 1 万美元。而在当年全世界将近 76 亿的人口当中，超过中国人均 GDP 的国家总人口只有 11 亿。与中国人均 GDP 水平相当的国家的总人口大约 6 亿多；而人均 GDP 低于我国的国家的总人口为 45 亿，占全世界 76 亿人口的大多数。中国崛起，是实实在在的崛起，连续多年对世界经济增长的贡献率超过 30%，对全球减贫贡献率超过 70%。中国现在正通过"一带一路"倡议来构建经济全球化新格局，作为一个负责任的社会主义大国出现在世界舞台上。

---

① 《习近平谈治国理政》，第二卷，外文出版社 2017 年版，第 66 页。
② 《习近平谈治国理政》，第二卷，外文出版社 2020 年版，第 427—428 页。

但也要清醒地认识到,在当前和未来一段时期,中国面临的实际上是全球范围内的一场经济结构与秩序的裂变而非简单的分化。国际分工格局在重构,全球治理体系处于"真空"状态,一方面是旧有体系的痼疾未清,另一方面是新多边体系的悬而未决,同时,地缘政治风险对经济运行的外溢效果也正全面显现。中国共产党是"为人类进步事业奋斗的政党",提出构建"人类命运共同体"理念,呼吁各国团结协作,共同发展;并将"构建人类命运共同体""一带一路"分别写入党章和宪法,以表明中国积极参与国际事务、承担国际责任的决心。

二、"一带一路"倡议重塑全球新经济

(一)"一带一路"倡议及其推进

中国是全球化的受益者和推动者,经过自身的长期努力,中国人已经从"站起来"到"富起来",正在走向"强起来"。2013年,习近平主席在访问哈萨克斯坦和印度尼西亚的时候,分别提出了丝绸之路经济带和21世纪海上丝绸之路的倡议,这应该是"一带一路"倡议最早在国际上露面。从这个时候,中国就开始推进共建"一带一路",这是中国走近世界舞台中央的一个重要步骤。此后,习近平主席在亚太经合组织工商领导人峰会上的主旨演讲中进一步强调,共建"一带一路"倡议的目的就是促进各国各地区互联互通,形成联动发展格局,为世界经济拓展新的增长空间。

中国倡导并与相关国家推动的"一带一路"倡议,既是顺应经济全球化将科学技术和社会生产力发展到更高水平、各国经济相互依存与相互渗透不断增强、生产要素全球性自由流动的各种壁垒不断削弱以及经济运行的国际规则逐步形成和不断完善的必然产物,也是推动经济全球化的加速器。习近平主席指出:"经济全球化是社会生产力发展的客观要求和科技进步的必然结果。"在全球大变局的格局下面,中国走出了"一带一路"倡议这步好棋,也恰好证明它已成为不可逆转的经济全球化的重要推动者。

遵循习近平主席"要统筹我国同沿线国家的共同利益和具有差异性的利益关切,寻找更多利益交汇点,调动沿线国家的积极性"① 的指示。"一带一路"建设扎实推进,共建"一带一路"倡议广受欢迎,与中国签订共建协议、备忘录等合作文件的国家数量逐年增加。到2021年1月,中国已经同140多个国家和国际组织签署共建"一带一路"合作协议,一大批重大合作项目已经落地生根。与中国签署共建合作文件的国家达到了140个,占全世界绝大多数,其中不乏发达国家。正如习近平总书记所说,"一带一路"建设不是中国一家的独奏,而是沿线国家的合唱。② 共建"一带一路"是开放的合作平台,秉持的是共商共建共享的基本原则,没有地缘政治目的,不针对谁也不排除谁,不会关起门来搞小圈子,不是有人说的这样那样的所谓"陷阱",而是中国同世界共享机遇、共谋发展的阳光大道。

(二)"一带一路"倡议的内涵与精神实质

"一带一路"倡议以亚非拉国发展中国家为主体,共商、共建、共享是它的重要精

---

① 《习近平谈治国理政》,第二卷,外文出版社2017年版,第501页。
② 习近平:"迈向命运共同体 开创亚洲新未来——在博鳌亚洲论坛2015年年会上的主旨演讲",《人民日报》2015年3月29日。

神内涵。无论与哪个国家签署"一带一路"文件，无论是双边还是多边，我们强调共商、共建、共享。首先，协议要大家商量着来，决策要大家商量着定；然后，建设是共同努力，成果是大家共享。要注重解决当代世界发展不平衡问题，这是对资本主义体系积累周期的历史超越。之前的全球化是一个帝国主义霸权国家主导的全球化，它是依靠海上运输来连接，是通过大西洋、太平洋之间的远洋贸易来平衡的，因此内陆国家就成为天生的交通条件弱势国家。这是一个基本的不平衡。"一带一路"倡议是突破当代世界不平衡发展的大战略，其精神实质就是多元平衡观，这种平衡观就是以合作共享、扩大全球分工、开辟新的经济合作区域来平衡国际贸易。"一带一路"倡议通过开辟陆路国际贸易和投资，避免中国出口市场的过度集中，减少贸易摩擦。丝绸之路是自古就有的贸易联通，只是自资本主义建立全球贸易之后，古丝绸之路逐渐衰落。"一带一路"的重新恢复与全球化发展，特别是交通基础设施现代化发展的新动向有直接关系。陆路交通运输工具的技术突破，使海上运输和陆路运输趋于平衡，因此国际贸易能够找到新的合作空间和新的平衡。

多元平衡观突破了西方仅追求贸易平衡、过度利用汇率手段的局限性。我们不仅仅是依靠贸易平衡和汇率平衡，还可以通过走出去的方式，通过与沿线国家共建基础设施，在经济发展的规划、经济发展的前景上相互融合，实现多元化的平衡。对中国来说，海运方面，我们的对外经济都是在东边，现在开通西向的陆路国际贸易，可以在东西两个方向上展开更加多元的国际贸易。从空间上来讲，"一带一路"建设不是一个区域性的封闭体系，而是一个世界性的开放体系。它是包含陆路交通和海上丝绸之路的更大贸易空间。通过丝绸之路经济带，中国的对外经济联系向欧亚大陆深处延伸。丝绸之路经济带意在将欧亚大陆连为一体，通过陆上联通缩短从欧亚大陆的东端到西端的贸易空间距离。我们要建一条铁路向西，经由哈萨克斯坦等7国向西连接到土耳其；要建一条铁路向南，向整个东南亚延伸，形成东南亚铁路交通网，打通云南、广西这些内陆省区与世界市场的联系，使一些原来纯粹的内陆国家连接上世界贸易。比如老挝以前没有和外界相连的通道，中老铁路的开通使其经济地理发生了根本性的变化。"一带一路"建设重塑了中国对外开放的经济地理，共建"一带一路"重塑了沿线国家的经济，通过基础设施的共建共用带动沿线国家经济地理格局的变化；通过建设"一带一路"加强了中国与世界，特别是广大亚非洲发展中国家的经济、政治与文化联系。

（三）"一带一路"倡议的意义

"一带一路"是中国走向世界舞台中心的一个重要举措。一些西方学者认为，中国推动"一带一路"其实与美国的马歇尔计划是一回事；或者认为突破资本主义体系的积累周期率只是一个理想主义的乌托邦，国与国之间哪有真的精诚合作，哪有共享、共建、共商。按照西方价值观，国与国之间根本的交往是利益，大国从自身利益出发必然会侵害小国利益。但中国共产党领导的社会主义国家有能力驾驭市场经济和资本运动以实现自己的价值目标，这在中国40年改革开放的进程中已经充分显现，这在"一带一路"建设的推进中也一定会进一步显现出来。赋予"一带一路"建设以开放包容、平等互利、合作共赢的基本性质，与中国特色社会主义制度相关联。"一带一路"倡议包含了社会主义政治经济学的中国智慧，是对马克思主义世界市场理论的全新诠释和全新

第十六章　全球治理与人类命运共同体

实践，而不是西方学者所理解的地缘政治或零和博弈①。

"一带一路"倡议与世界百年未有之大变局以及新一轮科技产业革命相互交汇，在这个时间点上推进"一带一路"建设，又赋予了这一倡议深远的时代意义。"一带一路"倡议顺应了时代发展之需、全球治理变革之要。在大变革、大动荡的时代背景下，加强经济合作、共建开放共赢的多边全球治理体制，积极参与"一带一路"建设，为经济发展寻找通路，成为欧亚大陆的共同心声，成为构建共商、共建、共享全球治理观的重要抓手。因而，"一带一路"倡议是百年未有之变局下全球治理体系变革之需。"一带一路"倡议是开放的、合作的、互利共赢的，它是人类社会走到"十字路口"时面向远方的一条通途，它没有地缘政治的把戏，也没有损人利己的图谋，而是真正连接各国、沟通世界的重要发展倡议。参与"一带一路"建设的国家，共同构建起了一个新全球化的网络，为逆全球化的潮流构筑起了防波堤和避风港，搭建起多边主义、多边合作，多边共担发展责任的新平台。可以说，中国提出"一带一路"倡议，是对多边主义和国际合作的重要贡献。

"一带一路"倡议同时也着眼于文化交流。教育、科技、艺术等领域的文化交流活动丰富多彩，开阔了人们眼界，带来了发展机会。墨西哥维拉克鲁斯大学教授阿尼瓦尔·卡洛斯·索特雷说："中国的'一带一路'倡议以开放的姿态面向全世界所有国家，是新时代中国与世界关系的缩影。中国的对外交往可以追溯到秦汉时期，汉代时就已经非常兴盛。跨越数千年的文明对话赋予了中国独特的跨文化视野，让中国得以提出'一带一路'这样一个可信且可行，并且关乎中国与世界可持续发展的伟大倡议。从古代的丝绸之路到新时代的'一带一路'，中国秉持的和而不同、互利互赢的对外交往传统从未改变。"②

三、新发展格局与世界经济

（一）构建新发展格局的内在逻辑

习近平总书记指出："要推动形成以国内大循环为主体、国内国际双循环相互促进的新发展格局。"构建新发展格局，是根据中国发展阶段、环境、条件变化提出来的，是适应新发展阶段、贯彻新发展理念的战略选择，是推动高质量发展、统筹发展和安全的战略举措，是习近平新时代中国特色社会主义思想的一个重要的方面，是重塑我国国际合作和竞争新优势的战略抉择。

经济循环指的是市场经济中的资本循环和生产要素循环，它包括了商品循环、货币循环和劳动力要素的循环。马克思研究资本循环的基本公式是：G—W—P—W'—G'；其中包括生产和流通两者相互衔接的过程。生产中生产资料与劳动力结合，创造商品，这是生产过程；商品进入市场出售，变成货币，然后在市场上再购买新的生产要素，为下一阶段生产准备条件。循环是包括了生产过程和流通过程在内的资本大循环，国内资

---

① 李世杰、刘文革、郭庆宾："中国特色地缘政治经济学的理论探索与体系构建——第五届地缘政治经济学论坛综述"，《经济研究》2020 年第 5 期。
② 阿尼瓦尔·卡洛斯·索特雷："红星何以照耀中国：'一带一路'倡议具有世界意义"，《光明日报》2022 年 10 月 23 日。

本循环和国际资本循环相互联系,相互交融,因此也能够互相促进。市场经济普遍的社会物质变换延伸到国内市场和全球市场,是双循环相互促进的前提条件。参与国际贸易就要进入国际循环,新发展格局的概念强调以国内大循环为主体,这是矛盾的主要方面。新发展格局强调在大变局背景下,"以国内大循环为主体",它是指充分利用和发挥、不断巩固和增强中国市场资源的优势,重点是疏通经济循环的关键堵点,着力破除阻碍经济循环的制度障碍;促进生产要素更加自由公平流动,进而促进高效循环流转,消除生产、分配、流通、消费各环节的痛点,推动国民经济整体良性运行,以进一步促进生产要素循环和国民经济循环有机衔接。

2008年以前未提出"新发展格局",是因为此前我国外贸依存度曾一度高达60%以上。2008年以后,形势发生了变化,国际市场不再那么靠得住,美国人想要和我们脱钩。这时如果再把过多的希望放在依靠中美贸易带动国内经济发展,即使我们有良好愿望,美国人也不愿意。所以要看清形势,改变策略。在国内国际两个循环的关系上,要明确以国内大循环为主体。2008年国际金融危机以来,我国经济已经开始向国内大循环为主转变,经常项目顺差同国内生产总值的比例,从2007年的9.9%下降到今天的不足1%,内需对经济增长的贡献率有7个年份超过100%。2006年,出口在中国经济总量中的比重为35.4%,到新冠疫情暴发前的2019年,这一比重下降到17.4%。也就是说,中国2019年经济总量的82.6%已经在国内循环消化,这意味着中国经济已经是以内循环为主体。在中美贸易战以及2020年新冠疫情的双重影响下,中国产品出口受到抑制,需要更多地依靠国内循环来消化产品以维持经济的增长。未来一个时期,国内市场主导国民经济大循环特点会更加明显,经济增长的内需潜力会不断释放。因此,要坚持供给侧结构性改革战略,扭转扩大内需战略基点,使生产、分配、流通、消费更多地依托国内市场。这是形势变化本身的要求——外部市场本身在变化,我们必须主动调整,提前应对。具有比较优势的产业及其产品不仅要在国内市场流通,还应该进入国际市场,以实现规模经济,加快经济增长和资本积累。

新发展格局顺应世界正经历百年未有之大变局,依托中国超大规模市场优势和内需潜力,服务于中华民族伟大复兴的战略全局,是中国经济"育新机、开新局"并赢得国际竞争新优势的主动战略选择。新发展格局的提出,只是表明了如下基本事实:中国是一个大经济体,随着中国收入水平的提高,经济规模会越来越大,服务业在经济总量中的比重会越来越高,经济发展的质量会越来越高,国内循环的比重会越来越大。中国在以国内大循环为主体的同时,一定要坚持国内国际双循环相互促进。事实上,这也正是新发展格局的重要内涵,并且,中国的经济发展越好,收入水平越高,经济体量越大,国内循环的主体地位也就会越高。

新发展格局绝不是封闭的国内循环,而是开放的国内国际双循环。我国参与国际大循环,畅通了国内循环,形成了出口—投资联动的发展模式。我国在世界经济中的地位将持续上升,同世界经济的联系会更加紧密,为其他国家提供的市场机会将更加广阔,成为吸引国际商品和要素资源的巨大引力场。① 我们正处于近代以来最好发展时期,已经是世界第二大经济体,我们的经济规模还在持续增长。在一段时间内,国内市场的增

---

① 习近平:"在经济社会领域专家座谈会上的讲话",新华社,2020-08-24。

长速度会快于国外市场。因此，从自己本身发展来看，也必须要调整策略，把重心放到国内来，把国内市场大循环做得更好更踏实。把国内事情做好，参与国际循环才有更强大的基础，两者不是相互对立，而是相互促进的。

（二）加快形成高水平自立自强的新发展格局

"构建新发展格局最本质的特征是实现高水平的自立自强"①，习近平总书记的这一精辟论断深刻告诉我们，对于构建新发展格局及其意义的认识和理解，一定要透过现象看本质：新发展格局的核心要义在于统筹发展和安全。实现高水平的自立自强是以扩大内需为基础，它一方面表现为"客场全球化"转化为"主场全球化"，经济增长的主要市场依托不再是西方国家，投资、生产乃至进口都不是简单地为了出口，而是为了更好地满足国内市场的需求；另一方面表现为产业发展对西方技术的依赖度降低，独立自主的研发能力成为支撑国内经济循环的最重要的要素之一。但是，高水平的自立自强并不意味着闭关锁国，而是降低对国际循环的依赖程度，使国内创新致力于为世界科技进步贡献重要力量。

加快形成新发展格局关键是要把自己的事情做好。我国市场的规模之大，全世界独一无二，而且我们的发展潜力又特别巨大，是最有潜力的发展中市场。同时，国外的资源与国外的市场也离不开中国市场，我们要通过供给侧结构性改革这条主线，进一步畅通国内经济大循环，使外产业更加依赖中国的供应链和产业链，更加依赖中国的巨大消费市场，从而促进更高水平的对外开放，实现国内国际双循环。为此，应该从四个方面着手，建立完整的高质量发展的内需体系，形成新发展格局。一是要加快构建统一开放、竞争有序的现代化市场体系；二是要加快建设创新引领、协同发展的现代化产业体系；三是要加快建立和完善体现效率、促进公平的收入分配体系；四是要加快消费转型升级，重塑新型消费体系。国内市场的拓展不能只靠固定资本的投资，这不可持续。真要靠内需、靠国内大循环为主体去形成新发展格局的话，分配问题和消费问题都是重要环节，必须及时提上日程——增加居民收入，加快消费转型，扩大消费需求。只有将国内市场做大，内循环才能有更深厚的基础。以内循环为主体推进两个循环的相互促进，要高举全球化旗帜，在推进高水平开放中重视经济安全。

第三节　人类命运共同体与平等劳动

一、全球经济治理的历史、现状与困境

（一）全球经济治理模式的形成及其演化

当前全球治理秩序形成于第二次世界大战之后资本主义所谓的黄金年代（Golden

---

① "习近平在省部级主要领导干部学习贯彻党的十九届五中全会精神专题研讨班开班式上发表重要讲话"，http://www.Xinhuanet.com/politics/leaders/2021-01-11/c_1126970918.htm。

Ages，1945—1973年）。美国在全球范围处于至高无上地位的时候，它可以板着一副"公平正义"的面孔，维护"自由、平等"的国际关系，"自由贸易"的世界秩序，事实上是维护它自己的霸权主义。现行的全球经济治理模式建立在联合国宪章与世界贸易组织的多边主义框架上。从形式看，它是一个多边主义框架，但是这个框架背后的实质是以美国为霸主的西方体制。如，联合国这个组织看起来是民主平等的，各国都可以在里面发言和举手表决，但它的实质含义只有在联合国的权力强加到自己身上的时候才能有所体会——美国当年要出兵朝鲜，就利用联合国这个招牌作出决议，聚集了17国组成联合国军，这个时候，中国人才真切感觉到什么叫联合国！联合国的"多边主义框架"和它背后的单极秩序实质是以美国在联合国的控制力为纽带的。

然而，随着当代世界力量对比的变化，这种建立在形式平等的多边主义框架上的霸权体制事实上已经有所松动。现在美国人已经控制不住了，他们想继续利用这个多边主义框架行使霸权主义越来越难。这个全球治理体系需要改变，美国人想变化，广大发展中国家也想变化，但各自想变化的方向不一样。一个想要维护霸权主义，一个想要实质上的多边主义。与全球权力格局的剧烈变动形成鲜明对比，全球治理体系和与之相对应的国际秩序表现滞后，全球治理的"参与赤字"和"责任赤字"愈益扩大，全球治理的有效性受阻，构建与全球权力格局相匹配的全球治理体系迫在眉睫。单极秩序已经不能适应世界权力消长。①

约瑟夫·奈在2017年提出，"在全球霸权国家既无意愿、又无能力提供必要的全球公共产品，而新兴大国也无力提供，那么会造成全球治理领域出现领导力的真空，使全球治理体系处于混乱状态"②。此处所说新兴大国显然指中国。中国与美国不同，我们不追求全球霸权，而是希望建立一个继续利用多边主义框架并有多边主义实质的人类命运共同体，一个所有参与国互相尊重、平等互利的世界治理体系。

（二）全球经济治理的失序与修正

习近平总书记指出："全球治理体系与国际形势变化的不适应、不对称前所未有。"③全球治理体系的现实效能是影响世界局势稳定的重要变量。对全球治理体系造成影响的有失序和善治之分，失序反映出以美国为代表的资本主义国家为全球治理增添负面的内容，善治体现出社会主义中国推动全球治理向合理有序的方向发展。通过比较不同国家在世界变局中的治理表现，明确社会主义制度相较于资本主义制度的优势，为更好地坚持和完善中国特色社会主义制度，推进我国国家治理体系和治理能力现代化是世界百年未有之大变局给予我们的重要启示。社会主义国家依托其社会主义的先进制度，主动把制度优势转化为国家治理的效能，为本国发展和地区局势稳定作出重要贡献，为人类应对世界百年未有之大变局注入强劲的正能量。

我们要修正当前的国际治理体系，在原有框架上改革国际治理体系，而不是挑战与颠覆。我们想在这个多边主义框架上按照世界潮流进行改革，改变它霸权主义的实质。

---

① 裴长洪、彭磊："中国开放型经济治理体系的建立与完善"，《改革》，2021年第4期。
② 转引自刘波："百年未有之大变局下全球治理面临的挑战及中国的参与路径"，《教学与研究》，2020年第12期。
③ 习近平："坚持可持续发展 共创繁荣美好世界——在第二十三届圣彼得堡国际经济论坛全会上的致辞"，《人民日报》，2019年6月8日。

中国人不是没有提供世界公共产品的能力，而是没有争当霸主的意愿。与所有新兴发展中国家一样，我们愿意探索创建更加公平、公正、平等和高效的新型全球治理体系。全球治理的新机制并不寻求与既有的多边主义体制在理念和规则上冲突。我们力求在维持原有框架前提下对之修补和完善，在制度建设层面促进南北互利合作，而不限定中心国家与外围国家的概念。习近平总书记指出："世界命运应该由各国共同掌握，国际规则应该由各国共同书写，全球事务应该由各国共同治理，发展成果应该由各国共同分享。"① 这才是我们所追求的东西。这一合情合理的追求，代表全世界大多数国家、大多数百姓的意愿，它当然不可能得到原有霸主国家及所有在此体系下受益的中心国家同意，他们肯定要阻挠改革，肯定利用他们现有的优势来阻碍改革的进程。

美国国务卿布林肯在 2022 年 5 月 27 日的对华政策演讲中说，中国是本世纪唯一有实力挑战世界秩序的国家——他把中国放在一个挑战世界秩序的位置上。正如我国外交部发言人指出的那样：这是谎言！中国不是世界秩序的挑战者，而是现行国际体系的参与者、建设者、贡献者。要说挑战，我们挑战的是美国秩序、美国的霸权秩序，而不是世界秩序；我们要利用既有的多边主义框架，通过全世界各国的共同努力来建设更加完善的全球治理体系。

二、全球治理的中国方案

（一）共商、共建、共享的全球经济治理理念

世界将不断地打破原来的思维方式、生产方式、经济连接方式和人类的生存方式。**全球治理**新机制的本质要求是互联互通，是科技发展的成果、创新的成果不断转化为为人类谋福利的物质财富，它的本质要求是新的国际关系必须是共商、共建和共享、共赢。在百年未有之大变局的历史条件下，坚持共商、共建、共享的原则，积极参与全球治理，贡献中国方案，推动经济全球化朝着更加开放、包容、普惠、平衡、共赢的方向发展，**既**是中国前所未有的历史机遇，又是中国义不容辞的历史责任，正如习近平总书记指出的，"继续做全球治理变革进程的参与者、推动者、引领者，推动国际秩序朝着更加公正合理的方向发展"②。中国对全球治理的认识和参与随着全球形势的发展与时俱进，不断被赋予新的内涵。2021 年，中国的官方文件明确提出推动全球治理体系变革。

长期以来，"治人"和"治于人"的传统全球治理格局将发达国家和发展中国家分为首末两端。但是随着世界各国经济的发展和国际权力的演变，传统治理僵局逐渐被打破，新的治理格局应运而生，全球共同治理成为新常态，相应而生的全球治理理念也焕然一新。我们主张的全球治理至少包括以下四个方面内容：一是跳出西方传统的国强必霸的逻辑，坚持走和平发展道路；二是改革既有国际秩序中的不公正和不合理，推动全球治理体系的深度变革；三要勇于开创新的合作模式和合作理念，鼓励国际社会中其他国家搭中国发展的便车，世界共同发展；四是促进全球问题的有效解决，广泛参与多领

---

① 《习近平谈治国理政》，第二卷，外文出版社 2017 年版，第 540 页。
② 习近平："坚定信心 共谋发展——在金砖国家领导人第八次会晤大范围会议上的讲话"，《光明日报》，2016 年 10 月 17 日。

域的治理进程。中国越来越进入到国际事务的中心,越来越展现出作为一个负责大国在国际事务中的应有姿态。

(二) 构建人类命运共同体的必要性与紧迫性

纵观世界文明史发展进程,我们可以看到,人类命运共同体的形成具有深厚的历史基础。资本主义生产方式全球扩张所形成的世界市场在客观上加深了各民族相互依存的社会关系。19 世纪以来,共产主义运动在世界范围内兴起,全世界无产者的广泛联合带来了世界性运动的勃兴。从第一次世界大战到第二次世界大战再到冷战,人类虽然在不断扩大的世界交往的过程中因为利益和价值观的差异而爆发激烈的冲突和对抗,但又蕴含着人类超越民族国家、走向更高层次的联合和一体化的内在逻辑。

随着经济全球化的发展,人类社会首先在经济领域逐步连成一体,全球性的市场和全球性的贸易构成一个密集的产业网,分工深化使全球生产体系成为环环相扣的精密机器。因此,生产力发展、市场经济发展、全球化的发展使得整个人类的联系越来越紧密,地球生态圈已经缩小为一个"地球村"。资本拥有的生产力,包括先进的科学技术,在给人类提供物质产品的同时,总是伴随着巨大的破坏力,核能技术的发明已经能够毁灭地球。这种生产力的发展和它的破坏力并行对人类来说始终是极大的危险。资本主义制度的内在矛盾不仅必然地导致全球金融危机,还导致核军备竞赛及这种竞赛下的恐怖平衡,破坏宏观经济的平衡和地球生物圈的平衡,造成地球变暖,造成高危疾病的传染,以经济危机和生态危机的形式危及全人类的安全。这个由资本主义主导、由西方大资产阶级掌控的秩序,导致这个阶级的核心利益与全人类利益相冲突,国际垄断资本的趋利行为危及全人类的生存和发展。并且严重阻碍全球治理与人类社会协调。因此,按照人类命运共同体理念改变旧秩序,建立新秩序具有充分的必要性与紧迫性。

(三) 人类命运共同体是全球治理的核心理念

经济全球化的深入发展、世界市场的形成和信息通信技术是真正的世界性发展。不同民族和国家之间普遍性交往的状态,是作为百年未有之大变局的基础和根据,是构成习近平主席提出人类命运共同体理念的根本条件。人类命运共同体概念虽然相较百年未有之大变局的论断提出在先,却是以习近平同志为核心的党中央运用马克思世界历史理论对百年未有之大变局的深刻理解和积极回应。人类命运共同体理念既是经济全球化深入发展的必然选择,更是应对全球性问题凸显而提出的应对之策。它在揭示百年未有之大变局基本内涵的基础上,科学地回答了人类面对百年未有之大变局的基本出路,成为习近平新时代中国特色社会主义思想的重要组成部分,具有重大的理论意义和实践价值。

全球治理中国方案的核心理念就是人类命运共同体,需要在实践中不断展开。2013年党的十八大报告提出"倡导人类命运共同体意识"。同年 3 月,习近平主席在莫斯科国际关系学院提出命运共同体理念:"人类生活在同一个地球村里,生活在历史和现实交汇的同一个时空里,越来越成为你中有我、我中有你的命运共同体。"① 这是习近平主席第一次在外交场合提到命运共同体概念,之后在 2015 年 9 月联合国大会上首次在

---

① 习近平:"顺应时代前进潮流 促进世界和平发展——在莫斯科国际关系学院的演讲",《人民日报》,2013 年 3 月 24 日。

重大国际组织场合提出了人类命运共同体的概念,并且详细地阐释了核心思想。在这之后,在许多的国际场合,习近平主席先后提出了构建网络空间命运共同体、安全命运共同体等具体理念,使人类命运共同体的内容日臻丰富完善。

人类命运共同体倡导公平合理的新型国际关系:坚持多边主义,不搞单边主义;世界各国一律平等,不以大压小、以强凌弱、以富欺贫;对话而不对抗,结伴而不结盟。人类命运共同体反对霸权稳定论,倡导构建持久和平的世界;人类命运共同体超越单边安全观,倡导构建普遍安全的世界;人类命运共同体摒弃狭隘利益观,倡导构建共同繁荣的世界;人类命运共同体批判"文明冲突论""文明优越论",倡导全球新型文明观;人类命运共同体理念回应全球治理危机,直面全球重大议题,凝聚全球共同愿景,贡献中国方案。① 这个治理方案直面全球治理的现状与困境,极具针对性。构建人类命运共同体是中国站在真理和道义制高点,深刻把握全球治理赤字、信任赤字、和平赤字、发展赤字等问题而提出的中国方案。

三、全球治理中国方案的制度根基

人类命运共同体构建的可能性和必然性涉及全球治理中国方案的制度根基及其与当今世界大变局的内在关联。

(一)中国崛起是构建人类命运共同体的关键因素

人类命运共同体理念提出以后,国内国际许多人认为这个概念太理想化,怀疑其有没有实现的可能性。"一带一路"倡议的共赢理念,已经超出了主流国际经济学的认知。他们认为这与马歇尔计划一样,不过是大国妄图控制其他国家,推行霸权主义的工具。历史证明,马歇尔计划最终服务于美国利益,而"一带一路"倡议的共赢理念完全不同于西方世界资本逻辑主导的发展观。人类命运共同体理念是与资本逻辑相对立的,它承认世界的多极化与多边主义,强调不同国家之间的平等互利、持续和平、普遍安全与共同繁荣,反对单边主义和霸权主义。所以我们说"人类命运共同体"不是理想主义的乌托邦,当然它也不是可以立竿见影的短期计划,它是在当前世界大变局中顺势而为、循序渐进的大战略。"一带一路"倡议需要沿线国家共同努力,人类命运共同体建设则需要全球范围内大多数国家的共同努力,在现有的多边主义框架内循序渐进改革。从这个意义上,人类命运共同体是人心所向、大势所趋,这是它的可能性与必然性的根基。与此同时,一个非常关键的因素必须提及,那就是社会主义中国的存在与崛起。

中国的崛起是新世界格局的一个关键因素。中国至少在 1000 年之前已经是世界上最强盛的国家,成为当年许多西方人向往的地方。然而,随着西方资本主义的崛起,这个东方大国逐渐衰落了。如今,中华民族重新站起来,富起来,并且在新时期强起来,中华民族复兴是 21 世纪的必然前景。随着中国在世界经济中的份额不断扩大,中国经济在世界经济格局中的地位也越来越高。这不仅仅是以中国为代表的广大发展中国家与以美国为霸主的西方发达国家之间力量对比的大变局,而且是中国这个社会主义大国与美国这个资本主义大国之间力量对比的大变局。

---

① 周宗敏:"人类命运共同体理念的形成、实践与时代价值",《学习时报》,2019 年 3 月 29 日。

政治学家认为，大国地位的变化必然会陷入所谓的"修昔底德陷阱"，必然会产生严重冲突。许多经济学研究者对于中国提出的人类命运共同体理念充满疑问，他们从西方经济学的规范理论出发，认为国际贸易中先进国家出口高附加值的、资本密集型或技术密集型的产品，落后国家出口低附加值的劳动密集型产品，这里的"不平等交换"是市场经济的必然规律。中国崛起进入发达国家行列，甚至成为全球科技创新和生产力发展的领头羊，国际贸易仍然会遵循这个铁的规律，因此，强起来的中国必然会谋求世界霸权。有什么可以保障拥有国际竞争优势的社会主义中国不谋求科技垄断、金融垄断甚至霸权主义，像美国今天这样收割全世界？经济学狭隘的比较优势理论更认为，国际竞争中，领先者不择手段地压制追赶者天经地义，面对市场竞争，新晋的领先者只有一种选择，即像其前任一样行事。用市场经济的基本规律质疑"人类命运共同体"，这是严重的理论挑战，政治经济学必须给予回应。

（二）国际竞争的两个前途、两种命运

1. 竞争与垄断

市场经济促进生产力发展的竞争机制：追逐超额剩余价值（超额增加价值）是动因，技术创新与管理创新是手段，学习与追赶是创新推广机制，它导致生产力的提高和超额剩余价值的消失，而这也恰恰成为创新动力的维护（再生成）机制。这种不断推进的创新与创新推广过程，成为社会劳动生产力持续提高的有效机制。马克思在《资本论》第1卷讨论资本主义的相对剩余价值生产时对此有完整阐释。本书第五章论证了这一机制在社会主义市场经济中的适用性：企业无论是以超额剩余价值为目标，还是以超额增加价值为目标，其竞争行为都有相似性，市场经济导致社会生产力不断提高的竞争机制也具有相似性。这是市场竞争对生产力发展的积极面。

但是市场竞争还有负向作用的一面：竞争如果导致垄断，垄断就会阻碍创新推广。创新领先者只要可能，就会设法阻断至少是延缓创新推广，以便更长时间地获取更多超额剩余价值。阻断创新推广使得创新领先者成为技术垄断者，这对垄断者有利，却不利于社会生产力的持续进步。这是所谓"看不见的手"理论失败的一个典型案例。因此市场经济国家从资本家阶级整体利益出发，会推进反垄断立法；在知识产权管理（如专利制度）中寻求创新激励与创新推广之间的平衡。

市场竞争促进创新发展的规律在国际竞争中同样适用，竞争导致垄断，因此有必要用制度规制创新领先者谋求垄断地位、阻碍创新推广。但是，在国际资本主导的世界经济秩序中，领先国家的技术垄断没有任何制度制约，相反，领先国家主导了国际贸易规则的制定（如专利法），从而形成向垄断者一边倒的国际竞争秩序，发达国家的高科技产品在垄断市场上的垄断价格与发展中国家劳动密集型产品在竞争市场上的竞争价格之差，导致了两种类型产品的不平等交换，这是有利于发达国家国际分工和国际贸易格局的结果，又反过来巩固了不合理的国际分工和贸易体系，是西方经济霸权的基础。技术领先者从自身最大利益出发，追求垄断和垄断利益的固化是南北国家矛盾冲突的根源。

2. 领先者的两种选择和国际竞争的两种结果

什么是国际竞争中创新领先者的利益？社会主义中国对自身利益最大化的理解与发达资本主义国家特别是美国这样的霸权国家是否相同？政治经济学的理论告诉我们，两个国家、两种制度的自身利益理论有根本区别，这就决定了两者在国际贸易中的行为以及在构建国际经济秩序的主张根本不同。

中国特色社会主义政治经济学的研究表明,世界经济竞争并非只有上述一种结果,世界贸易的优胜者在竞争中存在两种选择。首先,我们并不预期也不主张领先者主动放弃领先地位,贫穷不是社会主义,落后也不是社会主义,社会主义的企业在世界范围的市场竞争中将争先创新,为促进人类生产力发展作出更大贡献。问题是领先者将如何维持自己的领先地位,领先者在国际竞争与追赶者如何相处?一般认为领先者在市场规律的支配下,会不择手段地维持技术垄断优势,利用像知识产权的过度保护甚至技术恐怖主义的制裁手段打压追赶者,维护自己的既得利益。如果这样,中国在世界经济中的行为将与历史上所有霸权国家毫无二致,也将成为新一代霸主。这是一种可能性。

政治经济学认为还有另一种可能性:领先国家在平等的国际竞争中保持自身的创新活力,提升自己的创新活动,不采用非正当手段打压追赶者,在开放的国际竞争环境中与所有国家平等竞争,相互促进。从长远的发展利益看,竞争中先进国家要平衡领先创新与追赶创新之间的关系,营造一种国与国在创新中相互追赶、相互促进的竞争氛围,这不仅有利于追赶者的发展利益,对于领先者在竞争压力下始终保持内在动力与创新活力也是最具长远利益的选择。我们所努力建设的多边主义国际治理体制,应该能够提供保障平等科技竞争的国际公共产品,能够在激励创新和推广创新之间建立平衡,给所有国家提供技术追赶的机会。短期看,真正平等的国际竞争有可能使领先国家暂时丧失领先地位,但从长期看,一个更加开放包容充满活力的国际竞争环境会加快所有竞争参与者前进的步伐,加快人类科技进步和社会生产力的不断提升,促进世界经济的持续繁荣。这对所有人都更加有利,也包括所有技术上暂时领先的国家。我们的目标不是压制别人、保持技术上高人一等即保持用经济手段剥削别国的剩余劳动,而是靠本国劳动者的勤劳和智慧创造自己的美好生活。中国对世界的承诺是可信的。

这是一个领先者从长远、全局的角度考虑问题而作出的选择。缩小南北差距、缩小领先者和追赶者之间的差距,有利于全球经济的发展,有利于科技进步与社会生产力发展。这是有远见的领先者应该认识到的问题。既然是领先者就要有这个胸襟,就应当有这样的长远观点和世界格局。最终一定会在全世界各国间形成更高的社会流动性,即落后国家与领先国家之间平等竞争、相互赶超。在此前提下,所有国家一起推进全球生产力发展,为人类福祉作出更大的贡献。领先国家靠打压别人来发财当然可以过几天舒服日子,但是这对全人类严重不利,而且靠打压别国保持自身富裕的策略一定会反噬自身:一方面,其施于别国劳动者的手段同样会施加于本国劳动者,国内阶段矛盾会不断激化;另一方面,国家间的压迫与剥削必然导致更多的矛盾和冲突,领先者自己也不得安宁。这些过程都是互为前提的。

(三)平等劳动是中国方案的决定性前提

强起来的中国一定会选择第二种可能,根本的原因在于中国制度的内部结构、中国发展的内在动力。过去的 70 余年,中国人民靠艰苦奋斗而自立,靠勤劳创新而致富,也一定会在平等劳动的对内和对外关系中实现国家"强起来"。中国式现代化的制度根基是中国共产党领导和社会主义基本经济制度,这就决定了社会主义中国无论发展到何等程度,一定会与世界各国一起平等互利地构建人类命运共同体。

1. 中国人民靠自己劳动走向现代化

一个国家的财富增长无非两个来源，一是自身积累，二是对外掠夺。先前发达的资本主义国家的工业化、现代化进程都是靠掠夺起家的，资本的原始积累不仅靠国内劳动人民的残酷剥削，还靠殖民扩张和"大西洋三角贸易"这样海盗式的对外掠夺。资本主义国家的对外掠夺是以国内雇佣劳动的阶级剥削关系为基础，是对内剥削关系在外部关系中的必然延伸，即其国内少数人对绝大多数劳动人民的剥削和压迫在合适的条件下扩展为对殖民地乃至全世界发展中国家的剥削和掠夺。正是依靠这种"两条腿走路"的方式，先进的资本主义国家跨过资本原始积累的门槛，在世界范围内率先崛起，并且以强大的经济和军事实力构建起中心—外围的世界秩序，维护自身发达国家富裕生活的可持续性。这是西方世界国富国强的成功经验，自然不可能自愿放弃。

社会主义中国的财富增长只有一个来源。近代以来，旧中国在帝国主义列强的围猎下沦为半殖民地半封建国家，是世界上人人垂涎的被掠夺对象。新中国成立之初便废止了帝国主义列强强加在我们头上的不平等条约，改变了国家被剥削被掠夺的命运，中国人民从此站起来了。但是，我们的发展是在"一穷二白"的基础上起步的，无论从国内还是国际环境看，国家工业化的起步十分艰难，不要说对外掠夺，就是与各国平等做生意也受到严格封锁。站起来的中国人民只能靠自力更生、艰苦奋斗启动国家工业化。提高资本积累在国民收入中的比重是一个严重考验。西方学者断言，一个国家在百姓温饱问题尚未解决的情况下很容易落入所谓的"低水平循环陷阱"：因为贫困而无钱积累，因为没有积累而持续贫困。而新中国很快将全社会积累率提高到30%以上，在短短几十年时间里建立了比较完整的工业化体系，并且在之后的改革开放中创造了经济增长奇迹，实现了国家从"站起来"到"富起来"的历史性飞跃。改革开放以来，中国人充分利用两个市场、两种资源建设现代化，但在对外经济关系中坚持平等互利的原则。国家财富积累的最终来源始终只有一个，那就是中国人自己的剩余劳动。从深层次看，这也是中国式现代化走和平发展道路的根本原因。

2. 社会主义经济制度决定国家对外经济关系

中国共产党领导下的社会主义制度决定了我们在对外经济关系中的必然选择。社会主义经济制度是劳动者共同占有生产资料和平等劳动平等分配的经济关系，全体劳动者靠自己的劳动创造自己的幸福生活，人与人之间没有剥削者与被剥削者的阶级划分，也没有谁占有谁的剩余价值，大家共创共享幸福生活。这是社会主义经济的主体部分，决定社会主义经济的整体走向。所以社会主义中国必须自力更生、自强不息。这是社会主义经济主体部分的特点决定的。

中国特色社会主义经济还有为辅的部分，即还有非公经济。在这部分经济里面存在着阶级关系，剩余价值为私人占有。但是这部分经济在社会主义制度下受到规范和引导，不允许成为主体。随着社会主义经济的不断地发展，社会主义制度的不断完善，公有制为主体的特点会越来越显著，平等劳动的实现程度会越来越提高。社会主义经济的基本性质决定了中国人在整个"富起来""强起来"的全过程中都要靠自己劳动，而不是靠剥削别人。这是我们数十年形成的基本规则、基本思维方式和基本行为方式。这些规则和方式会对我们处理国际关系产生决定性的影响。

西方发达国家在崛起中不断地对外扩张、殖民，剥削他国劳动，甚至不惜采取种族

第十六章　全球治理与人类命运共同体

灭绝的手段消灭原住民，占有原住民的土地，因为它们的资本主义制度遵循丛林法则。西方文明与东方文明在文化基因上存在差别。孔子曰：己所不欲，勿施于人。近代中国饱受资本主义列强的欺凌，签订各种不平等条约，在西方资本的裹挟和驱赶下加入到了世界经济体系中。这是中华民族的苦难史和血泪史，因而中国人民更加珍惜和平之宝贵。走和平发展之路，是中华民族对优秀文化传统的传承和发展，也是中国人民从近代以后苦难遭遇中得出的必然结果。

中国优秀传统与人类命运共同体理念存在内在关联与传承关系。传统文化中诸如"天下为公""协和万邦""兼收并蓄""和而不同"的优良基因，都能从人类命运共同体理念中找到它们的基因信息。

中国人根据自己的生活经验知道：只有平等待人才能得到尊重，在平等互利的国际环境中，未来的日子才会过得更好。我们不需要战争，不需要面对全世界的怨声载道，我们的子孙后代会在一个更加和谐的地球村与所有国家和平共处，一起创造更加美好的未来。所以，中国特色社会主义制度本身决定了创新发展、共享发展、开放发展一定是联系在一起的。中国特色社会主义经济制度决定了我们强起来之后，还会坚持人类命运共同体理念，以相互尊重、平等互利的态度处理国际事务。这就是社会主义中国的历史责任。

思考题

1. 如何理解经济全球化与百年未有之大变局的关系？
2. 为什么说构建新发展格局既可能也必要？
3. 人类命运共同体的科学内涵是什么？为什么说它是全球治理的中国方案？
4. 为什么说平等劳动是人类命运共同体的根基？

全书结束语：中国式现代化的道路与目标

当前，百年变局正在加速演进，经济全球化遭遇逆流，世界经济复苏步履维艰，各类安全挑战接连不断。作为本书的结束语，我们试图在此背景下总结中国式现代化的道路与目标。

一、中国道路的独特性和普适性

正是正确运用马克思世界历史理论，社会主义中国克服了对经济全球化的疑虑，作出了积极融入世界市场的战略安排，并用成功实践诠释了改革开放是决定当代中国命运的关键抉择，是实现中华民族伟大复兴的必由之路。

不少人反对中国道路的提法，说世界经济发展只有一个规律、一条道路；西方工业化国家已有成功经验，是我们现成的榜样，中国用不着创造自己的道路，也不可能再创造出什么不一样的道路。国外有一些学者比国内否定中国道路、中国模式独特性的人要看得更清楚一些，比如提出"北京共识"的美国学者雷默。他说，中国正在指引世界其他一些国家在有一个强大重心的世界上保护自己的生活方式和政治选择。这些国家不仅在设法弄清如何发展自己的国家，而且还想知道如何与国际秩序接轨，同时使它们能够真正实现独立。我把这种新的动力和发展力学称为"北京共识"。①

美国西方这个当今世界的强大重心，维护着一个有利于国际垄断资本的世界秩序——中心—外围体系。外围国家想要保护自己的生活方式，选择自己的政治发展道路，就必须在这种世界秩序中发展自己国家的独特道路。这条道路一定是与先发的工业化国家不同的。而且，这种发展既要与国际资本主义主导的世界市场接轨，又要保障国家发展真正独立，走起来一定是异常艰难的。从罗德里克（Rodrik）的"全球化不可能三角"理论可知，世界上还很少有国家真正找到了令人满意的发展之路。中国道路是少数例外。雷默称之为"北京共识"是有充分依据的。当然，如何总结"北京共识"，其实还很难形成共识。

国内围绕中国模式、中国道路已经展开了一系列讨论，甚至是争论。有学者认为"中国模式"实质上就是中国作为一个发展中国家，在全球化条件下实现现代化的一种战略选择，它是中国在改革开放过程中逐渐发展起来的一整套应对全球化挑战实现自身发展的战略。② 这一表述的合理性在于，将中国模式或中国道路放在全球化背景下来讨论，这是概念的题中应有之义。没有全球视野，没有国际比较，就无所谓中国道路。同时，这一表述强调发展模式是现代化的战略选择，即现代化的成功之道。国家现代化是

---

① 黄平、崔之元：《中国与全球化：华盛顿共识还是北京共识》，社会科学文献出版社2005年版，第5-6页。
② 杨学功："全球化与'中国模式'"，《学术界》2010年第1期。

全书结束语：中国式现代化的道路与目标

目标，战略选择是实现目标的独特手段。因此说，中国道路就是中国式的现代化道路。之所以要总结中国道路，是因为它的成功，是因为它对世界上许许多多发展中国家有吸引力。"中国的成功试验应该是人类历史上最令人钦佩的。其他国家应该尊重她并向她学习……中国有时似乎还相信西方的宣传，并将其成功归功于西方的方式。但实际上，中国有自己的道路，值得研究。"①

国内有一部分人不承认中国道路的独特性，将其成功归因于西方道路的延续，这不符合事实。正应了那句老话：当局者迷，旁观者清。中国的成功得到那么多国际人士的关注，中国的道路自然有其可取之处。一些西方学者试图将中国的成功归功于自由市场经济，本书的全部讨论表明，这种简单化的结论不仅没有说服力，而且可能包藏不可告人的图谋。我们是经历了市场改革，但我们建立的是社会主义市场经济体制，这是一种不同于资本主义市场经济的新型市场经济。现代化过程自然有其普遍规律，比如市场经济、工业化、城镇化、全球化。但是实现这些普遍规律，各国有自己的特殊情况，各国都要选择适合自己的发展道路。中国有延绵数千年的传统文化，老百姓有自己对美好生活的独特理解；我们希望在现代化进程中始终保持国家独立和主权完整，在全体人民共同富裕的过程中实现民族复兴。所以中国道路有其更长远的战略眼光，中国道路拒绝任何依附式发展模式②；所以中国的现代化道路有自己独特的选择，有自己独立的经验，有值得学习的地方。愿意学习中国经验的主要是发展中国家，西欧发达国家的工业化可以更多依靠市场自发力量推进，会走得慢一点，时间长一点；发展中国家面对的内外部环境与其根本不同，我们的经验应该更适合它们。中国的经验确实是有它的独特性，而且对发展中国家又有它的普适性，这就是我们应该研究中国道路的原因。

二、中国道路的经验总结

中国道路具有鲜明的中国特色，其基本点就是中国共产党领导的社会主义现代化。中国道路是一条通往中国特色现代化的道路，它是由中国共产党领导，坚持中国特色社会主义制度，并带领中国人民走向社会主义的道路。社会主义制度内在地包含了共产党领导这一"最本质的特征"。

中国共产党是马克思主义政党，对社会历史发展方向有着深刻的理解和准确的把握；中国共产党始终坚持以人民为中心的根本立场，从中国人民的长远利益和根本利益出发，选择社会主义道路。中国共产党领导是中国特色社会主义最本质的特征，它决定了中国道路的人民性。经过七十余年的实践和理论探索，中国共产党带领中国人民建立了社会主义基本经济制度：公有制为主体，多种所有制经济共同发展；按劳分配为主体，多种分配形式并存；社会主义市场经济体制。社会主义的经济关系贯穿平等劳动的主线，社会主义市场经济体制是社会分工的组织形式，要利用、规范和引导各种资本形态发展社会生产力。中国特色社会主义是现代化的制度基础。

中国共产党在领导中国特色现代化建设中坚持历史唯物主义的方法论，在复杂多变的国内外环境中始终坚持实事求是、与时俱进。实事求是是历史唯物主义的基本准则，

---

① 黄平、崔之元："中国与全球化：华盛顿共识还是北京共识"，社会科学文献出版社 2005 年版，第 31 页。
② 李少威："中国现代化，不可妥协的独立自主"，《南风窗》2022 年第 23 期。

运用到中国实践便是马克思主义中国化、时代化——从中国的基本国情和现实状况出发，制定中国共产党的方针政策。根据社会主义初级阶段的实际，选择社会主义现代化的目标和步骤。共产党人结合马克思主义基本理论与中国实际，创造性地探索和推进中国特色社会主义实践，形成中国化时代化的马克思主义，为国家现代化把握方向。与时俱进是马克思活的灵魂。社会主义革命和建设是充满矛盾的曲折过程，经历了若干发展阶段，国内形势和国际环境在不断变化，在每一个历史关头，中国共产党总是能够与时俱进地及时调整策略，保证革命与建设的航船破浪前行。本书各章从不同角度回顾了这一与时俱进过程的各个方面，简要讨论了其中的内在机理，是理解中国式现代化道路的重要维度。从生产关系与生产力耦合的视角，中国特色社会主义已经经历了三个发展阶段，即科层的平等劳动与强制工业化阶段，竞争的平等劳动与工业化阶段，以及共享的平等劳动与可持续的工业化阶段。在每一个发展阶段，党带领人民进行必要的体制变革，采取适当的发展模式，保障社会主义生产关系与生产力的顺利发展，为最广大的人民群众谋取最大利益。中国共产党为什么行？因为将马克思主义的信仰与以人民为中心的立场充分融合，能将历史方向的把握、人民利益的坚守与每一个发展阶段的具体实际结合在一起，在所有历史关头都能够与时俱进。撇开改革与发展在每个阶段的具体做法，实事求是和与时俱进是中国式现代化成功最重要的经验之一。

中国共产党在中国式现代化进程中始终与人民群众保持血肉联系，坚持走群众路线，将人民群众勤劳致富的社会主义积极性作为现代化建设的动力源，激发中国人的奋斗精神，增强中华民族的凝聚力。人是生产力的主体性要素和最活跃的因素，人民群众是历史的创造者，人的自由而全面发展是马克思主义哲学的终极旨归，党必须始终坚持以人民为中心的根本立场，直面并化解人民日益增长的美好生活需要和不平衡不充分的发展之间的矛盾，从根本上保持我国持续发展的内生动力，保持和延长战略机遇期。中国共产党通过自身努力，带动全体人民的奋斗精神，形成中华民族强大凝聚力，团结和动员14亿人共同建设美好生活。这是中国式现代化道路的社会基础和力量源泉。一方面，中国有数千年优秀历史文化传统，劳动人民勤劳、智慧、坚韧，这是现代化进程得天独厚的历史遗产。另一方面，中国共产党人以自身努力将中华文明的优秀传统召唤出来、发挥起来，中国人民团结在中国共产党周围，形成中华民族的凝聚力。14亿人齐心协力，真可谓人心齐泰山移。这种凝聚力是中国式现代化乘风破浪的根本保障。

三、开启全面建设社会主义现代化国家新征程

循着中国式现代化道路一路走来，中国式现代化在目标取向上也有自己的鲜明特色。习近平总书记在党的二十大报告中概括了中国式现代化的五个特点：中国式现代化是人口规模巨大的现代化；中国式现代化是全体人民共同富裕的现代化；中国式现代化是物质文明和精神文明相协调的现代化；中国式现代化是人与自然和谐共生的现代化；中国式现代化是走和平发展道路的现代化。中国14亿人口的现代化，其规模远超当今世界所谓发达国家人口总数，是韩国这个"现代化优等生"的27倍。中国的人均GDP到2021年超过世界平均水平，但全球排名还在五十几位，似乎没什么了不起。但计算人口规模，人均GDP排在我们前面的国家总人口只有11亿，加上人均收入与我国处于同一水平的国家也不过与我国的人口规模大体相当。中国实现现代化意味着全世界进入

全书结束语：中国式现代化的道路与目标

现代化的人口增加了一倍还多，由此可见中国式现代化对世界历史的巨大影响。作为 21 世纪世界社会主义振兴的重要内容，中国式现代化提出了解决资本主义沉疴痼疾的新方案。全体人民共同富裕，意味着打破少数人、少数国家对现代化成果的垄断性占有，从根本上颠覆两极分化的资本主义机制，使得现代化惠及全体人民。物质文明和精神文明相协调意味着经济增长与文化发展协同，推进人口素质持续提升，摆脱金钱拜物教观念操控，打破资本控制的全球媒体帝国的信息茧房，让更多人享受社会主义精神文明。人与自然和谐共生意味着人类生产和生活的绿色转型，意味着绿水青山的现代化，阻止跨国资本将污染向发展中国家肆意排放，地球村成为人类文明永久的美好家园。走和平发展道路意味着全世界人民的平等相待、和睦共处，击退全球金融资本和军工综合体对和平的肆意破坏，建设和维护人类命运共同体。总之，中国式现代化为人类文明发展拓展了新的方向，展开了新的前景。

当前，中国已经进入全面建设社会主义现代化国家的新征程。党的十九大报告清晰擘画全面建成社会主义现代化强国的时间表、路线图。在 2020 年全面建成小康社会、实现第一个百年奋斗目标的基础上，再奋斗 15 年，在 2035 年基本实现社会主义现代化。从 2035 年到本世纪中叶，在基本实现现代化的基础上，再奋斗 15 年，把我国建成富强民主文明和谐美丽的社会主义现代化强国。全面建设社会主义现代化国家的基本要求是：我国物质文明、政治文明、精神文明、社会文明、生态文明将全面提升，实现国家治理体系和治理能力现代化，成为综合国力和国际影响力领先的国家，全体人民共同富裕基本实现，我国人民将享有更加幸福安康的生活，中华民族将以更加昂扬的姿态屹立于世界民族之林。

参考文献

[1] 马克思，恩格斯．马克思恩格斯文集（第3卷）[M]．北京：人民出版社，2009．

[2] 马克思，恩格斯．马克思恩格斯文集（第5卷）[M]．北京：人民出版社，2009．

[3] 马克思，恩格斯．马克思恩格斯文集（第7卷）[M]．北京：人民出版社，2009．

[4] 马克思，恩格斯．马克思恩格斯文集（第8卷）[M]．北京：人民出版社，2009．

[5] 列宁．国家与革命．列宁选集（第3卷）[M]．北京：人民出版社，1995．

[6] 习近平．习近平谈治国理政（第二卷）[M]．北京：外文出版社，2017．

[7] 习近平．习近平谈治国理政（第三卷）[M]．北京：外文出版社，2020．

[8] 习近平．习近平谈治国理政（第四卷）[M]．北京：外文出版社，2022．

[9] 党的二十大文件汇编．北京：党建读物出版社，2022．

[10] 中共中央文献研究室．十八大以来重要文献选编（上中下）．北京：中央文献出版社，2018．

[11] 中华人民共和国国务院新闻办公室．人类减贫的中国实践．北京：人民出版社，2021．

[12] 刘灿．中国特色社会主义收入分配理论[J]．政治经济学评论，2022（4）．

[13] 孟捷，张雪琴，马梦挺．增加值与社会主义初级阶段公有制企业的目标模式[J]．政治经济学评论，2022（3）．

[14] 吕梁山，宋健．事实与价值的二元分裂及其解决——保罗·布莱克里奇的马克思主义道德主体论评析[J]．国外理论动态，2022（2）．

[15] 邱敏学．国有企业促进共同富裕的内在机理及其实现路径[J]．马克思主义研究，2022（10）．

[16] 周为民，陆宁．按劳分配与按要素分配——从马克思的逻辑来看[J]．中国社会科学，2002（4）．

[17] 程恩富，汪桂进．当前剥削理论与现实评析[J]．毛泽东邓小平理论研究，2003（5）．

[18] 王广谦，刘锡良．现代经济学大典（金融经济学分册）[M]．经济科学出版社，2016．

[19] 张俊山．虚拟经济的政治经济学原理[J]．天津师范大学学报（社会科学版），2019（6）．

[20] 王国刚，罗煜．马克思的信用经济理论与构建现代信用体系[J]．经济学动

态，2022（4）.

[21] 陈征．社会主义城市级差地租［J］．中国社会科学，1995（1）.

[22] 金栋昌，陈怀平．马克思级差地租理论的文本意蕴及其现实适用性［J］．经济学家，2019（4）.

[23] 郑雄飞．地租的时空解构与权利再生产——农村土地"非农化"增值收益分配机制探索［J］．社会学研究，2017（4）.

[24] 李周．生态价值核算与实现机制研究［J］．山西师大学报（社会科学版），2022（1）.

[25] 冯鹏程，杨虎涛．我国国民收入分配格局的政治经济学研究［J］．政治经济学评论，2021（3）.

[26] 张车伟，赵文．国民收入分配形势分析及建议［J］．经济学动态，2020（6）.

[27] 孙洋，张继．促进收入公平分配的税收制度及政策完善［J］．税务研究，2022（10）.

[28] 夏万军，张懿佼．中国国民收入分配格局研究［J］．财贸研究，2017（12）.

[29] 赵峰．劳动力再生产社会化过程中的政府职能分析［J］．中国经济问题，2022（2）.

[30] 蒋永穆，谢强．扎实推动共同富裕：逻辑理路与实现路径［J］．经济纵横，2021（4）.

[31] 简新华．社会主义市场经济对外开放理论的创新和发展［J］．经济研究，2022（9）.

[32] 张林，周艳丽，张景静．国家间贫富分化的形成与中国的实践突破——演化发展经济学的视角［J］．经济纵横，2022（6）.

[33] 盛斌，魏方．新中国对外贸易发展70年：回顾与展望［J］．财贸经济，2019（10）.

[34] 余振，王净宇．中国对外贸易发展70年的回顾与展望［J］．南开学报（哲学社会科学版），2019（4）.

[35] 谢富胜，匡晓璐，李直．发展中国家金融化与中国的抵御探索［J］．经济理论与经济管理，2021（8）.

[36] 冯维江，张宇燕．世界百年未有之大变局［J］．经济研究，2022（6）.

[37] 顾海良．人类命运共同体政治经济学初探［J］．教学与研究，2022（4）.

[38] 刘伟，王文．新时代中国特色社会主义政治经济学视阈下的"人类命运共同体"［J］．管理世界，2019（3）.

[39] 周文．人类命运共同体的政治经济学意蕴［J］．马克思主义研究，2021（4）.

[40] 康渝生，陈奕诺．"人类命运共同体"：马克思"真正的共同体"思想在当代中国的实践［J］．学术交流，2016（11）.

后 记

本书下册的编撰过程与上册相似，先由主编提出思路和写作提纲，经编写组全体成员讨论修改，再分工撰写。各章分工如下：王亚玄、江永红，第十一章；李艳芬、张前程，第十二章；陈旸、黄毅、李静，第十三章；华德亚、李亚平，第十四章；杨仁发、余许友，第十五章；蒋长流、荣兆梓，第十六章；荣兆梓，全书结束语。荣兆梓曾按下册写作提纲在合肥工业大学和安徽大学的研究生和本科生中进行试讲，录音整理稿在各章编写中发挥了作用。

中国财政经济出版社编审吕小军和责任编辑王芳一如既往地为本书的编辑出版做了大量细致工作，再次表示感谢！

2023 年 4 月